高等院校跨境电子商务新形态系列教材

跨境电子商务运营

刘瑶◎编著

CROSS BORDER E-COMMERCE
Operations

微课版

人民邮电出版社

北京

图书在版编目（CIP）数据

跨境电子商务运营：微课版 / 刘瑶编著. -- 北京：
人民邮电出版社，2024.8
高等院校跨境电子商务新形态系列教材
ISBN 978-7-115-64052-9

Ⅰ. ①跨… Ⅱ. ①刘… Ⅲ. ①电子商务-运营管理-
高等学校-教材 Ⅳ. ①F713.365.1

中国国家版本馆CIP数据核字(2024)第061542号

内 容 提 要

本书共9章，内容分为跨境电子商务运营概述、开店注册与平台入驻、跨境电子商务选品分析、页面创建及商品发布、跨境电子商务物流、网络营销与推广、收款与结算、客服与售后、跨境电子商务运营策略。

本书提供PPT、教案、实训指导视频等配套资源，用书教师可登录人邮教育社区（www.ryjiaoyu.com）免费下载。

本书内容系统、全面，包含了跨境电子商务运营的主要环节。本书可作为本科、高职院校的电子商务、跨境电子商务、国际贸易等专业相关课程的教材，也可供跨境电子商务领域的从业人员学习使用，还可作为数字贸易研究人员的参考用书。

◆ 编　著　刘　瑶
　　责任编辑　陆冠彤
　　责任印制　胡　南
◆ 人民邮电出版社出版发行　　北京市丰台区成寿寺路11号
　　邮编　100164　　电子邮件　315@ptpress.com.cn
　　网址　https://www.ptpress.com.cn
　　涿州市京南印刷厂印刷
◆ 开本：787×1092　1/16
　　印张：9.75　　　　　　　　2024年8月第1版
　　字数：265千字　　　　　　2025年7月河北第3次印刷

定价：46.00 元

读者服务热线：(010)81055256　印装质量热线：(010)81055316
反盗版热线：(010)81055315

前　言

党的二十大报告指出："推动货物贸易优化升级，创新服务贸易发展机制，发展数字贸易，加快建设贸易强国。"跨境电子商务作为数字经济在国际贸易领域的重要商业模式，不仅可以帮助更多的中小微企业拓展市场，还可以为消费者提供更加便捷、优质的购物体验。跨境电子商务已经成为一个备受关注的贸易新业态，我国也已经成为全球最大的跨境电子商务市场之一。

然而，跨境电子商务的运营和管理并不是一件容易的事情。为应对当前我国从事跨境电子商务的专业人才供不应求的局面，进一步培养通晓国际规则，掌握数字技术，具备跨文化、跨语言、跨平台运营能力的高素质人才，编者编写了本书。本书为读者提供全面、系统的跨境电子商务知识，帮助读者深入了解跨境电子商务的主要平台、选品分析、网络营销与推广等方面的知识，为读者提供实用的方法和技巧。本书具有以下特色。

1. 本书以跨境电子商务运营实操为主线，详细展示了跨境电子商务运营的全过程，包括开店注册与平台入驻、选品分析、页面创建及商品发布、物流、网络营销与推广、收款与结算、客服与售后等环节，有利于读者全方位掌握跨境电子商务运营知识。

2. 本书详细介绍了全球速卖通（以下简称"速卖通"）、亚马逊、eBay 和 Wish 等主流平台的特点，重点讲解平台运营操作方法，并通过案例分析、实训等方式融入了通关服务、品牌策略等运营知识，有助于提升读者的实战能力。

3. 本书提供 PPT、教案、实训指导视频等配套资源，用书教师可登录人邮教育社区（www.ryjiaoyu.com）免费下载。

编者相信，无论是初学者还是已经在跨境电子商务领域有一定经验的人士，都可以从本书中获得实用的知识。编者希望本书能够成为读者在跨境电子商务领域的得力"助手"，帮助读者在跨境电子商务领域取得成功。

最后，编者要感谢所有指导本书编写的专家、学者，他们的辛勤工作和无私奉献为本书的顺利出版提供了坚实的保障。同时，编者也要感谢徐昊、郭世浩、王思璇，他们参与了本书的资料收集工作。由于编者水平有限，书中难免存在欠妥之处，编者由衷希望广大读者能够拨冗提出宝贵的修改建议。

刘　瑶

2024 年 5 月

目　录

第1章　跨境电子商务运营概述.....1

课前自学 1

学习目标 1

关键词 1

自测题 1

课中学习 1

1.1　跨境电子商务运营流程 1

1.1.1　跨境电子商务交易步骤.....2

1.1.2　跨境电子商务基本流程.....2

1.1.3　从业人员的能力与岗位.....3

1.2　跨境电子商务运营阶段 4

1.2.1　前期准备 4

1.2.2　后期客户运营 5

1.3　全球主要跨境电子商务平台 6

1.3.1　全球速卖通 6

1.3.2　亚马逊 7

1.3.3　eBay 11

1.3.4　Wish 13

1.4　新兴市场的电子商务平台 14

1.4.1　Shopee 15

1.4.2　Flipkart 15

1.4.3　Mercadolivre 17

1.4.4　OZON 18

1.4.5　Souq 19

1.4.6　Jumia 20

课后复习 21

思考题 21

案例分析 22

实训 24

第2章　开店注册与平台入驻.....25

课前自学 25

学习目标 25

关键词 25

自测题 25

课中学习 25

2.1　开店前的资料准备 25

2.2　创建卖家账户 26

2.2.1　亚马逊平台的账户注册.....26

2.2.2　速卖通平台的账户注册.....29

2.2.3　eBay 平台的账户注册.....31

2.2.4　Wish 平台的账户注册.....32

课后复习 34

思考题 34

案例分析 34

实训 35

第3章 跨境电子商务选品分析...37

课前自学..........................37

学习目标..............................37

关键词................................37

自测题................................37

课中学习..........................37

3.1 选品的基本思路..............38

3.1.1 基于卖家自身的定位......38

3.1.2 基于销售市场的定位......38

3.1.3 基于销售产品的定位......39

3.2 针对消费者的选品分析........41

3.2.1 根据消费人群特征选品....41

3.2.2 根据消费时间选品........42

3.2.3 根据消费者的评论改进

选品............................43

3.3 大数据选品..................44

3.3.1 关键词分析..............44

3.3.2 其他选品分析工具........45

课后复习..........................47

思考题................................47

案例分析..............................47

实训..................................48

第4章 页面创建及商品发布......50

课前自学..........................50

学习目标..............................50

关键词................................50

自测题................................50

课中学习..........................50

4.1 创建商品页面的文案准备......51

4.1.1 设计商品标题............51

4.1.2 选择搜索关键词..........51

4.1.3 准备商品照片............52

4.1.4 准备商品描述文案..........53

4.2 商品发布的步骤..............54

4.2.1 了解专业术语............54

4.2.2 确定商品分类............55

4.2.3 单个添加新商品..........56

4.2.4 批量上传商品............58

4.3 商品页面的信息优化..........59

4.3.1 标题搜索优化............59

4.3.2 图片优化................61

4.3.3 A+页面优化.............62

4.3.4 描述优化................63

4.3.5 价格优化................64

4.3.6 巧用价格临界点..........65

课后复习..........................65

思考题................................65

案例分析..............................66

实训..................................67

第5章 跨境电子商务物流.........68

课前自学..........................68

学习目标..............................68

关键词................................68

自测题................................68

课中学习..........................68

5.1 跨境电子商务物流概述..........69

5.1.1 跨境电子商务物流的

定义............................69

5.1.2 跨境电子商务物流的

特征............................69

5.1.3 跨境电子商务物流存在的

问题............................69

5.2 跨境电子商务物流模式..........70

5.2.1 邮政包裹模式..............70

5.2.2 商业快递模式 72

5.2.3 专线物流模式 74

5.2.4 海外仓 76

**5.3 主要跨境电子商务平台的
物流** 77

5.3.1 速卖通物流 77

5.3.2 亚马逊物流 79

5.3.3 eBay 物流 83

5.3.4 Wish 物流 84

课后复习 86

思考题 86

案例分析 86

实训 87

第 6 章 网络营销与推广 88

课前自学 88

学习目标 88

关键词 88

自测题 88

课中学习 88

6.1 跨境电子商务营销概述 89

6.1.1 跨境电子商务营销的
基本概念 89

6.1.2 跨境电子商务营销方式 90

6.2 站外推广 91

6.2.1 搜索引擎推广 91

6.2.2 社交媒体推广 92

**6.3 主要跨境电子商务平台站内
推广** 93

6.3.1 速卖通站内推广 93

6.3.2 亚马逊站内推广 96

6.3.3 eBay 站内推广 100

6.3.4 Wish 站内推广 102

课后复习 103

思考题 103

案例分析 104

实训 105

第 7 章 收款与结算 106

课前自学 106

学习目标 106

关键词 106

自测题 106

课中学习 107

7.1 跨境电子商务结算概述 107

7.1.1 跨境电子商务结算的
定义 107

7.1.2 跨境电子商务结算的
特点 107

7.1.3 跨境电子商务结算的
问题 107

7.1.4 出口跨境电子商务结汇的
基本方式 107

**7.2 跨境电子商务结算的主要
工具** 108

7.2.1 派安盈 108

7.2.2 万里汇 109

7.2.3 连连支付 109

7.2.4 PingPong 110

7.2.5 易联支付 110

7.2.6 贝宝 111

**7.3 主要跨境电子商务平台的
收款规则** 111

7.3.1 速卖通平台收款规则 111

7.3.2 亚马逊平台收款规则 112

7.3.3 eBay 平台收款规则 114

7.3.4 Wish 平台收款规则 114

课后复习 115

思考题 115
案例分析 116
实训 117

第8章 客服与售后 118

课前自学 118

学习目标 118
关键词 118
自测题 118

课中学习 119

8.1 跨境电子商务客服概述 119
8.1.1 跨境电子商务客服的岗位
职责 119
8.1.2 跨境电子商务客服应具备
的素质和能力 119
8.1.3 跨境电子商务客服维护
客户的技巧 119

8.2 跨境电子商务客服英语 120
8.2.1 日常对话 120
8.2.2 英文邮件的基本格式 121
8.2.3 英文邮件书写注意事项 ... 123

**8.3 主要跨境电子商务平台的客服
规则** 124
8.3.1 速卖通 124
8.3.2 亚马逊 125
8.3.3 eBay 126
8.3.4 Wish 128

课后复习 129

思考题 129

案例分析 130
实训 131

第9章 跨境电子商务运营策略 ... 132

课前自学 132

学习目标 132
关键词 132
自测题 132

课中学习 133

9.1 新品发布策略 133
9.1.1 上架前准备 133
9.1.2 收到首笔订单 134
9.1.3 关注账户绩效 134
9.1.4 持续页面优化 135

9.2 跨境电商直播策略 137
9.2.1 电商直播的模式 137
9.2.2 跨境电商直播平台 138
9.2.3 跨境电商直播的风险
管理 141

9.3 品牌策略 141
9.3.1 品牌建设的基本概念 141
9.3.2 亚马逊品牌备案与注册....142
9.3.3 品牌注册和品牌备案的
优势 143

课后复习 144

思考题 144
案例分析 145
实训 147

第1章 跨境电子商务运营概述

【学习目标】

- 掌握跨境电子商务运营流程
- 了解以跨境电子商务方式进行创业的前期准备和后期客户运营
- 认识全球主要跨境电子商务平台

微课导学

【关键词】

互联网+ 跨境电子商务运营 B2C 亚马逊 速卖通 Wish eBay

【自测题】

1. 你知道下列哪项不是亚马逊平台的亚洲站点吗？（　　　）
   A. 日本站　　　　　B. 印度站　　　　　C. 中国站　　　　　D. 韩国站
2. 以下哪个平台是马来西亚网上购物的常用平台？（　　　）
   A. Flipkart　　　　B. Shopee　　　　　C. OZON　　　　　D. Souq
3. 你知道在非洲，人们常用的购物平台是哪一个吗？（　　　）
   A. Flipkart　　　　B. Shopee　　　　　C. Jumia　　　　　D. Souq
4. 以下准备活动，哪些是开展跨境电商运营的必要条件？（　　　）
   A. 确定选品　　　　B. 组建团队　　　　C. 客户运营　　　　D. 资金准备

1.1 跨境电子商务运营流程

随着信息技术和互联网技术的不断进步，跨境电子商务在世界范围内迅速发展，成为当前发展潜力巨大的新贸易方式，它通过互联网和国际物流实现买卖终端的直接对接。与境内电子商务相比，跨境电子商务涉及的工作更复杂；和传统国际贸易方式相比，跨境电子商务的进入门槛和成本都大大降低，其节省中间环节，便捷性更强，优势明显。跨境电子商务为许多创业者带来了新机会。

1.1.1 跨境电子商务交易步骤

狭义的跨境电子商务指境内出口企业通过互联网向境外零售商品，主要以邮寄、快递等形式送达的经营行为，即跨境电子商务的企业对消费者出口，也就是通常所讲的跨境 B2C（Business to Customer，企业卖家对个人买家）电子商务。广义的跨境电子商务是指电子商务应用过程中一种较为高级的形式，是指不同国别或地区之间的交易双方通过电子商务平台达成交易、进行支付结算，并通过跨境物流送达商品、完成交易的一种商业活动。其实际上就是把传统国际贸易网络化、电子化的新型贸易方式。

跨境电子商务比境内电子商务所涉及的工作环节或工作要件多很多，包括商品引入、线上平台、线下门店、境外物流、保税仓储、报关报检、订单配送、结算结汇、营销推广及售后服务等。具体来说，跨境电子商务交易步骤大体可由消费者浏览检索并下订单、订单确认、支付信息加密传输、传递支付信息、银行确认、通知商户、商户执行和清算组成，如图 1-1 所示。

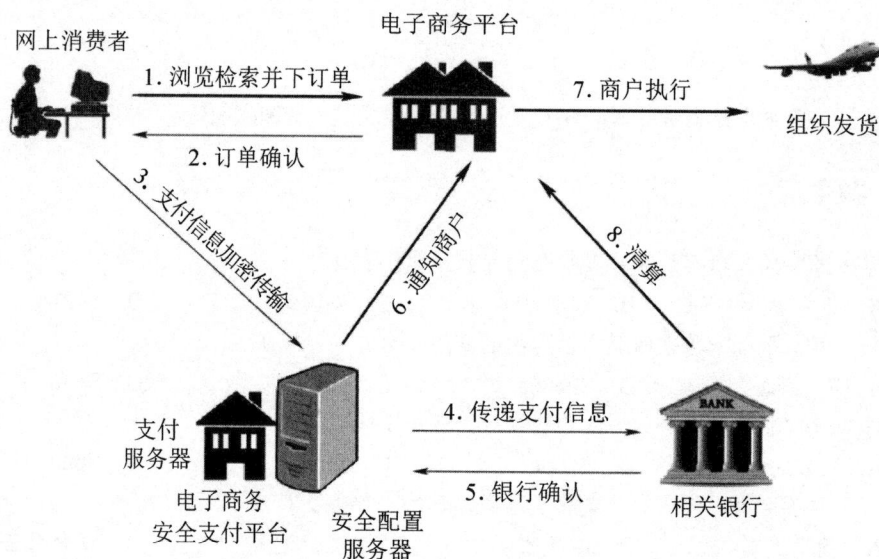

图 1-1 跨境电子商务交易步骤

1.1.2 跨境电子商务基本流程

跨境电子商务的基本流程可概括为：卖家或厂家把产品信息上传到一个面向全球的互联网技术平台，全球的终端消费者通过互联网平台下订单，卖家或厂家通过跨境物流把产品发送给终端消费者。跨境电子商务需要解决 3 个"流"的问题，分别是信息流、物流和资金流。信息流：卖家在网上发布所提供的产品或服务信息，消费者通过互联网搜寻需要的产品或服务信息。物流：消费者在网上下订单，卖家委托跨境物流服务公司将产品运送到消费者手里。资金流：消费者通过第三方支付方式及时、安全地付汇，卖家收汇结汇。

具体而言，跨境电子商务的基本工作过程有 6 个步骤，按照顺序分别是选品、刊登、销售、收款、发货、售后。

第一步：选品。卖家可以调研速卖通、Wish 等平台的产品品类，从 1688、淘宝、义乌购等平台选择产品，或者通过第三方的数据工具，如速卖通提供的数据纵横来选品，或者是从工厂自选产品。

第二步：刊登。卖家需要完成与产品信息化处理、产品分类属性、产品标题、产品上架价格、产品物流方案、产品详情页描述等相关的工作任务。

第三步：销售。销售工作主要分为店铺内部的优化和店铺外的推广操作两个方面。

第四步：收款。常见的收款工具有国际支付宝（Escrow）、贝宝（PayPal）、派安盈（Payoneer）、易联支付（PayEco）、PingPong 等。

第五步：发货。卖家发货主要使用的物流系统有邮政系统、商业快递、专线物流及海外仓。

第六步：售后。卖家需要提供售后服务，维护客户资源。客户服务质量对店铺后期的流量影响十分大，售后服务满意度是很多平台的商品搜索排名算法的决定因素之一。

1.1.3 从业人员的能力与岗位

一个优秀的跨境电子商务人才应既懂互联网技术，也具备国际贸易、国际物流、电子商务平台运营、品类管理、跨境营销等方面的知识，同时具备跨文化交际等能力。表 1-1 所示为跨境电子商务人才的岗位及能力需求。

表 1-1　跨境电子商务人才的岗位及能力需求

岗位类别	相关岗位	能力需求
跨境电子商务运营类	跨境运营专员、平台运营、店铺运营、App 运营等	了解境外市场，对市场敏感，准确把握店铺定位与产品定位
跨境电子商务营销类	社交网站推广、视频网站推广、文案策划内容运营等	跨文化交际能力、文字编辑能力、语言能力、产品营销推广能力
跨境电子商务客服类	客户维护专员、订单纠纷调解员、跨境客服主管等	跨文化沟通能力、语言能力、一定的法律法规知识
跨境电子商务设计类	跨境电子商务美工、平面设计师、页面美容编辑等	美术功底、设计能力、计算机绘画制图能力、创新能力
跨境电子商务物流类	跨境物流助理、国际采购专员、仓储专员、质控专员	物流仓储知识、分析能力、预测能力、沟通协调能力，以及物流方案设计、实施和优化的综合能力
跨境电子商务数据分析类	数据分析专员、数据运营专员	统计分析能力、数据处理能力
跨境电子商务平台研发类	iOS 研发工程师、网络语言前端开发工程师、支付系统产品经理、Java 工程师等	专业的计算机能力

1. 跨境电子商务运营类

跨境电子商务运营类的岗位包括跨境运营专员、平台运营、店铺运营、App 运营等。其工作可能包括对市场信息进行搜集、整理和分析，及时跟踪行业竞争对手的最新动态，为决策提供依据；策划销售渠道；负责跨境综合平台的跟进；等等。因此，这类岗位的人才需要具备了解境外市场、对市场敏感、准确把握店铺定位与产品定位等方面的能力。

2. 跨境电子商务营销类

跨境电子商务营销类的岗位包括社交网站推广、视频网站推广、文案策划内容运营等。其工作可能包括策划跨境电子商务各渠道营销推广的方案，利用社交媒体对产品进行站外推广，等等。因此，这类岗位的人才需要具备跨文化交际能力、文字编辑能力、语言能力、产品营销推广能力等。

3. 跨境电子商务客服类

跨境电子商务客服类的岗位包括客户维护专员、订单纠纷调解员、跨境客服主管等。其工作可能包括处理客户投诉，与客户沟通退换货相关事宜，等等。因此，这类岗位的人才需要具备跨文化沟通能力、语言能力和一定的法律法规知识。

4. 跨境电子商务设计类

跨境电子商务设计类的岗位包括跨境电子商务美工、平面设计师、页面美容编辑等。其工作可能包括设计平面产品广告、美化图片等。因此，这类岗位的人才需要有美术功底、设计能力、计算机绘画制图能力、创新能力等。

5. 跨境电子商务物流类

跨境电子商务物流类的岗位包括跨境物流助理、国际采购专员、仓储专员、质控专员等。其工作可能包括维护现有物流渠道，制定并持续优化物流方案；合理调配境内外仓库资源；对接客服、销售等部门，处理物流投诉，优化方案，提升客户体验。因此，这类岗位的人才需要具备物流仓储知识、分析能力、预测能力、沟通协调能力，以及物流方案设计、实施和优化的综合能力等。

6. 跨境电子商务数据分析类

跨境电子商务数据分析类的岗位包括数据分析专员、数据运营专员等。其工作可能包括对销售数据进行处理分析并提出改进方案，处理分析库存数据，等等。因此，这类岗位的人才需要具备统计分析能力、数据处理能力等。

7. 跨境电子商务平台研发类

跨境电子商务平台研发类的岗位包括 iOS（由苹果公司开发的移动操作系统）研发工程师、网络语言前端开发工程师、支付系统产品经理、Java（一种编程语言）工程师等。其工作可能包括对平台网站进行优化等。因此，这类岗位的人才需要具备专业的计算机能力。

1.2 跨境电子商务运营阶段

1.2.1 前期准备

1. 确定行业和选品

创业往往开始于选择项目，创业者应该具有敏锐的商业嗅觉，识别创业商机，锁定合适的行业并寻找合适的时机进入市场。跨境电商创业者应当选择自身对其有一定了解并且该行业的产品适合在互联网售卖的行业。对于选品，创业者在跨境互联网平台售卖产品前一定要了解境外对进出口产品的要求与各类限制条件。产品尽量轻便、小巧，这不仅有利于运输，还有利于降低高昂的跨境运输成本。如果缺少精通产品性能的人员，应尽量避免选择操作复杂的产品，这有助于简化售后服务，减少差评。除此之外，考虑到长途运输，创业者应尽量选择不易破损的产品。

2. 准备创业计划书

创业计划书是一份全面说明创业构想及如何实施创业构想的文件。如果把创业比作一段充满不确定性的旅程，那么创业计划书就是一张行动路线图，能帮助创业者走好每一步。

每一个创业者在创业时都会面临成本多少、能否获利、利润空间多大、什么时候能赚钱、怎样赚钱等问题。创业计划书可以帮助创业者梳理这些问题，提高创业可行性。创业者应将创业初期粗略的想法落实到一份详细、规范的创业计划书上。创业计划书一般包括目标产业描述、产品（服务）介绍、市场预测、竞争分析、企业管理、营销策略等要素。创业者要明确目标市场，提供顾客真实存在的证据，应秉持理性、客观的态度分析编写创业计划书，切忌主观臆想。一份优秀的创业计划书会帮助创业者提前梳理自己的思路，系统地思考初创企业的各要素，使创业团队的行动与创业计划相符合；帮助创业者更加了解产品成本、利润空间、预期回报率、目标市场现状与发展前景等；帮助创业者制定合适的销售计划、实施策略和企业长远发展战略；除此之外，还能吸引优秀的合作伙伴，获得投资。

3. 资金运作规划

资金运作规划是创业中不可忽视的一部分。创业初期，创业者不容易通过银行获得贷款；且创业前期的收益往往非常少，甚至会亏损。这需要创业者规划好企业的资金运作，节约开支，充分考虑产品成本、仓储成本、运输费用、产品推广宣传费用、人力成本等因素。创业者还要考虑开业后可能面临的难题，如产品滞销、费用增加等。除此之外，初创企业既需要流动资金，又需要非流动资金。所以，创业者在规划创业资金需求时要考虑流动资金的持续投入。

4. 组建团队

创业团队成员的选择将会影响日后团队的工作氛围与效率。首先，团队所有成员要有一个共同的方向与目标，对企业的发展与规划达成基本共识。只有目标、方向一致，团队才有可能走得更远。其次，要确保成员间分工明确，风险共担，收益共享。团队成员应该是互补的，尽量不要同时具备多个非常强势的成员。如果存在多个强势成员，较好的解决办法就是明确分工。再次，创业团队需要制定清晰、合理的考核与奖惩机制。初创企业常常采用扁平化的管理方式。最后，要加强对团队的管理，包括纠正创业团队成员的行为和修正创业团队的目标。

1.2.2　后期客户运营

在跨境电商领域，合格的创业者完成创业准备工作后就要进入日常运营，创业者不仅要运营好自己的产品，而且要重视客户运营。创业者借助互联网做好客户运营可以从以下几个方面入手。

（1）以客户为中心，注重客户体验。商家可以提高客户参与程度，这样一方面可以扩大品牌影响、推广品牌形象，另一方面可以及时发现并弥补产品缺陷、刺激新老客户的活跃度。客户体验的好坏将直接影响产品的评价，进而影响产品销量与品牌口碑。商家应以客户为中心，注重消费细节，提升客户体验，及时提高产品与服务质量。同时，商家也要实时关注市场与消费者需求的变化，因为产品只有符合消费者购买需求，才能拥有市场。

（2）培养忠诚客户，增强客户黏性。客户评价是最有力、最简单、成本最低的宣传方式。忠诚客户不同于一般客户，他们对店铺有着一定的忠诚度，更愿意尝试店铺产品，即使在产品面临一些争议时，他们也愿意消费。一家企业的主要收入和利润大都来自老客户。一般认为，维护一个老客户所需的成本仅是开拓一个新客户所需成本的20%左右。所以，商家要注重忠诚客户的培养。

（3）利用营销手段增加流量。互联网时代，流量对产品浏览量、销量、曝光量有非常重要的影响。商家可以通过平台广告位和营销活动，以及社交媒体营销，来提高产品曝光度，从而提升销量。与此同时，大数据的充分应用也不容忽视。商家应通过大数据收集客户与其他店铺的信息、行为等数据，分析客户的偏好，这样有利于商家根据不同客户制定有针对性的、个性化的精准营销方案。除此之外，商家还可以根据收集的数据及时更换产品，调整店铺产品结构，适应市场变化。

1.3　全球主要跨境电子商务平台

全球主要跨境电子商务平台有全球速卖通、亚马逊、eBay、Wish 等。

1.3.1　全球速卖通

全球速卖通（AliExpress）（以下简称"速卖通"）于 2010 年 4 月正式上线，是阿里巴巴旗下面向全球市场的在线交易平台。该平台主要的业务模式是 B2C 电子商务模式，同时也涉及 B2B（Business to Business，企业对企业）电子商务模式，覆盖了 200 多个国家和地区。速卖通覆盖服装、饰品、手机通信、假发配件、珠宝手表、家居园艺、运动户外、消费电子、汽摩配等几十种行业类目。

1. 经营范围

打开速卖通买家主页，可以看到其主要经营范围包括女装、男装、手机通信、珠宝手表、玩具、运动户外等多个品类，如图 1-2 所示。

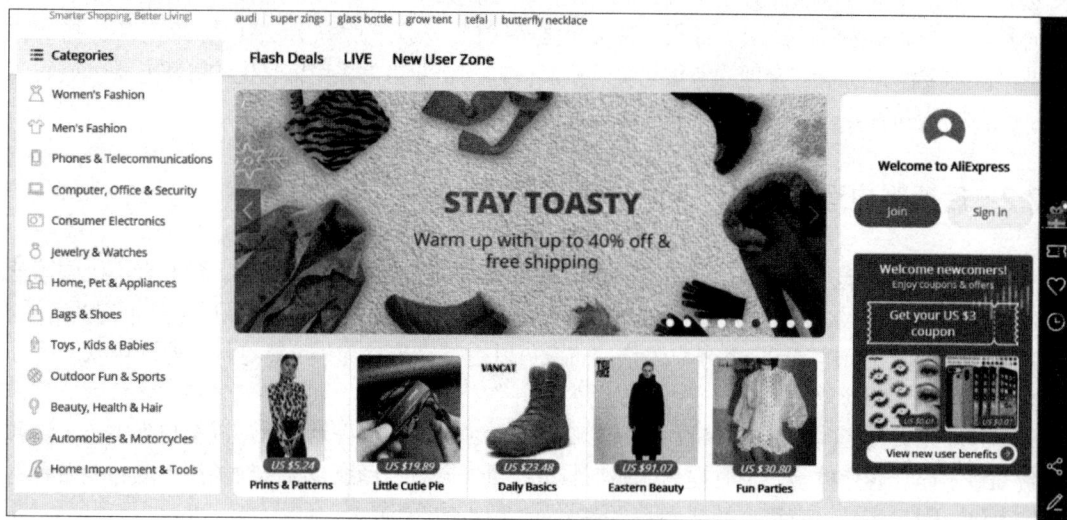

图 1-2　速卖通买家主页

2. 商品详情页

在搜索栏搜索"iPad"，结果如图 1-3 所示。

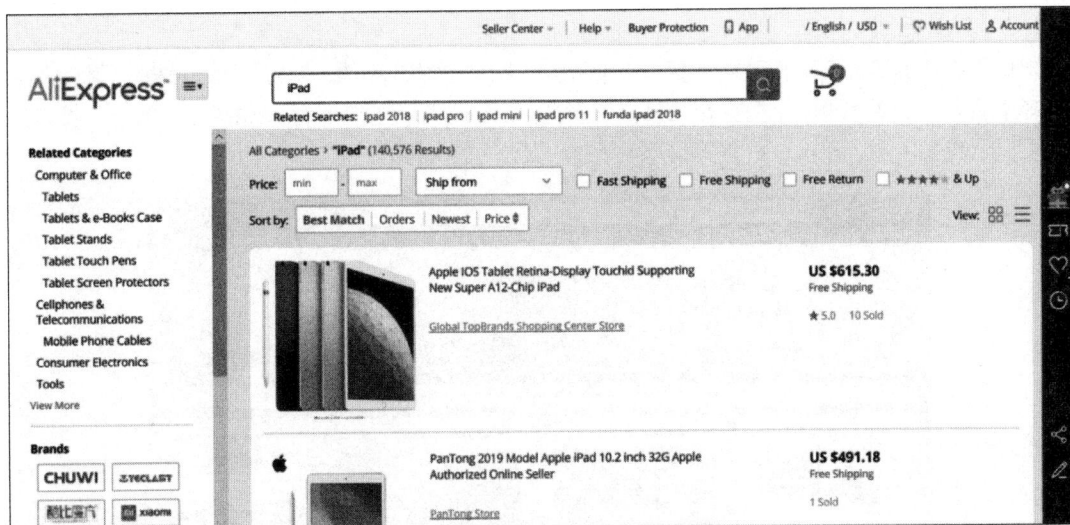

图 1-3　速卖通商品搜索结果页

单击商品，可进入商品详情页，如图 1-4 所示。详情页左侧显示的是该商品的高清图片，单击图片可以将其放大，每个商品最多可上传 6 张高清图片。此外，商品的每种型号或颜色都有相应的图片展示。详情页右侧的文字总结了这一商品的基本信息和销售情况。

图 1-4　速卖通商品详情页

1.3.2　亚马逊

杰夫·贝索斯（Jeff Bezos）1995 年创立了面向全球的跨境电子商务平台亚马逊（Amazon），亚马逊公司是美国最大的一家网络电子商务公司，位于华盛顿州西雅图。亚马逊一开始只是经营网络的书籍销售业务，现在已经发展成为全球商品种类最多的电商平台和全球第二大互联网企业。截至 2024 年 5 月，亚马逊在全球共有 19 个站点，涵盖的商品十分丰富，包括图书、音像制品、软件、消费电子产品、家用电器、厨具、食品、玩具、母婴用品、化妆品、日化用品、运动用具、服装鞋帽、首饰等。

1. 经营范围

打开亚马逊买家主页，可以看到其主要经营范围包括游戏配件、服装、个人护理、健身器材等多个品类，如图1-5所示。在亚马逊搜索栏搜索"lamp"（台灯），结果如图1-6所示。搜索结果页显示商品主图、评价、价格等信息。

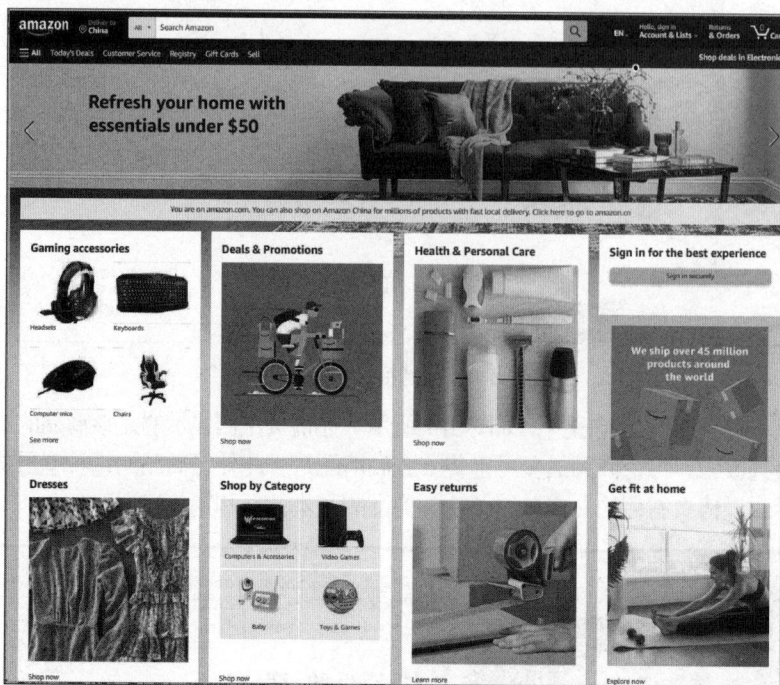

图1-5　亚马逊买家主页

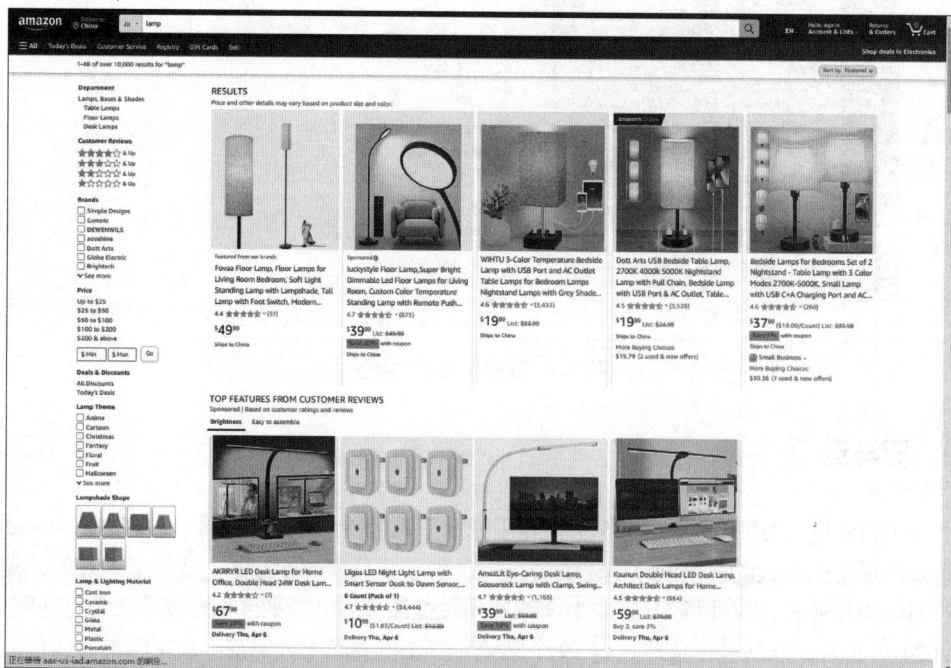

图1-6　亚马逊商品搜索页

2. 商品详情页

亚马逊商品详情页包括商品基本信息、推荐商品、商品详细信息、商品评价4个部分。

亚马逊商品详情页的商品基本信息如图1-7所示，商品详情页左侧大概1/3篇幅显示的是该商品的高清图片。每个商品最多可以上传8张高清图片，如果图片大于1 000 px×1 000 px，鼠标指针置于图片时可以放大图片，如图1-8所示。商品详情页右侧的文字总结了这一商品的基本信息和销售情况。商品标题包括品牌（AKRRYR）、具体名称（LED Desk Lamp）、特性等。标题下方是评分等级，其基于消费者对该商品的评价，最高5颗星，本案例中商品的评分等级为4.2颗星。评分等级下方是商品价格（67.98美元）及物流发货的相关信息。

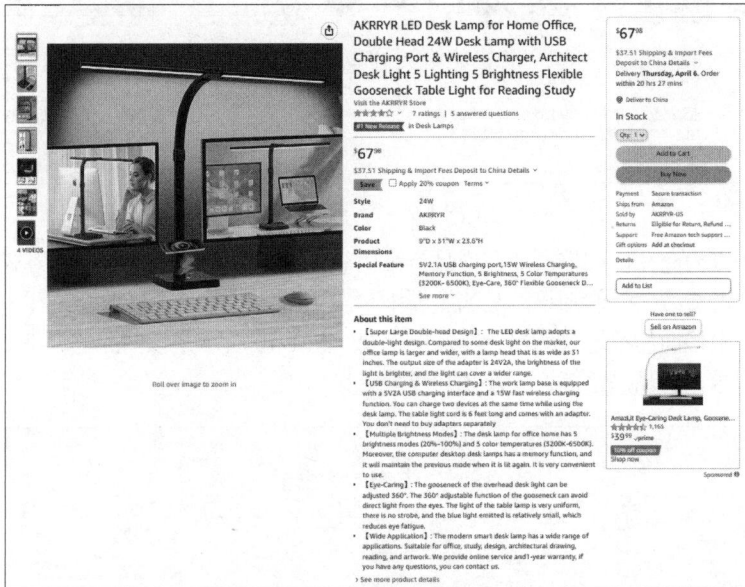

图1-7　商品基本信息

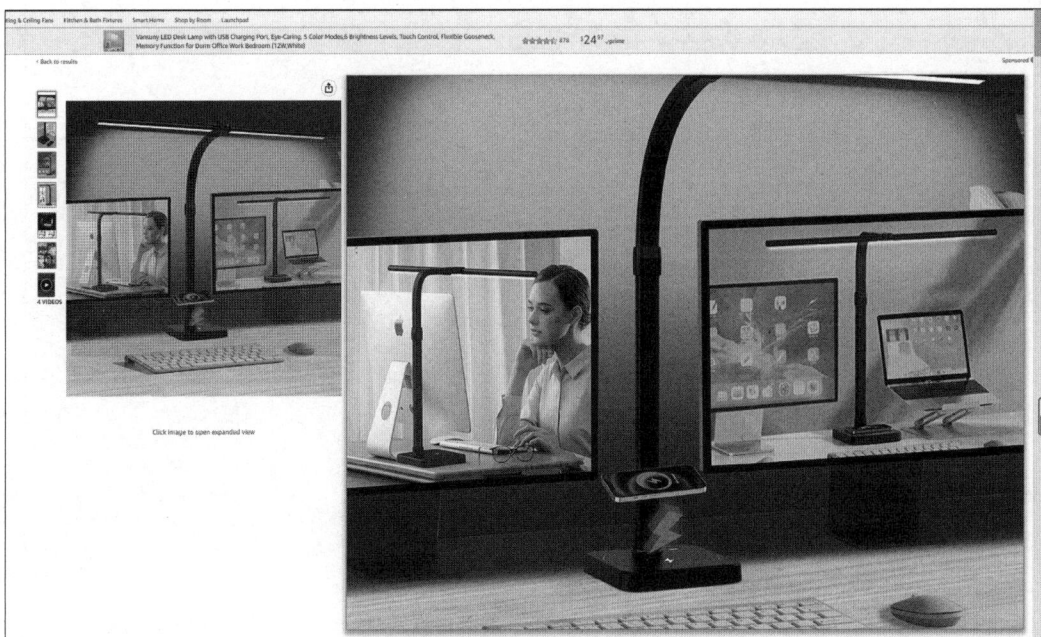

图1-8　商品放大图

商品详情页的商品基本信息下方为推荐商品，如图 1-9 所示。亚马逊为消费者推荐了几个和该商品非常相近的同款商品，以便消费者有更多的消费选择，同时也便于消费者对这些商品进行比较。商品详情页下方还展示了消费者经常一起购买的商品的组合及相关商品。这种销售模式可以给消费者提供更加便捷的消费体验，让消费者省时、省心、省钱、省力。

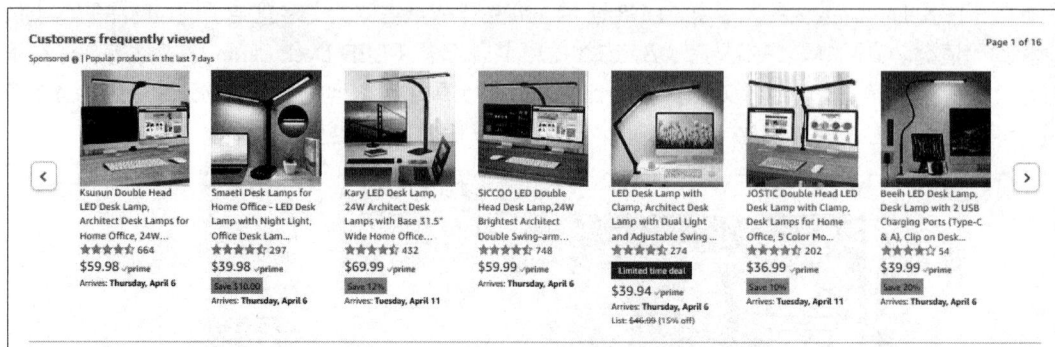

图 1-9　推荐商品

推荐商品下方为商品详细信息。在商品详细信息部分，亚马逊采用表格的方式对该商品的细节进行描述，让消费者一眼便知该商品的主要细节。更重要的是该表格很有条理，使得消费者能够从众多的信息中轻而易举地找到自己所需的信息。图 1-10 所示是该商品的详细信息，包括商品产地、材料、型号、商品描述等，以及用户评分。

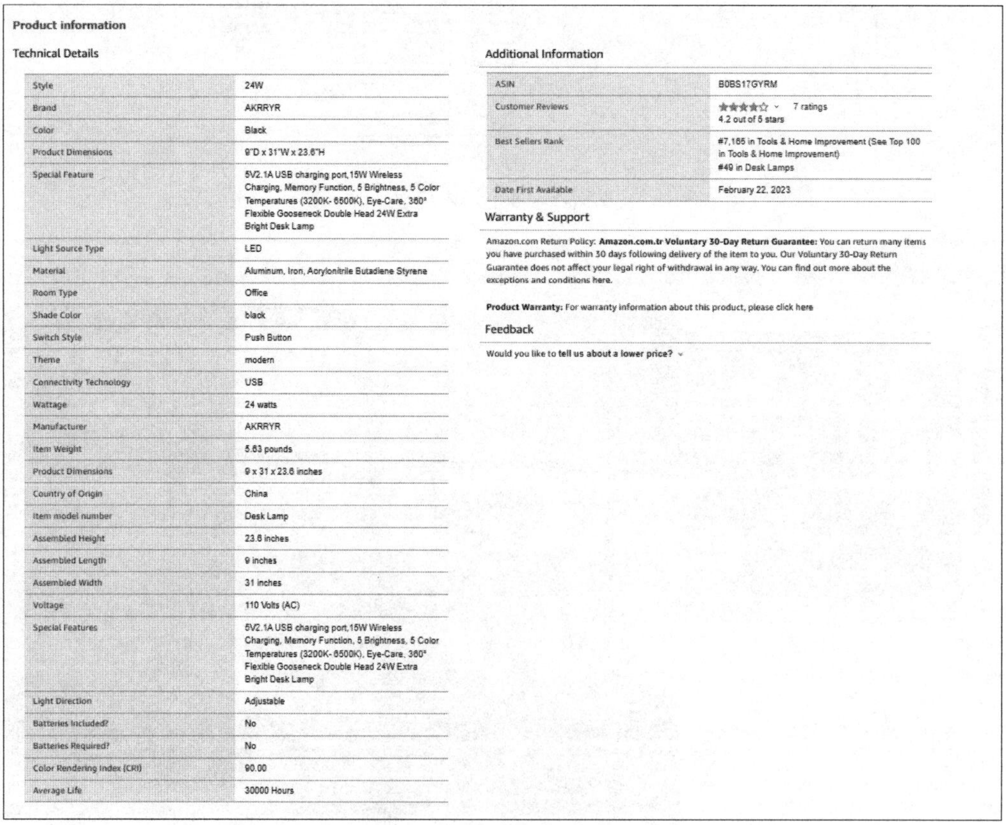

Product information

Technical Details

Style	24W
Brand	AKRRYR
Color	Black
Product Dimensions	9"D x 31"W x 23.6"H
Special Feature	5V2.1A USB charging port,15W Wireless Charging, Memory Function, 5 Brightness, 5 Color Temperatures (3200K- 6500K), Eye-Care, 360° Flexible Gooseneck Double Head 24W Extra Bright Desk Lamp
Light Source Type	LED
Material	Aluminum, Iron, Acrylonitrile Butadiene Styrene
Room Type	Office
Shade Color	black
Switch Style	Push Button
Theme	modern
Connectivity Technology	USB
Wattage	24 watts
Manufacturer	AKRRYR
Item Weight	5.63 pounds
Product Dimensions	9 x 31 x 23.6 inches
Country of Origin	China
Item model number	Desk Lamp
Assembled Height	23.6 inches
Assembled Length	9 inches
Assembled Width	31 inches
Voltage	110 Volts (AC)
Special Features	5V2.1A USB charging port,15W Wireless Charging, Memory Function, 5 Brightness, 5 Color Temperatures (3200K- 6500K), Eye-Care, 360° Flexible Gooseneck Double Head 24W Extra Bright Desk Lamp
Light Direction	Adjustable
Batteries Included?	No
Batteries Required?	No
Color Rendering Index (CRI)	90.00
Average Life	30000 Hours

Additional Information

ASIN	B0BS17GYRM
Customer Reviews	7 ratings 4.2 out of 5 stars
Best Sellers Rank	#7,165 in Tools & Home Improvement (See Top 100 in Tools & Home Improvement) #49 in Desk Lamps
Date First Available	February 22, 2023

Warranty & Support

Amazon.com Return Policy: **Amazon.com.tr Voluntary 30-Day Return Guarantee:** You can return many items you have purchased within 30 days following delivery of the item to you. Our Voluntary 30-Day Return Guarantee does not affect your legal right of withdrawal in any way. You can find out more about the exceptions and conditions here.

Product Warranty: For warranty information about this product, please click here

Feedback

Would you like to **tell us about a lower price?**

图 1-10　商品详细信息

商品详情页最后显示的是商品评价，包括常见问题和购买者评论，如图 1-11 所示。平台列举出若干常见的问题与回答以供消费者参考。消费者评价这部分内容占了很大的篇幅。消费者给出的评价丰富多彩，对其他消费者购买商品有很强的指导作用。

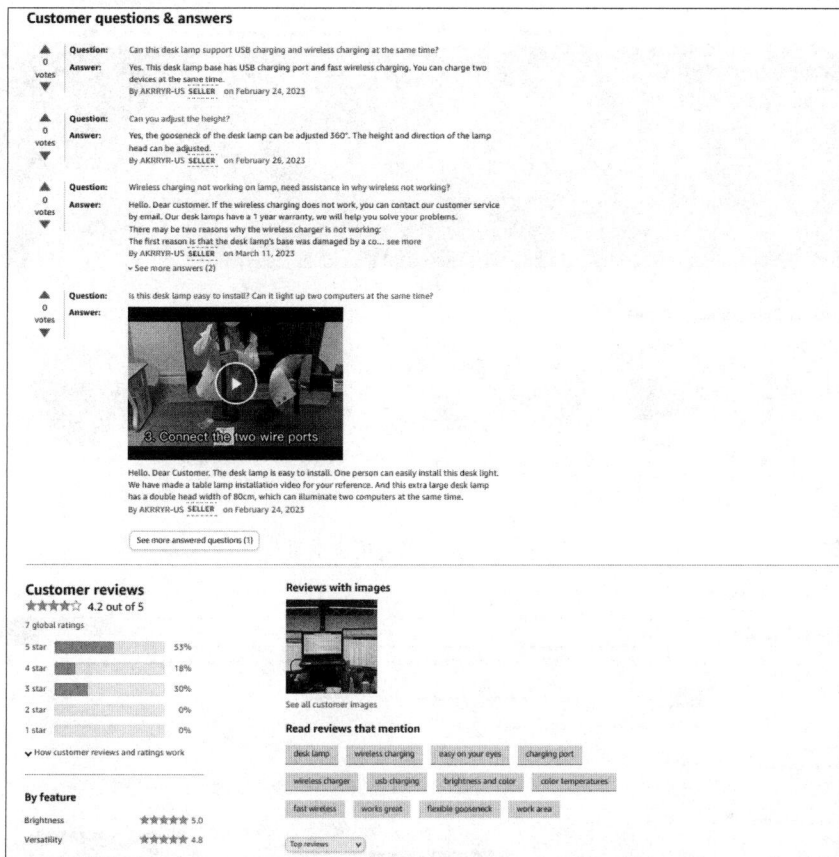

图 1-11　商品评价

1.3.3　eBay

eBay（易贝网）是一个可让全球用户上网买卖物品的线上拍卖及购物网站。其于 1995 年 9 月 4 日由皮埃尔·奥米戴尔（Pierre Omidyar）以 Auction Web（拍卖网站）的名称于加利福尼亚州圣何塞创立，1997 年 9 月，正式更名为 eBay。eBay 首创 C2C（Customer to Customer，个人卖家对个人买家）电子商务模式，逐渐发展成为全世界最大的交易平台之一。自上市以来，eBay 业务涉猎甚广，投资和收购了包括交易平台、支付，以及电商服务、平台开发等领域的多家公司。为顺应互联网的发展，eBay 从最初的拍卖平台逐渐转型为渠道和服务兼备的综合互联网技术平台。

1. 经营范围

打开 eBay 平台买家主页，可以清晰地看到其主要经营范围涵盖电子产品、汽配、收藏品、家居与园艺、健康与美容等，如图 1-12 所示。

在搜索栏搜索"oven"，结果如图 1-13 所示。由于 eBay 平台可以进行拍卖，因此商品搜索页有"拍卖"和"立即购买"选项。同时消费者可以选择价格区间及商品性能。eBay 默认的搜索物品排序标准，可帮助买家找到真正需要的商品。对卖家来说，这意味着可将物品展示在买家面前，而向买家提供优质的商品和服务是卖家在"最佳匹配"中排名靠前的关键。"最佳匹配"

排名的考量因素包括：最近销售记录、卖家评级、物品"标题"相关度、买家满意度、物品价格和运费。

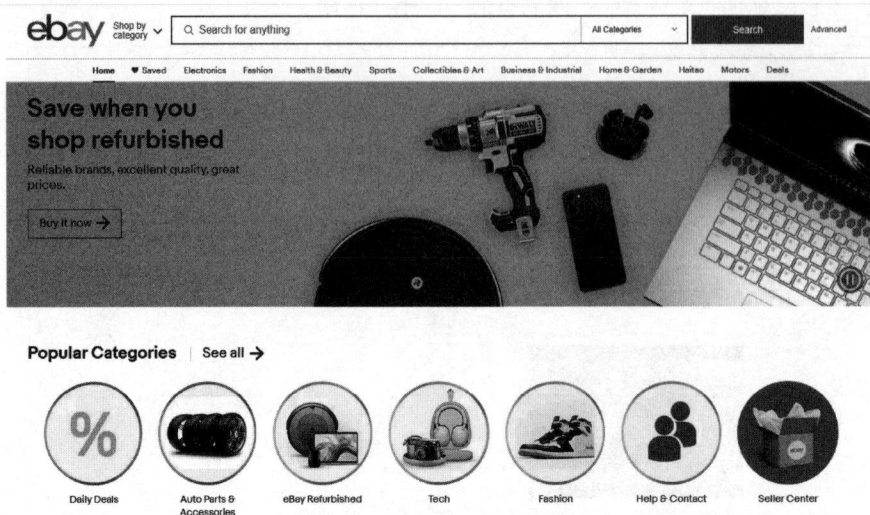

图 1-12　eBay 平台买家主页

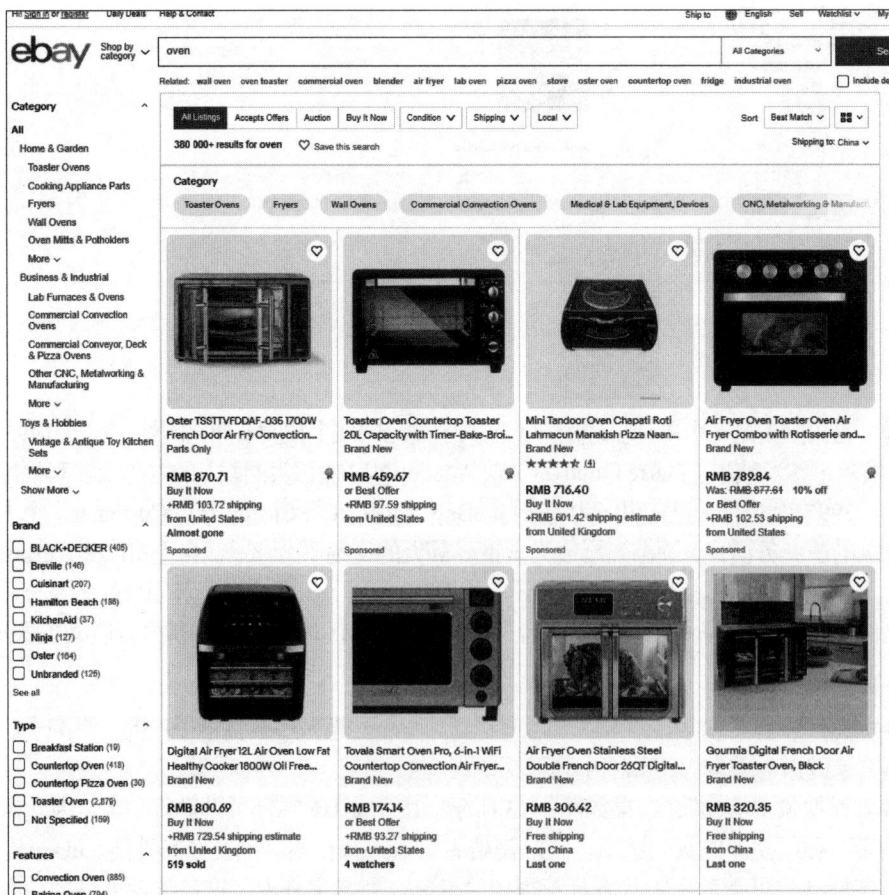

图 1-13　eBay 商品搜索页

2. 商品详情页

消费者单击感兴趣的商品，可进入商品详情页，如图 1-14 所示。eBay 平台的商品详情页与亚马逊平台的商品详情页相似，不同的是 eBay 平台的商品详情页在商品名称下有"物品状况"栏。在 eBay，卖家可以拍卖自己使用过或者不需要的商品，因此卖家需要说明商品的使用情况。卖家还应关注商品详情页右侧的"卖家信息"，因为 eBay 上有较高信誉的卖家更容易出单。

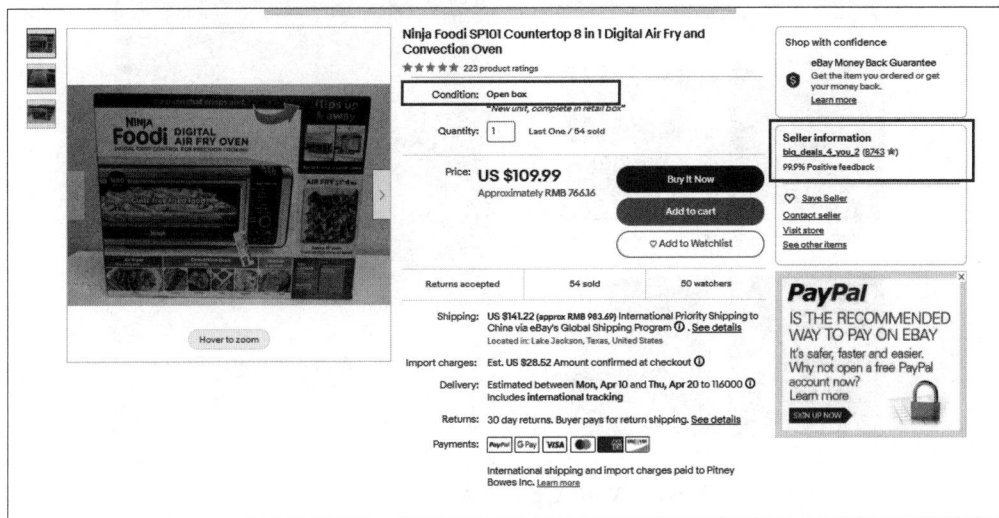

图 1-14　eBay 商品详情页

1.3.4　Wish

Wish 是一款能使消费者感到愉悦、有趣、精准有效的移动购物体验 App。其由在线电子商务公司 ContextLogic 于 2011 年独立设计开发。Wish 平台运用数据策略、技术手段对消费者行为和偏好进行分析，以此来寻找、匹配和推送个性化商品。不同用户因需求、习惯不同，在该平台上看到的商品就不同。

Wish 平台要求卖家提供的商品定位准确、合法合规、有质量保证、售价及运费合理并且图片、文字描述真实。在订单方面，Wish 要考察卖家及其商品的满足率、处理率、缺货率、取消率和发货率，从而帮助用户找到感兴趣和心仪的商品。同时，卖家也要遵守平台规则，为用户提供优质服务，提升店铺评分。

1. 经营范围

Wish 平台提供丰富多样商品的综合类商品购物应用，其经营范围包括时尚服饰、家居装饰、电子产品、手表、婴儿及儿童用品、化妆美容用品、节假日礼品等。

2. 商品详情页

Wish 支持在各类手机、平板电脑等设备上使用，并且具备较好的适用性和使用体验。Wish App 买家主页通常只展示几个商品，如图 1-15 所示。这几个商品是 Wish 经过特殊算法计算后，更准确地推送给目标客户的，更可能符合客户需求。

买家点击自己感兴趣的商品后，进入商品详情页（见图 1-15），商品详情页依次展示商品图片、商品名称及商品评价。买家上滑页面将依次看到商品最近评价、商品规格与描述、买家保障及配送信息，如图 1-16 所示。

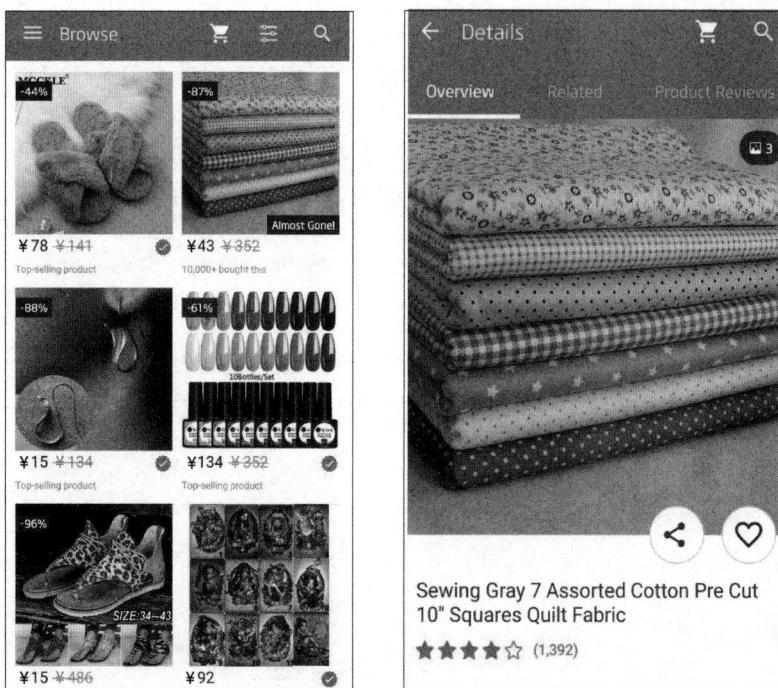

图 1-15　Wish App 买家主页和商品详情页

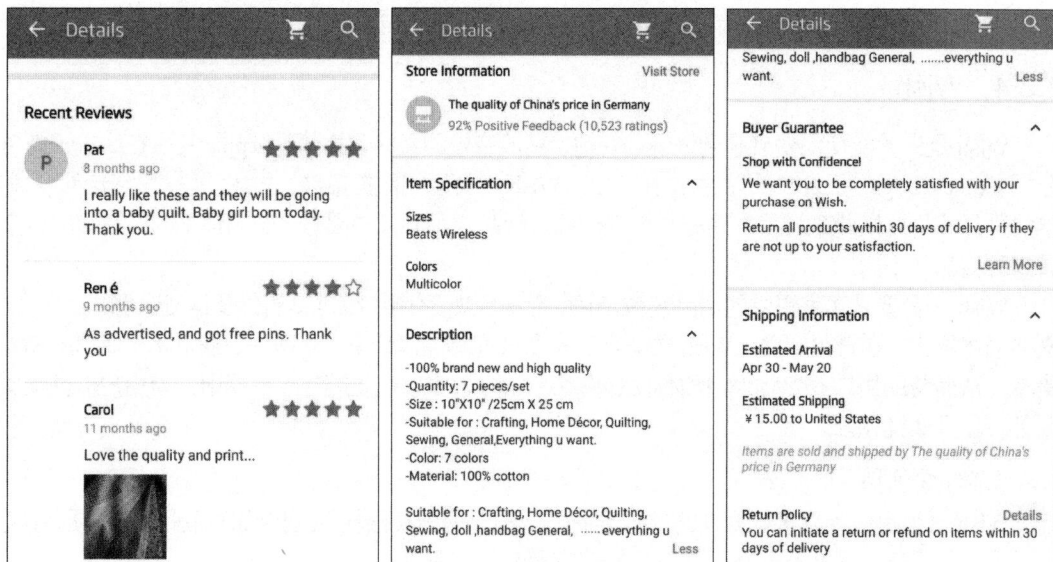

图 1-16　商品详情页的更多信息

1.4　新兴市场的电子商务平台

电商行业的不断壮大使创业者看到了商机，许多新兴的数字化平台通过模仿成熟的电商平台来开拓本地市场，借助地理、文化等方面的优势，占据了一定的市场份额。本节将对新兴市场的电子商务平台进行介绍。

1.4.1　Shopee

1．Shopee 平台简介

作为 Sea 旗下的电商业务平台，Shopee 成立于 2015 年，在同年 6 月正式上线，之后快速发展。该平台的用户活跃度高，平均一个用户每次打开 App 会浏览 10～20 个商品，转化率接近 15%。

2．Shopee 平台页面

Shopee 平台为买家打造了一站式的社交购物平台，营造了轻松愉快、高效便捷的购物体验，提供了性价比高的海量商品，方便买家随时随地浏览、购买商品并进行即时分享。下面以 Shopee 马来西亚站点为例，通过查找商品户外运动手表来介绍 Shopee 平台的页面结构和特点。

Shopee 平台商品信息较为简单，这使得买家能更快获取所需的信息。图 1-17 中，商品基本信息页面左侧显示的是该商品的高清图片，单击图片可以将其放大。每个商品最多可以上传 9 张高清图片。此外，商品的每种型号都有相应的图片展示。

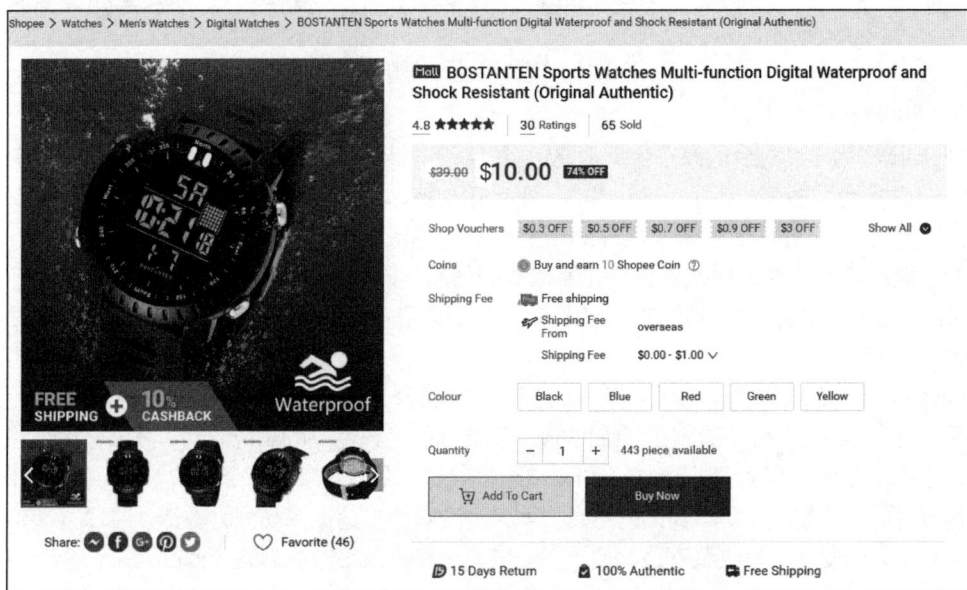

图 1-17　Shopee 平台商品基本信息页面

1.4.2　Flipkart

1．Flipkart 平台简介

印度电商公司 Flipkart 由亚马逊的两名前员工于 2007 年创建，是印度大型电商零售商，全球十大电商巨头之一。其通过快速实现收支平衡后积极融资，迎战亚马逊，力争独占鳌头。截至 2016 年，其已融资 31.5 亿美元。2018 年，印度反垄断监管机构批准沃尔玛以 160 亿美元收购 Flipkart 77% 的股份。

Flipkart 平台购物主页如图 1-18 所示，据 Flipkart 官方数据，2022 年 1—5 月，平台时尚产品订单量超 2 亿件，这些订单包括男士 T 恤、手表、太阳镜、女士服装和鞋类，平台时尚品类卖家近 16.5 万名。Flipkart 平台每月访问量超 2.31 亿次，在印度电商市场上仅次于亚马逊印度站点。

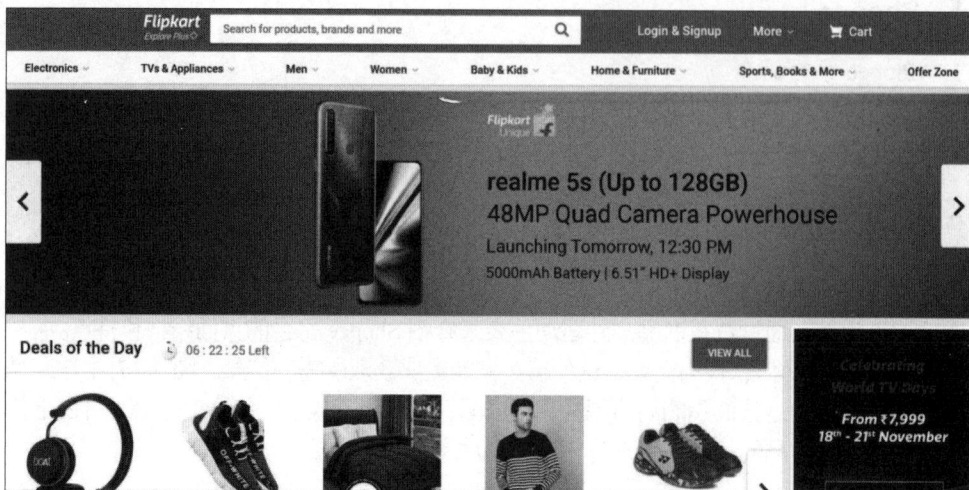

图 1-18　Flipkart 平台购物主页

2. Flipkart 平台页面

Flipkart 作为印度综合电商平台，主要销售书籍、服装、3C 产品等品类，同时也有自主品牌 DigiFlip。该平台页面简洁明了，除了英语，平台还支持印度本地语言，这为印度 2 亿多个农村买家提供了便捷、愉悦的网购体验。Flipkart 平台海量的商品和直白的简介，能够满足消费者日常所需及便于他们快速、准确地找到自己想要购买的商品。同时，消费者可通过平台页面直接下载 Flipkart 的 App，随时随地进行网购。接下来，以查找智能手机为例来介绍 Flipkart 平台的页面结构和特点。

Flipkart 平台商品信息全面而又有序，这有利于消费者充分地了解商品的特性，找到自己心仪的商品。图 1-19 中，商品基本信息页面的最左侧显示的是该商品的高清图片，将鼠标指针移至图片上，可以放大商品图片，这让消费者可以清晰地看到商品的细节。每个商品支持上传多张图片，这让消费者可以清楚地了解该商品的信息。如果消费者想将这个商品列为备选，可以直接单击商品大图右上角的爱心图形收藏商品，便于下一次直接在收藏夹中找到这个商品。

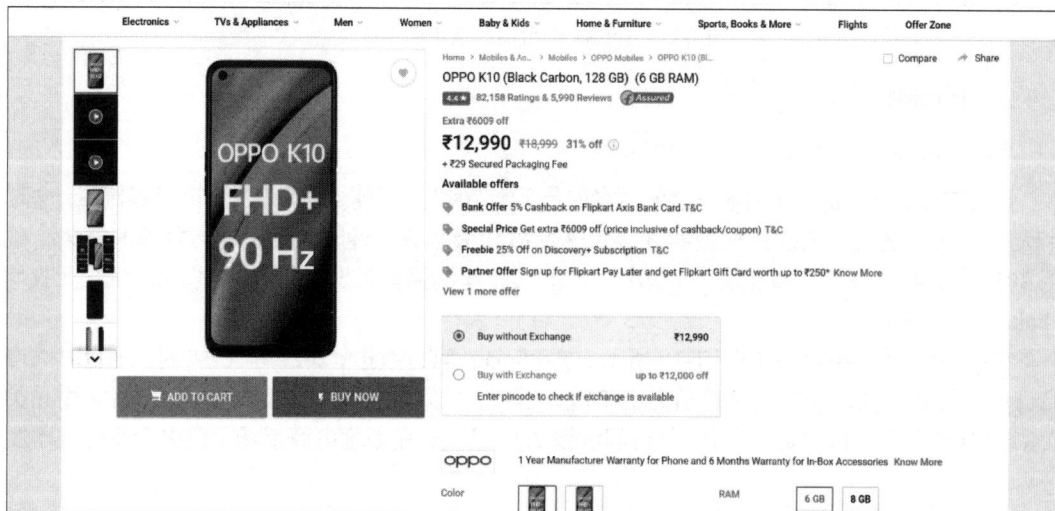

图 1-19　Flipkart 平台商品基本信息页面

1.4.3　Mercadolivre

1. Mercadolivre 平台简介

Mercadolivre 是巴西本土最大的 C2C 平台，是美客多（Mercadolibre）的巴西站点，可以称之为"巴西的淘宝"，平台主页如图 1-20 所示。美客多经营范围覆盖 18 个国家和地区（巴西、阿根廷、智利、哥伦比亚、哥斯达黎加、厄瓜多尔、墨西哥、巴拿马、秘鲁、多米尼加、巴拉圭、委内瑞拉、葡萄牙、玻利维亚、危地马拉、洪都拉斯、尼加拉瓜和乌拉圭），其中巴西是最大的站点国家，其近 40%的流量来自巴西。美客多产品类别包含电子、书籍、娱乐、美容和个人护理、家居用品、汽车、摩托车、房产服务、玩具和游戏等。

图 1-20　Mercadolivre 平台主页

2. Mercadolivre 平台页面

如果卖家选择入驻 Mercadolivre 平台，可以通过一个账户实现不同市场的多样化管理。该平台支持多语言模式，竭力为用户打造一个轻松、愉悦的网购环境。下面以在 Mercadolivre 巴西站点查找商品笔记本电脑为例来介绍 Mercadolivre 平台的页面结构和特点。

Mercadolivre 平台提供的商品信息清晰明了，便于买家快速找到心仪的商品。图 1-21 中，商品基本信息页面左侧显示了该商品的高清图片，单击图片可以将其放大，每个商品可以上传 1～9 张图片。

图 1-21　Mercadolivre 平台商品基本信息页面

1.4.4 OZON

1. OZON平台简介

OZON 成立于 1998 年，是目前欧洲第四大电商市场，是俄罗斯市场的多品类综合 B2C 平台，平台主页如图 1-22 所示。OZON 是跨境电商界的新黑马，有"俄罗斯亚马逊"之称，平台 SKU（Stock Keeping Unit，存货单位）超 1 100 万，主要品类为图书、电子产品、音乐、电影等。OZON平台拥有俄罗斯电商行业最完善的物流设施，并为俄罗斯客户提供横跨 11 个时区的门到门配送服务。OZON 宣称可以为俄罗斯 40% 的人口提供次日达服务。在 OZON 平台开店无须费用，也没有平台租金月费等费用，整体风险较低。

图 1-22 OZON 平台主页

2. OZON平台页面

OZON 为买家打造了一个操作简单、搜索方便的多品类综合平台，其鲜明的色彩为买家营造了轻快、舒适的购物氛围。下面通过查找商品运动鞋来介绍 OZON 平台的页面结构和特点。

图 1-23 中，商品基本信息页面左侧展示的是该商品的高清图片，单击图片可以将其放大。每个商品可以上传多张图片，有些商品还可以采用视频形式来展示。另外，不同款式的商品都有相应图片展示。页面右侧显示了该商品的基本信息和销售情况等。首先是商品名称（Strutter Shoes）和品牌名称（adidas）。其次是消费者的评分等级和评价，以该运动鞋为例，OZON 平台目前的最高评分等级为 5 颗星，该运动鞋的评分等级为 4.8 颗星。其次是商品的价格及优惠力度。例如，该运动鞋的原价为 8 399 卢布，优惠价格为 3 677 卢布。最后就是该运动鞋的尺码表，买家可以根据自己的需求选择不同的鞋码。

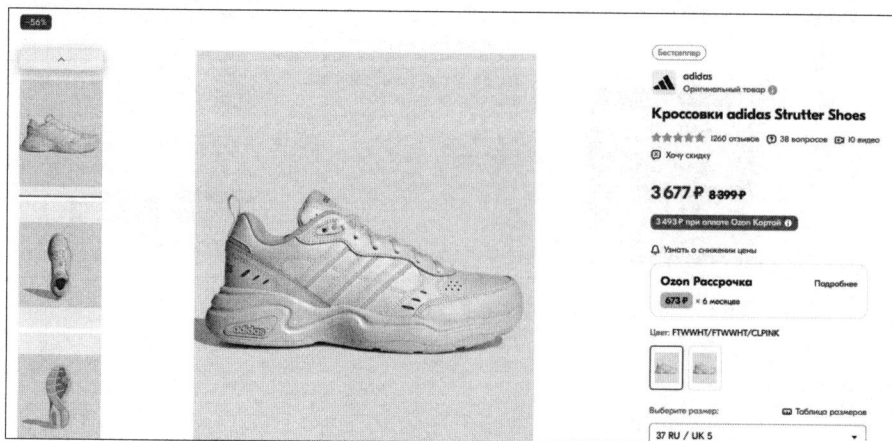

图 1-23 OZON 平台商品基本信息页面

1.4.5 Souq

1. Souq 平台简介

Souq 是中东版亚马逊，成立于 2005 年，总部位于迪拜，是中东地区成立最早、综合实力最强的全品类跨境电子商务平台，平台主页如图 1-24 所示。

图 1-24　Souq 平台主页

亚马逊和 eBay 在中东的部署较弱，Souq 正好填补了这一空白。其创始人是土生土长的中东人，深谙阿拉伯文化和消费者习性，将西方的电商模式嫁接到中东并进行了本地化改造。根据网站目前的情况，Souq 已经开始考虑拓展其他业务，已建立了自己的物流系统 QExpress 和支付系统 PayFort，在波斯湾的主要城市及埃及等地都建有仓库。此外，Souq 还推出了自己品牌的平板电脑，并表示将加快业务规模化进程，与更多第三方零售商合作。2017 年 3 月 28 日，亚马逊以 5.8 亿美元全资收购 Souq，自此，Souq 就成了"亚马逊中东站"。中东电商发展进入了全新的阶段。

Souq 被收购后，亚马逊中东站与其相融合，打造了在中东地区综合实力最强的电商平台。亚马逊中东站为消费者提供了海量产品、暖心服务，使得消费者足不出户就可以尽兴消费、快乐购物。接下来通过查找商品无线耳机来介绍 Souq 的页面结构和特点。

2. Souq 平台页面

亚马逊中东站所展示的商品信息浅显易懂，即使是网购新手也能够快速上手进行网购。图 1-25 中，商品基本信息页面右侧展示的是该无线耳机的高清图片。买家可以将鼠标指针移至图片上将其放大，查看商品的细节。一个商品可以上传多张图片。页面的左侧陈列了该无线耳机的基本信息及销售情况。首先是该商品的名称，其中包括品牌名称和型号（T500）。其次是该商品的评分，满分为 5 分，目前这款无线耳机的评分为 4.6 分，并且有 9 616 个点评。在评分的下方是该商品的价格及关于支付的一些信息，例如该款无线耳机的价格为 2 303.28 埃及镑，并且买家可以分期付款。其次是该商品的不同款式和该商品的简单介绍，例如这款无线耳机除了白色以外，还有黑色可供买家选择。最后是该商品的购买渠道，买家可以自行选择想要购买的数量下单，填好收货地址后还可以选择免费送货服务。

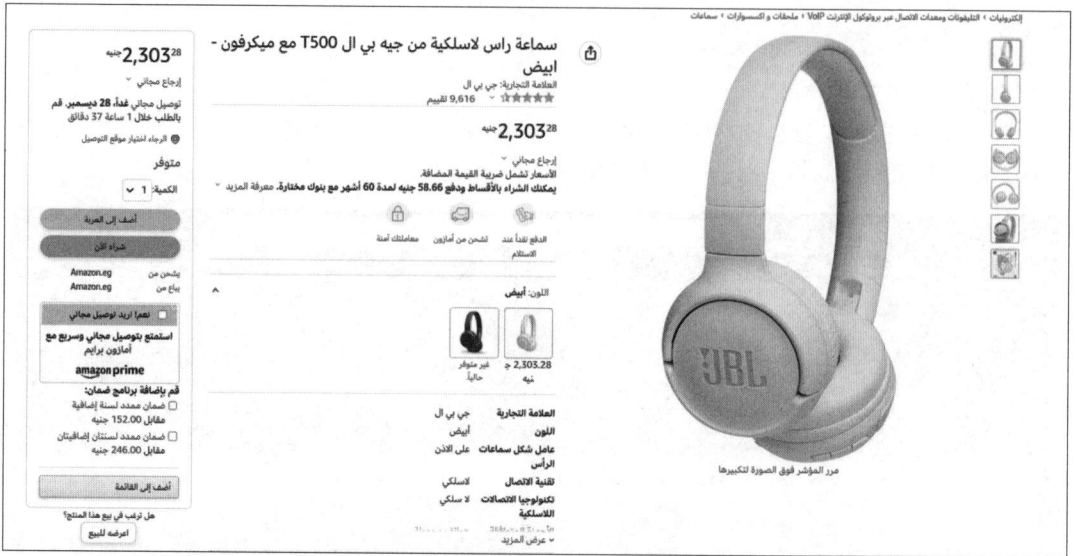

图 1-25　Souq 平台商品基本信息页面

1.4.6　Jumia

1. Jumia 平台简介

Jumia 是非洲电商巨头，成立于 2012 年，由德国风险投资公司火箭互联网（Rocket Internet）投资成立，平台主页如图 1-26 所示。该公司拥有多个线上垂直运营平台，在非洲 14 个国家提供服务，业务包括在线外卖服务（Jumia Food）、旅游订票服务（Jumia Flights）和广告分类网站（Jumia Deals）等，还有由支付系统（Jumia Pay）和送货服务组成的电商物流基建服务（Jumia Services）。Jumia 允许非洲的第三方商家在平台售货，该平台最受欢迎的商品是智能手机、洗衣机、流行饰物、女性护发产品、32 英寸（1 英寸=2.54 厘米）彩电等。

图 1-26　Jumia 平台主页

Jumia 作为非洲第一大电子零售商，旗下有酒店、旅游、生鲜、电商、租车等诸多产业链。其是除亚马逊、京东之外，全世界第三家拥有自己的末端物流的电商企业。

2. Jumia平台页面

Jumia平台致力于为消费者打造洋溢着热情、受消费者喜爱和信赖的线上购物环境，希望通过互联网科技的力量为消费者提供多种多样的创新且优惠的商品及更加方便、舒适的购物体验。下面通过查找商品液晶电视来介绍Jumia平台的页面结构和特点。

Jumia平台提供的信息简洁而全面，让买家可以直接获取商品的关键信息。图1-27中，商品基本信息页面左侧显示的是该商品的高清图片，单击图片可以将其放大。每个商品可以上传多张图片进行展示。页面的中间部分显示了该液晶电视的基本信息和销量。首先是品牌名称（WEYON）和商品名称（32 Inches LED TV）。其次是该商品的评级及买家的评价。目前，该商品有496条买家评价。Jumia平台目前的最高评级为5颗星，该商品的评级为4.4颗星。最后是该商品的价格等相关信息，该液晶电视当前价格为62 000奈拉。页面的最右侧显示的是该商品送货地址及运输费用的详细信息。以该液晶电视为例，买家填好自己的收货地址后，可以选择送货上门或者在取货站自行取货，这两种方式的运费有一定的差别。

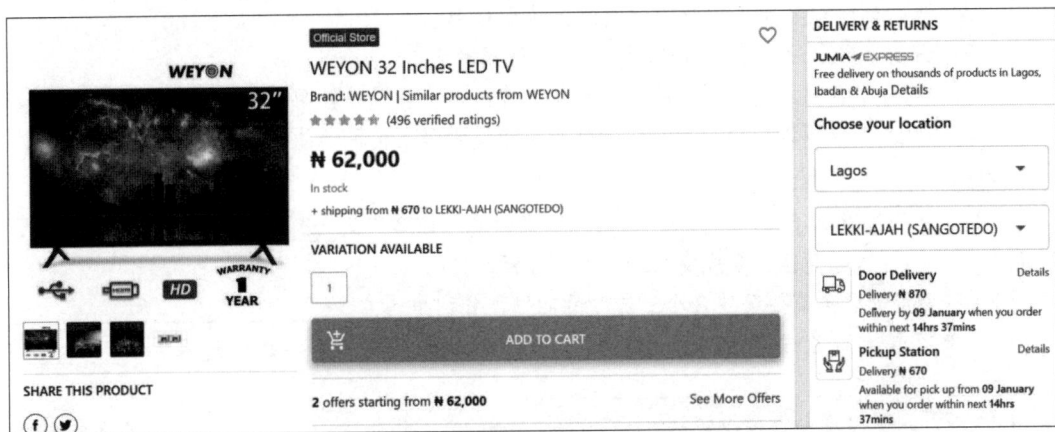

图1-27 Jumia平台商品基本信息页面

课后复习

思考题

1. 单选题

（1）跨境电子商务的英文名称是（ ）。

A. Cross-Border Trade
B. Cross-Border Communication
C. Cross-Border Commerce
D. Cross-Border E-Commerce

（2）下列关于跨境电子商务的说法错误的是（ ）。

A. 跨境B2B和跨境B2C并不是孤立发展的，而是相互促进和影响的

B. 1999年，我国跨境电子商务进入1.0阶段，消费者可以通过互联网在线购买商品

C. 我国涉及跨境电子商务政策制定的部门主要有国务院、海关总署、商务部、国家发展改革委、财政部、国家税务总局、国家市场监督管理总局和国家外汇管理局等

D. 区块链技术的应用能有效实现产品溯源，这提高了消费者的信任度，促进了跨境电子

商务的良性发展

（3）速卖通平台的经营范围不包括（   ）。

    A. 服装   B. 电子设备   C. 珠宝手表   D. 拍卖

2. 多选题

（1）跨境电子商务具有（   ）的新特点。

    A. 多边化   B. 大批量   C. 透明化   D. 品牌化

（2）跨境电子商务呈现（   ）的发展趋势。

    A. 产品生态更加完善

    B. 产品更加多元化

    C. B2C 占比提高，B2B 和 B2C 协同发展

    D. 移动技术成为跨境电子商务发展的重要动力

（3）下列有关跨境电子商务平台的说法正确的有（   ）。

    A. 速卖通的业务模式是 B2C，同时也涉及 B2B

    B. 速卖通平台没有准入门槛，个人可以注册网店

    C. Wish 平台要求卖家提供的商品定位准确、合法合规并且图片、文字描述真实

    D. eBay 不仅可以让全球用户线上购物，还提供线上拍卖功能

3. 填空题

（1）广义的跨境电子商务，是指_____通过电子商务平台_____、进行_____，并通过_____送达商品、完成交易的一种商业活动。

（2）跨境电子商务需要解决 3 个"流"的问题，分别是_____、_____和_____。

（3）跨境电子商务的基本工作过程有 6 个步骤，按照顺序分别是：选品、_____、_____、收款、_____、_____。

（4）亚马逊平台商品详情页包括_____、_____、_____、_____4 部分内容。

📘 案例分析

正式纳入海关监管，跨境电子商务通关便利

海关作为行使进出口监督管理职权的国家行政机关，是跨境电子商务监管中的关键环节。2015 年，海关总署发布《关于调整跨境贸易电子商务监管海关作业时间和通关时限要求有关事宜的通知》，提出自 2015 年 5 月 15 日起，海关对跨境贸易电子商务监管实行"全年（365 天）无休日、货到海关监管场所 24 小时内办结海关手续"的作业时间和通关时限要求。在监管方面，海关总署出台了一系列文件对跨境电子商务平台进行跨境交易的商品范围、申报方式、企业备案等各方面作出了明确规范。2014 年，海关总署公告第 12 号文件增列跨境贸易电子商务海关监管方式代码"9610"，宣告跨境电子商务正式纳入海关监管范畴。此后，海关增列"1210""1239""9710""9810"等监管代码，不断细化完善跨境电子商务进出口监管模式，为跨境电子商务进出口业务带来通关便利。

1. 跨境贸易电子商务（9610）

"9610"适用于境内个人或电子商务企业通过电子商务交易平台实现交易，并采用"清单核放、汇总申报"模式办理通关手续的电子商务零售进出口商品。

在这种监管模式下，进行跨境电子商务零售出口业务时，符合条件的电子商务企业或平台需要与海关联网，境外消费者在跨境电子商务平台上下单后，生成订单、物流单和支付单信息，海关通关信息平台将这"三单"信息及企业和商品的备案信息自动生成清单数据传送到海关通关系统，商品以邮件、快件方式运送出境。电子商务企业在每月10日前将上月结关的申报清单汇总形成报关单，以海关签发的报关单退税证明联办理出口退税手续。这样既解决了企业退税难题，也将跨境电子商务业务纳入了海关货物贸易统计。而在进行境外直购进口业务时，境内消费者在跨境电子商务平台上下单后，企业将订单、支付单、物流单信息传送给海关，跨境电子商务企业向海关提交清单，商家在境外将多个已售出商品统一打包，通过邮政或者商业物流公司运送至境内的保税仓库，电子商务企业为每件商品办理海关通关手续，经过海关查验、征收税款后放行，再由电子商务企业委托境内物流公司派送至消费者手中。

2. 保税跨境贸易电子商务（1210）

"1210"适用于境内个人或电子商务企业在经海关认可的电子商务平台实现跨境交易，并通过海关特殊监管区域或保税监管场所进出的电子商务零售进出境商品。

在这种监管模式下，企业可以将其在跨境电子商务交易平台销售的商品提前运送到海关特殊监管区域或保税物流中心（B型），再进行网上零售。消费者通过跨境电子商务交易平台购买商品后，企业或平台将订单、支付单、物流单发送到海关系统进行申报，海关征收税款，验放后该商品能够迅速从特殊监管区域出区，由跨境电子商务企业或物流公司向海关保税部门办理通关手续，并由物流公司配送至消费者手中。

3. 跨境电子商务企业对企业直接出口（9710）

"9710"适用于境内企业通过跨境电子商务平台与境外企业达成交易后，通过跨境电子商务B2B直接出口的货物。

在"9710"监管模式下，跨境电子商务企业可以通过清单报关方式或报关单报关方式进行申报。对于单票金额在人民币5 000元（含）以内，且不涉证、不涉检、不涉税的，企业可以选择采用清单方式或报关单方式通过"单一窗口"的货物申报或跨境电子商务系统申报；对于单票金额在5 000元以上的，或者出口货物的品类涉及证、检、税的，企业必须采用报关单方式在"单一窗口"下的货物申报系统中进行申报。相比于此前的监管模式，"9710"的申报手续更加简便，物流和查验也更便捷，提高了跨境电子商务出口的通关效率，降低了跨境电子商务企业的出口成本。

4. 跨境电子商务出口海外仓（9810）

"9810"是指境内企业先将货物通过跨境物流出口至海外仓，通过跨境电子商务平台实现交易后再将货物从海外仓送达境外购买者。

不同于"9610"监管模式，"9710"和"9810"主要监管企业与企业之间的跨境电子商务往来。"9810"监管模式下跨境电子商务企业的申报方式与"9710"大体一致，同样可以通过清单或报关单两种方式进行申报。企业通过"国际贸易'单一窗口'标准版"或"互联网+海关"的跨境电子商务通关服务系统和货物申报系统向海关提交申报数据、传输电子信息。这种申报方式大幅度提升了跨境电子商务B2B出口的通关便利化程度，降低了企业的通关成本。

【案例分析思考题】

1. 从通关模式上区分，海关"9610""1210""9710""9810"监管模式各有什么不同？
2. 请谈谈上述海关监管代码能为跨境电子商务出口的实际业务带来哪些便利。

【实践目的】

1. 明确跨境电子商务的概念和基本流程。
2. 了解中国和全球跨境电子商务的发展历程。
3. 熟悉中国优秀的跨境电子商务平台的页面、经营范围和发展历程。
4. 掌握不同模式的跨境电子商务的特点及区别。

【实践内容描述】

1. 和传统的贸易方式相比,跨境电子商务的进入门槛和成本都大大降低,且相对节省中间环节,便捷性更强,优势非常明显。调研中国具有代表性的跨境电子商务平台,包括阿里巴巴、环球资源、兰亭集势和中国制造网等,总结它们的特点,并填至表 1-2 中。

表 1-2　中国跨境电子商务平台特点汇总表

	B2B/B2C	主营产品	经营优势
阿里巴巴			
环球资源			
兰亭集势			
中国制造网			

2. 识别跨境电子商务生态系统中的交易平台、第三方平台、相关服务提供商、基础设施提供商等,并选择其中的企业进行调研。

3. 以跨境电子商务中的出口为例,说明一次交易中的资金流、货物流和信息流传递链条。

第2章 开店注册与平台入驻

====== 课前自学 ======

【学习目标】

- 了解在主流跨境电子商务平台开店前的资料准备
- 熟悉在主流跨境电子商务平台创建账户的操作流程

微课导学

【关键词】

资料准备 创建账户 卖家身份选择 设置收款账户

【自测题】

1. 注册的速卖通平台账号还可以用来登录阿里旗下的哪些平台?（　　　）
   A. 阿里巴巴国际站　B. 淘宝　　　　　　C. 天猫　　　　　　D. 亚马逊
2. 亚马逊全球开店提供了两种卖家身份,分别是（　　　）和（　　　）。
   A. 个人卖家　　　　B. 超级卖家　　　　C. 专业卖家　　　　D. VIP卖家
3. 注册一个跨境电商平台的账户,通常来说,需要准备1个（　　　）。
   A. 邮箱　　　　　　B. 电话号码　　　　C. 微信账号　　　　D. 银行卡号
4. 以下哪些是常用的收款方式?（　　　）
   A. 国际支付宝　　　B. PayPal　　　　　C. Payoneer　　　　D. 银联账号

====== 课中学习 ======

2.1 开店前的资料准备

　　目前主流跨境电子商务平台有亚马逊、速卖通、eBay、Wish等,卖家若想要在跨境电子商务平台进行产品营销,首先要创建账户,才能进一步实施操作。各个主流跨境电子商务平台对创建账户的资料的要求各有不同。

　　一般来讲,在跨境电子商务平台开店的主要步骤包括创建账户、选择身份、设置收款方式（绑定借记卡）等,个别平台还要求填写税务身份信息。在各大跨境电子商务平台创建账户时需要填写一些信息，卖家须提前了解注册时需填内容，准备好相关资料。在跨境电子商务平台创建账户通常需要提供以下信息或资料。

（1）申请人的基本信息，如姓名、电子邮箱、手机号、家庭住址等。

（2）公司相关信息，如联系方式、法定代表人身份证正反面（电子扫描件）、营业执照（电子扫描件）。

（3）一张双货币信用卡，简单来说就是国际信用卡，可以用于外币支付，带有维萨（VISA）或者万事达卡（MasterCard）的标志，并确保有充足的额度。

（4）一个支持外币收款的账户，中国卖家常用的是第三方收款服务商，如派安盈、万里汇、PingPong、连连支付等。

（5）可能还需要 VAT 税号。对于销往欧盟成员方的产品，企业需要准备 VAT 增值税号，因为欧盟成员方普遍使用的售后增值税是指货物售价的利润税。欧盟成员方要求出口电子商务企业在当地业务和服务中履行其税务申报义务。

2.2 创建卖家账户

商家若要在跨境电商平台进行产品销售，创建平台账户是第一步。当前，亚马逊、全球速卖通、eBay、Wish 等主流跨境电商平台创建账户的资料准备、操作步骤略有不同。本节将介绍创建账户的资料准备，并展示以上主流平台的账户注册流程。

2.2.1 亚马逊平台的账户注册

1. 账户注册流程

卖家在中国境内注册公司后，准备好公司名称、地址、联系信息、具有有效账单地址的国际信用卡、在注册期间可以联系到的电话号码、个人所得税号等资料后，就可以开始在亚马逊平台进行注册了。注册账户的具体流程如下。

第一步，进入亚马逊官网的卖家注册页面，如图 2-1 所示，然后按照页面提示输入名字、邮箱、密码等信息。注意，名字可以输入法定代表人姓名的拼音。

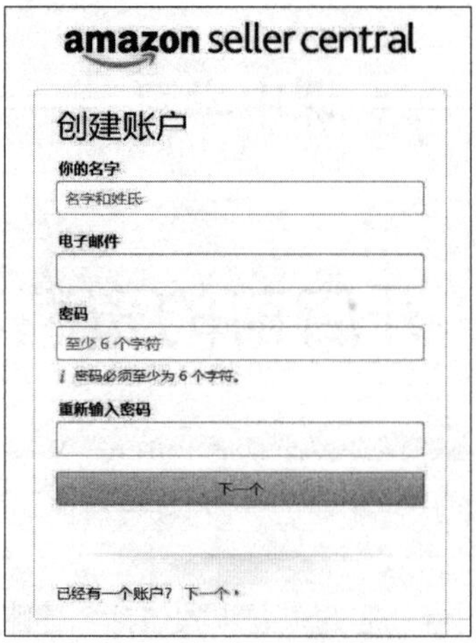

图 2-1　亚马逊卖家注册页面

第二步，跳转到验证邮箱的页面，输入注册邮箱，注册邮箱会收到亚马逊官方发来的邮件，里面有 6 位数的验证码，在亚马逊卖家注册页面输入验证码就可以进入下一步了。

第三步，亚马逊会要求设置详细的公司信息，卖家需根据情况如实填写公司地址、业务类型、企业名称，如图 2-2 所示。填写后还会有验证环节，可以选择短信验证或电话验证。注意，务必保证信息正确，完成此步骤进入下一步后将无法返回修改！

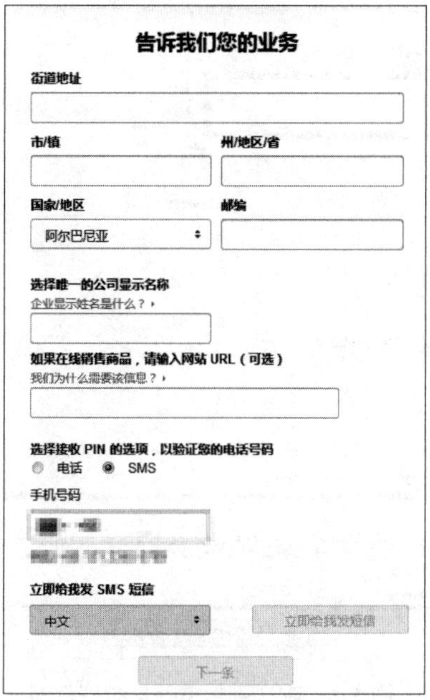

图 2-2　亚马逊公司信息填写页面

第四步，完善卖家信息，即法定代表人的个人信息，如国籍、居住地、联系方式。注意，此时还需填写受益人信息，受益人必须是公司所有人、管理者或持股 25% 以上的人。

第五步，完善账户信息，如图 2-3 所示。

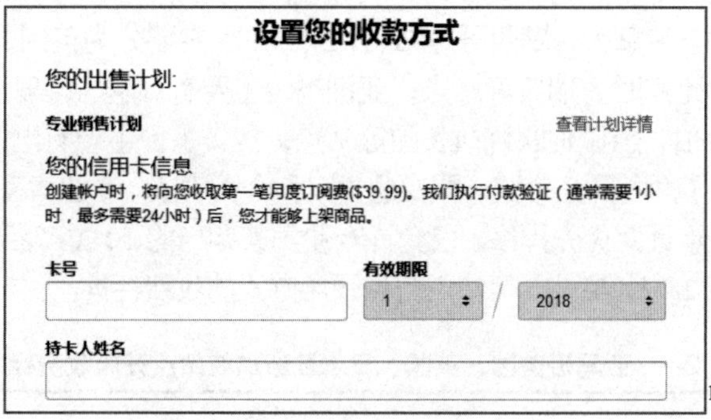

图 2-3　亚马逊账户信息填写页面[①]

第六步，填写店铺相关信息，如名称、产品的相关属性。名称需要用英文填写，产品需明确是否有产品编码。

第七步，身份验证。此步骤需上传相关文件，如图 2-4 所示，上传后提交即可进入验证环节，商家可以选择"实时视频通话"，然后预约视频验证时间。届时，商家准备好平台提醒的需准备的

---

① 截图中"帐户"为平台实际使用情况展示，不改为"账户"，特此说明。

证件，在规定时间验证即可。

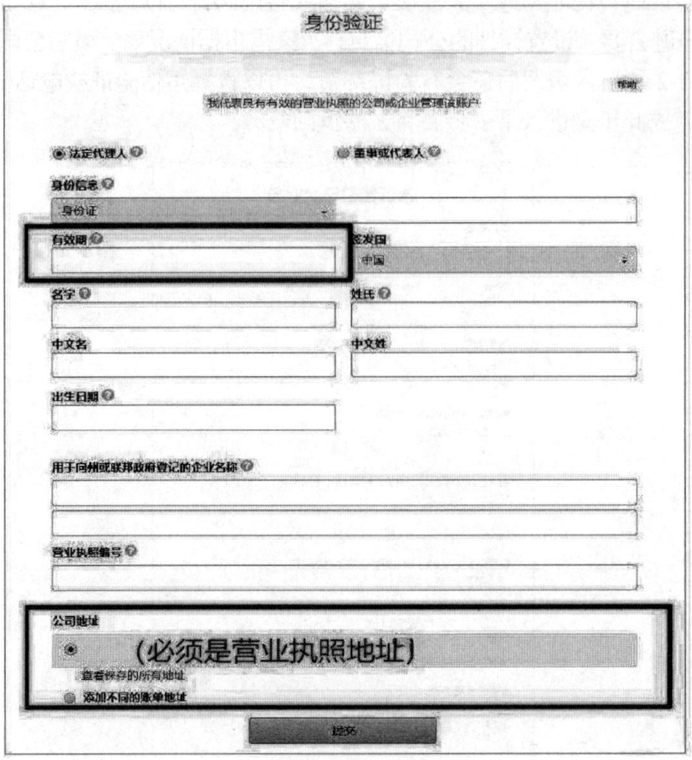

图 2-4　亚马逊卖家信息验证页面

同时，亚马逊会给商家邮寄带有验证码的明信片，商家收到后在注册页面填入验证码完成验证，并提交审核。验证完成后，亚马逊会通过邮件通知，随着商家可以登录卖家中心查看结果。

2. 选择卖家身份

亚马逊全球开店业务平台分为北美平台、欧洲平台、亚洲平台、中东北非平台及拉美平台。北美平台主要分为美国、加拿大、墨西哥等站点；欧洲平台主要分为英国、德国、意大利、法国、西班牙、波兰、荷兰、比利时、瑞典等站点；亚洲平台主要有日本、印度、新加坡等站点；中东北非平台包括沙特阿拉伯、阿拉伯联合酋长国等站点；拉美平台主要有巴西站点。无论在哪个站点开店，亚马逊都提供了两种开店方式，即专业卖家和个人卖家。专业卖家可以获得更多的优势，如订单报告、在产品展示页面优先排序、仅允许专业卖家参与的 10 类产品销售等。当然，两种开店方式的成本不同。表 2-1 比较了不同站点两种开店方式的收费标准。

表 2-1　亚马逊美国、英国、日本及新加坡站点开店收费标准

开店方式	站点			
	美国站点	英国站点	日本站点	新加坡站点
专业卖家	39.99 美元/月	25 英镑/月	4 900 日元/月	29.95 新加坡元/月
个人卖家	0.99 美元/件	0.75 英镑/件	100 日元/件	1.00 新加坡元/件

注：以上信息更新时间为 2023 年 3 月 23 日。

3. 设置收款账户

在完成了上述步骤后，亚马逊还会提醒卖家设置收款账户。付款账户绑定的信用卡用于支付

平台费用和佣金费用，而对于在平台上销售的产品，亚马逊会在一个会计周期内与卖家结算，并把扣除了亚马逊管理费用的余额转至卖家指定的收款账户。由于卖家不是在产品销售后立刻获得货款，所以收款账户可以稍后再设置。卖家收到亚马逊平台账款的方式有以下 3 种。

第一种，在开店平台所在国家或地区开设当地银行账户。为了顺利获得账款，卖家需要提供一个亚马逊支持的国家或地区的银行账户。目前，亚马逊支持在澳大利亚（AUD）、加拿大（CAD）、欧元区（EUR）、印度（INR）、新西兰（NZD）、英国（GBP）和美国（USD） 等开设的银行账户，但仅能以开户地的货币进行支付。

第二种，使用亚马逊卖家货币转换器（Amazon Currency Converter for Sellers，ACCS）服务。如果卖家没有在开店平台所在国家或地区开设银行账户，可以选择使用亚马逊卖家货币转换器服务。表 2-2 所示为亚马逊卖家货币转换器服务的部分货币种类。如果卖家的银行账户在表 2-2 中的国家或地区开设，卖家就能借助亚马逊卖家货币转换器服务在卖家所在国家或地区的银行账户直接收到以当地货币结算的款项。无论卖家居住在哪里，卖家的银行账户只能收到亚马逊卖家货币转换器服务支持的国家或地区的货币的账款。例如，英国卖家在亚马逊美国站点上开店，但开设的收款账户不是美国银行账户而是英国银行账户，则必须使用亚马逊卖家货币转换器服务收款，每一笔账款都会自动转换成英镑被转入卖家当地银行账户。卖家可以单击"货款汇总"页面上的"查看汇率"按钮了解转款到卖家银行账户的汇率。使用亚马逊卖家货币转换器服务相关的所有费用都已包含在汇率中。基于销售额的费用是根据过去 12 个月所有亚马逊商城的交叉货币净收入总额（从商城所在国家或地区的货币到卖家所在国家或地区的另一种货币）计算得出的。净收入越高，费用就越低。

表 2-2　亚马逊卖家货币转换器服务的部分货币种类

付款货币	平台（Amazon.___）						
	.com	.ca	.co.uk	.de	.dr	.it	.es
欧元（EUR）	✔	✔	✔	默认	默认	默认	默认
英镑（GBP）	✔	✔	默认	✔	✔	✔	✔
美元（USD）	默认	✔	✔	✔	✔	✔	✔
澳元（AUD）	✔	✔	✔	✔	✔	✔	✔
加元（CAD）	✔	默认	✔	✔	✔	✔	✔
印度卢比（INR）	✔	✔	✔	✔	✔	✔	✔
新西兰元（NZD）	✔	✔	✔	✔	✔	✔	✔

注：以上信息更新时间为 2023 年 3 月 23 日。

第三种，使用第三方货币兑换服务。在开店平台所在国家或地区开设银行账户，虽然可以充分掌控自己的财务账户，但开户过程比较复杂，卖家需要在该国家或地区建立合法的企业实体，还要咨询法律、税务和银行顾问。对于中国的卖家，如果没有上述国家或地区的银行账户，也可以用中国的银行账户接收亚马逊以人民币结算的货款，但需要在第三方支付机构绑定银行卡，例如 Payoneer。

第二种和第三种方式是卖家常用的收款方式。

2.2.2　速卖通平台的账户注册

速卖通平台账户注册的具体流程如下。

第一步，登录速卖通账户注册页面。单击"登记"按钮，选择"店铺征税国家/地区"，然后填写电子邮件地址并设置密码，单击"继续"按钮进入下一步，如图2-5所示。

图2-5　速卖通账户注册页面

第二步，系统将向卖家发送验证邮件。此时，立即单击"查看邮件"按钮，系统会自动跳转到邮件页面，单击链接完成邮箱验证。

第三步，填写账户信息，进行手机验证。填写个人信息后单击"确认"按钮，系统会弹出手机号码验证页面。将收到的验证码填写在验证码栏中，此时，速卖通账户就注册完毕了。

第四步，企业实名认证，如图2-6所示。单击"企业认证"选项后，系统会跳转到支付宝登录页面，此时需要填写企业认证的支付宝账号。

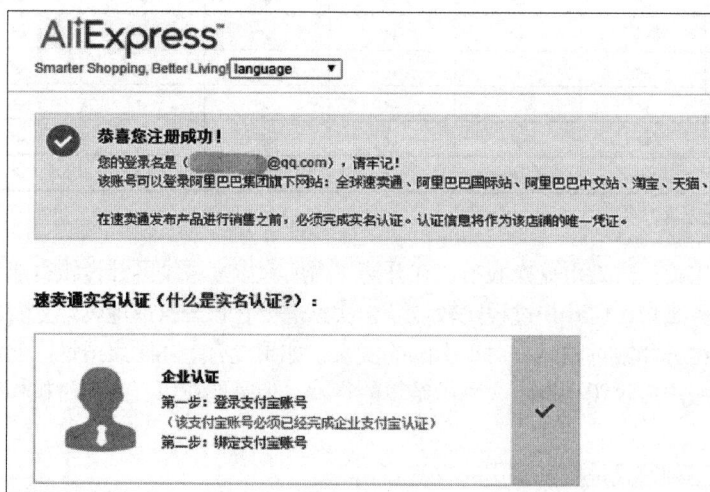

图2-6　速卖通企业实名认证页面

第五步，绑定支付宝，并进行授权。如果支付宝未通过认证，请转到支付宝页面完成支付宝认证，或使用其他支付宝账号进行实名认证。如果提交的支付宝账号已经通过支付宝实名认证，请检查认证信息是否有误。如果有误，请登录支付宝账号管理页面进行修改。如果无误，那么认证后，账户注册就完成了。

2.2.3　eBay 平台的账户注册

eBay 平台账户注册的具体流程如下。

第一步，登录 eBay 平台，单击左上方的"注册"按钮，进入 eBay 账户注册页面，如图 2-7 所示，输入电子邮箱并设置密码，单击"创建账户"按钮进入下一步。

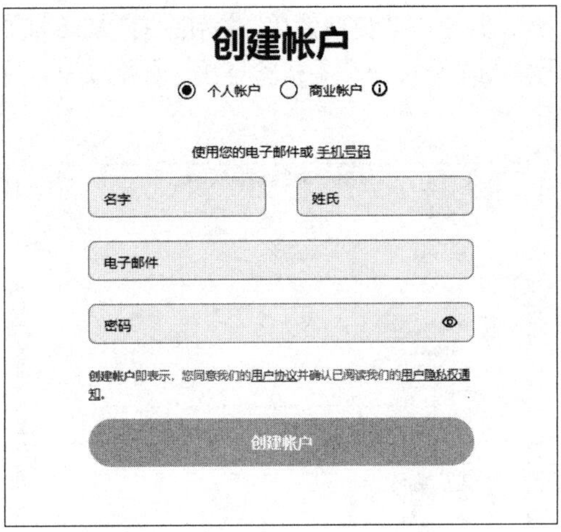

图 2-7　eBay 账户注册页面

第二步，完成验证。填写的电子邮箱会收到 eBay 发来的一封邮件，单击邮件链接以完成验证。此时，单击页面中出现的"以短信向我提供验证码"选项，随后输入收到的验证码即可。

第三步，确认条款。阅读 eBay 平台使用条款，并单击"继续"按钮。

第四步，注册 PayPal 资金账户。登录 PayPal 官网，进入注册页面，选择商家账户（分为个人及企业），填写邮箱等注册信息，如图 2-8 所示。进入"我的 PayPal"页面，确认邮箱地址，然后设置密保问题，激活收款功能。

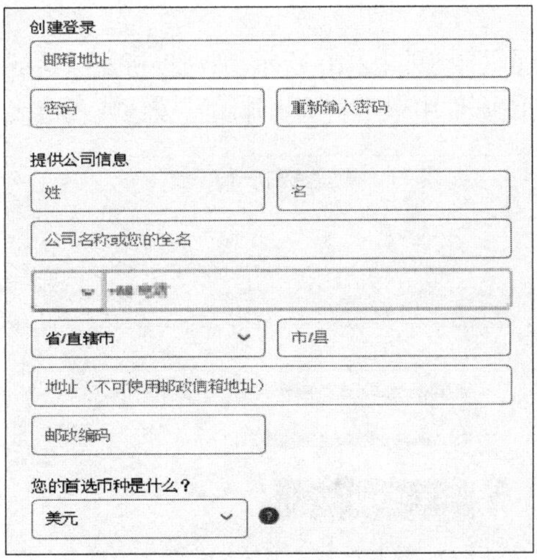

图 2-8　PayPal 注册信息页面

第五步，绑定 eBay 账户与 PayPal 账户。登录 eBay 账户，单击右上角"我的 eBay"按钮，依次单击"账户"—"PayPal 账户"—"连接到我的 PayPal 账户"选项，填写地址。接下来，输入 PayPal 账号和密码，这样便完成了 eBay 账户与 PayPal 账户的关联，eBay 平台的账户注册也就完成了。

2.2.4 Wish 平台的账户注册

Wish 平台账户注册的具体流程如下。

第一步，登录 Wish 平台，并单击"免费使用"按钮。在 Wish 账户注册页面填写邮箱，输入登录密码，并填写手机号码、图像验证码和手机验证码，如图 2-9 所示。当完成以上所有步骤之后，单击"创建店铺"按钮。

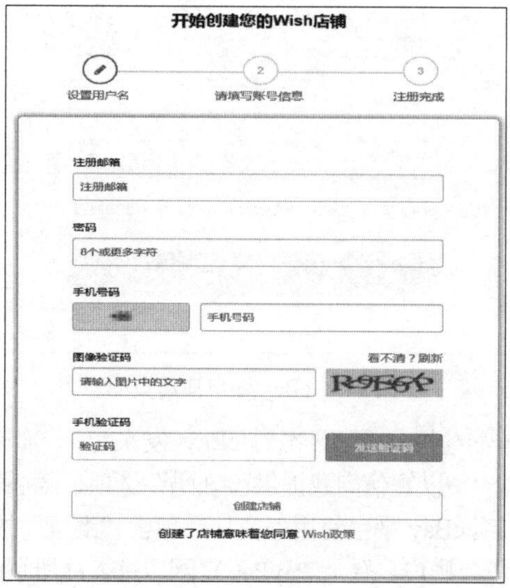

图 2-9　Wish 账户注册页面

第二步，进入"Wish 与商户协议"页面，阅读 Wish 商户协议，并在全部阅读完后进入下一步。

第三步，进入邮箱验证页面，如图 2-10 所示。Wish 将发送验证邮件至注册邮箱，单击"立即查收邮件"按钮，在收到的邮件中单击"确认邮箱"按钮或者链接后会直接跳转到商户后台。

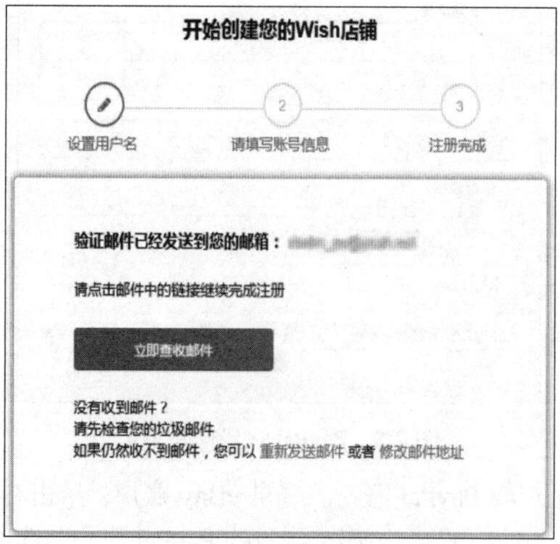

图 2-10　Wish 邮箱验证页面

第四步，进入注册信息填写页面，如图 2-11 所示。输入店铺名称，注意店铺名称一旦确定将无法更改；然后输入姓氏、名字、所在的国家（地区）、省份、城市、街道地址及邮政编码。单击"下一页"按钮进行下一步操作。

图 2-11　Wish 注册信息填写页面

第五步，进入实名认证页面，如图 2-12 所示。选择 Wish 账号类型是"个人"还是"企业"，下面以企业账户认证为例进行阐述。输入公司名称及统一社会信用代码。上传清晰、彩色的营业执照照片，照片大小控制在 3 MB 以内，并且需要在 15 分钟之内完成认证操作。

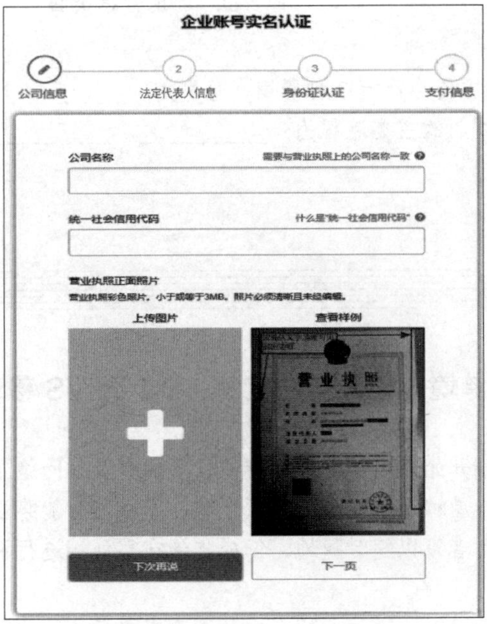

图 2-12　Wish 实名认证页面

第六步，在上传验证照片后，单击"下一页"按钮进入支付方式选择页面。此处将会要求商家添加收款信息，以便商家开展业务后能正常收到货款。可选择多种收款方式，如 Payoneer、PayEco 等。接下来，商家需要在"缴纳预缴注册费"页面，通过选择 Payoneer、UMPay、PayPal 等第三方支付服务商来支付 2 000 美元。若申请关闭店铺，则账户成功注销后，2 000 美元将退回至对应支付服务商；若严重违规并被 Wish 平台暂停账户，该注册费会被扣除。至此，账户注册流程已全部完成。

═══ 课后复习 ═══

📕 思考题 ══════════════════

1. 单选题

（1）速卖通平台开店流程的第一步是（   ）。

    A. 收款   B. 发货   C. 商品上架   D. 平台认证注册

（2）Wish 平台可以选择多种收款方式，其中不包括（   ）。

    A. Payoneer   B. PayPal   C. PingPong   D. 支付宝

2. 多选题

（1）在跨境电子商务平台进行账户注册时，应该提供（   ）等信息或资料。

    A. 申请人的基本信息   B. 公司相关信息

    C. 收款账户   D. 一张双货币信用卡

（2）eBay 平台账户注册的主要流程为（   ）。

    A. 注册 eBay 账户   B. 注册 PayPal 账户

    C. 完善商家信息   D. 确定营销类目

3. 填空题

（1）经营 eBay 店铺时主要会产生 3 种费用，分别是_____、_____和_____。

（2）速卖通平台账户注册的主要流程为：_____、_____、_____、企业实名认证、_____。

📕 案例分析 ══════════════════

跨境电子商务的竞争：PC 端 VS 移动端

跨境电子商务以 PC 端开始，但随着移动智能设备的普及和网络基础设施的完善，各大电子商务企业、平台纷纷积极布局移动端业务。平板电脑、手机等智能终端日益普及，移动端网速提升、资费下降，使广大消费者可以随时随地、低成本地在移动端进行消费，电子商务移动化已成为发展趋势。

移动端最大的特点就是随时、随地、随身，从而带来更多碎片化需求，同时个性化推送大大提高了冲动消费的概率，因此近年来移动 App 上的电子商务交易量比重越来越大，移动端订单量已经大比例赶超 PC 端。以泰国为例，移动端交易量已经占交易总量的 92%。我国跨境电子商务企业移动端海淘日益流行，据 2017 年 PayPal 和益普索（Ipsos）联合发布的《第三届全球跨境贸易报告》，我国已被列为最受欢迎的跨境网购海淘国家，21% 的跨境网购消费者在上一年曾在中国网站进行海淘，37% 的跨境网购消费者的海淘是通过以智能手机为主的移动设备进行的。移动端市场需求的增长从根本上促进了跨境电子商务的移动化发展。跨境电子商务 PC 端与移动端的区别如表 2-3 所示。

表 2-3　跨境电子商务 PC 端与移动端的区别

对比项目	PC 端	移动端
使用载体	计算机	手机、平板电脑等
网络环境	互联网	移动网络
服务内容	跨境商品交易、信息搜寻等传统服务	除传统服务外还提供移动支付服务、移动定位服务、移动营销服务等
页面容量	页面容量大，浏览器可分页浏览，切换方便	页面容量小，多页面切换不便，需注重页面功能和信息准确
内容侧重	商品信息多而全，各个板块综合罗列	商品信息精练，抓住用户兴趣，个性化推荐
营销模式	具有盲目性、普适性的营销	具有针对性的个性化营销、场景化营销
用户体验	用户投入时间长，带有较强的购买欲望	用户投入时间碎片化，商品个性化推送
身份认证	身份信息不完全，消费信誉保障性较低	实名制推广，消费信誉更有保障
用户基础	广泛	更为广泛且增速明显

Wish 作为北美最大的专注于移动 App 购物体验的购物平台，具有非常高的人气。Wish 是跨境电子商务平台的黑马，2013 年开始转型做电子商务，仅凭 50 个人的团队，就成为北美最大的移动端购物平台。几乎 100% 的移动属性，使其颠覆了传统的电子商务模式，吸引了众多年轻人。2018 年，Wish 累计向全球超过 3.5 亿个消费者供应了逾 2 亿款商品，月活跃用户超过 9 000 万人，活跃商户有 12.5 万个，日出货量峰值达到 200 万单，订单主要来自美国、加拿大、欧洲等。

移动端的各种特性决定了移动端的电子商务必将快速崛起，并超越传统 PC 端电子商务，成为电子商务未来的发展方向。而移动端优于 PC 端的特性，必将在一定程度上促使电子商务从 PC 端转移到移动端。

【案例分析思考题】

1. 随着智能手机的应用和普及，你认为移动端的跨境电商建设是否更重要？这给从事跨境电商的人员带来哪些新的挑战？

2. 你知道跨境电商直播吗？请结合实际产品，谈谈如何做好跨境电商直播。

3. 小红书社群营销和抖音直播"带货"等模式，给传统跨境电商带来了哪些新机遇？

📖 实训

【实践目的与要求】

1. 培养网络调研能力和新领域洞察能力，提高利用平台信息分析实际问题的能力。

2. 熟悉卖家开通账户的完整操作流程，增加对跨境电子商务平台的了解。

【实践内容描述】

1. 从准入门槛和支付方式、合作物流及其他服务 4 个方面，对比在速卖通平台开店和在亚马逊平台开店的优势，填至表 2-4。

表 2-4　速卖通平台与亚马逊平台对比表

	速卖通平台	亚马逊平台
准入门槛		
支付方式		
合作物流		
其他服务		

2. 登录亚马逊官网，然后开始创建账户，并思考账户创建过程中需要准备哪些资料。

第3章 跨境电子商务选品分析

【学习目标】

- 了解跨境电子商务选品的基本思路
- 掌握利用大数据分析市场、预测市场的技巧

微课导学

【关 键 词】

选品思路　平台定位　消费人群　选品工具

【自 测 题】

1. 对于选择什么商品在跨境电商平台上销售，常用的思路是基于（　　）的定位。
   A. 卖家身份　　　　B. 销售市场　　　　C. 产品特征　　　　D. 消费者特征

2. （多选）跨境电商平台的榜单也会提供一些市场信息，常见的榜单包括（　　）。
   A. 热销产品榜　　　B. 新品发布榜　　　C. 涨速排行榜　　　D. 心愿排名榜

3. 大数据软件提供了更为便捷的选品思路，以下哪些软件是大数据选品软件？（　　）
   A. 关键词抓取软件　B. 亚马逊船长　　　C. Stata　　　　　　D. Google

4. 根据消费者的（　　），可以改进选品。
   A. 年龄　　　　　　B. 性别　　　　　　C. 评论　　　　　　D. 收入

5. 提前将目标市场的节假日整理出来，做好一整年的节假日促销方案和备货，这个做法称
为（　　）。
   A. 备战黑色星期五　B. 制定大卖日历　　C. 笨鸟先飞　　　　D. 建立海外仓

═══════════ 课中学习 ═══════════

　　经营跨境电子商务店铺，卖家要思考的第一个问题便是"我应该卖什么"。这往往也是跨境
电子商务运营过程中最难的问题之一。只有对境外市场有深刻的了解并且有清晰的选品思路，才
能让产品脱颖而出。因此，本章将介绍如何分析跨境销售的境外市场特点，并利用这些市场信息
来进行选品优化。

3.1　选品的基本思路

卖家在进行选品时，首先应当从自身情况出发，对自身在市场中的定位有一个清晰的判断。通过明确自身的定位，卖家可以制定适应自身生产销售能力的市场策略，据此确定主要的销售市场和销售产品品类。

3.1.1　基于卖家自身的定位

进行选品之前，卖家应该对自身的设计、生产和销售能力进行评估，对自己在电商市场中的定位有一个清晰的认识。卖家定位及相应市场选择如表 3-1 所示。

表 3-1　卖家定位及相应市场选择

类型	卖家特征	较优市场决策
大卖家	拥有较强供应链或（和）设计生产体系 销售市场较为固定	空白市场，寡头市场，产品差异化
小卖家	没有独立供应链及生产能力 销售市场灵活多变	非标准品或长尾市场空白点 钻研供需关系

卖家可分为大卖家和小卖家。大卖家较强的供应链使得其产品的运输更为快捷，运输成本也更低。而更为完善的设计生产体系使得大卖家能够持续更新产品，有效控制产品的生产成本。

大卖家的规模优势使其在产品的设计、生产和销售环节都拥有小卖家不具备的先机，因而其可以选择大胆进入市场的空白点，探寻新的市场可能；也可以选择维持现有市场的布局，通过产品的更新迭代逐步扩大市场规模，形成强力的垄断；还可以选择在现有市场的基础上进行差异化的产品设计，进一步细分市场，加强对各个层面消费者的吸引力。

小卖家虽然不具备像大卖家那样的规模优势，但是较少的投入使得小卖家具备了更强的灵活性。小卖家在选择市场时可以选择非标准品市场及长尾市场的空白点。非标准品市场的特点是产品种类丰富，消费者需求极其多样，而长尾市场的特点也是如此。大卖家受到标准化规模生产的限制，无法满足每一个消费者的需求。而小卖家通过这样的市场选择能够更好地发挥灵活多变的优势，通过充分钻研消费者的细分需求，实施精准销售的策略，最大限度地挖掘市场潜力。

3.1.2　基于销售市场的定位

卖家明确了自己的定位之后，便需要选择跨境电子商务平台进行接下来的主要销售市场分析。显然，不同的跨境电子商务平台具有不同的主要销售市场，如亚马逊的主要销售市场是美国、加拿大、墨西哥等美洲国家和英国、法国、德国等欧洲国家，Wish 的主要销售市场也是欧美地区，速卖通的主要销售市场是俄罗斯和巴西等发展中国家，而 Shopee 和 Lazada 的主要销售市场是马来西亚、印度尼西亚和新加坡等东南亚国家。不同国家和地区的消费者的消费行为有显著的区别，因此在进行具体选品前对所选平台的主要销售市场进行分析十分必要。特征分析主要包括两个方面：一是销售市场的自然特征分析，二是该销售市场中消费者的消费习惯分析。

1. 自然特征分析

销售市场的自然特征主要包括其地形特征、气候特征、人口特征等。例如，如果主要销售市场的主要地形是山地或者丘陵，则不适合售卖自行车类产品，而适合冲锋衣等户外产品；如果主要销售市场位于热带地区，则不适合销售外套、羽绒服等保暖衣物，而应该考虑短袖、短裤等清凉衣物；对于那些老龄化日渐加重的销售市场可以考虑多销售老年保健产品，对于那些人口年龄结构较为年轻化的销售市场则可以考虑销售母婴类的产品。通过分析这些简单易得的自然特征，卖家可以有效缩小选品范围，避免花费一些无谓的销售成本，为之后更精细化地选品做好铺垫。

2. 消费习惯分析

除了自然特征，卖家还应该关注销售市场中消费者的消费习惯。显然，不同国家和地区的消费者有着不一样的消费习惯。卖家应该通过浏览目标销售市场比较热门的社交工具、时尚网站、媒体平台等了解当地的流行元素、时事热点和风土人情，从而对目标消费者的消费习惯有较为详细的了解。例如"这个国家中最受民众喜爱的颜色是什么？""有没有具有特殊象征意义的动植物？""受人们喜爱的公众人物有哪些？""受人们喜爱的业余室内外活动有哪些？""有哪些需要注意的民族信仰？"等，这些问题涉及的元素都可以融入卖家的选品中。通过分析消费习惯，卖家可以了解消费者的大致需求，从而有效避开选品盲区。

3.1.3 基于销售产品的定位

1. 根据平台定位确定销售品类

根据网站综合性定位对产品集成的要求，从品类结构（产品、销售、订单）看，销售品类分别为儿童用品、摄像器材、汽车配件、服装服饰、电子产品、美容保健、家居园艺、首饰手表、办公用品、体育用品、玩具收藏品、游戏配件。卖家可利用网站定位，即网站的目标市场或目标消费群体，通过对网站整体定位的理解和把握，选择适合定位的品类进行研究分析。

从产品宽度来看，卖家应充分研究某一类别，拓展品类开发的维度，全面满足用户对该类产品不同方面的需求，在拓宽品类宽度的同时，提升品类的专业度。开发产品时，卖家应考虑该品类与其他品类之间的关联性，提高关联销售度和增加订单产品数。

从产品深度来看，卖家应注意以下内容。

（1）每个子类的产品数量要有规模，样式应足够丰富。

（2）产品有梯度（如高、中、低三档），体现在品相、价格等方面。

（3）挖掘有品牌的产品进行合作，提高品类知名度。

（4）对目标市场进行细分研究，开发针对每个目标市场的产品。

例如，电商平台 Wayfair 主要销售家具和家居用品。Wayfair 设立了提供风格搭配、创意设计、购买指南等信息的栏目，引导消费者购买，并设置了多种打折活动。Wayfair 会公布自己的畅销产品，主要是厨具、家居类产品。而电商平台 Not On The High Street 首页推荐的是各种礼物。其以送礼对象、送礼时间进行分类，一目了然，非常便捷，还会对即将到来的节日设置单独的宣传板块，并推荐专属的产品。这两个平台的定位差异非常大，如图 3-1 所示。

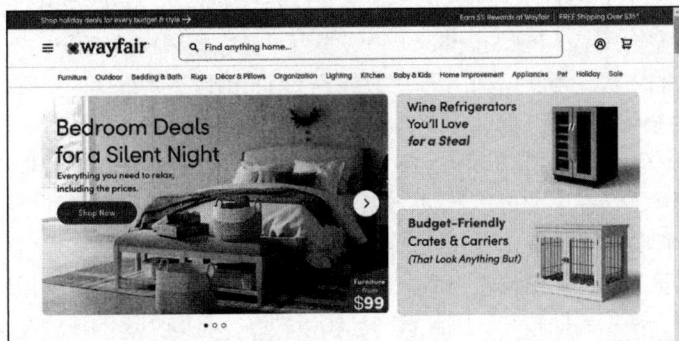

图 3-1　Wayfair 与 Not On The High Street 对比

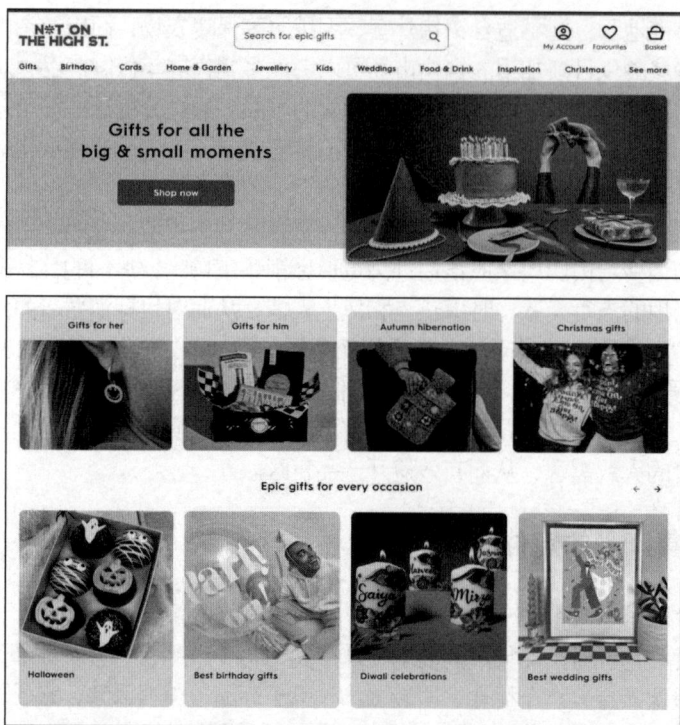

图 3-1　Wayfair 与 Not On The High Street 对比（续）

2. 热销产品类目

除了从市场外获取的消费者消费习惯信息，消费者的消费数据也是卖家进行选品时的一个重要依据。随着数字经济的不断发展，大数据在跨境电子商务中的应用越来越广泛。很多跨境电子商务平台会为卖家提供热销品类的信息，以此来帮助卖家进行选品决策。

以亚马逊为例，该平台为卖家提供了很多市场信息，包括热销产品名单（Best Sellers）、新发布产品热销榜（Hot New Releases）、涨速排行榜（Movers & Shankers）、心愿排名（Most Wished For）和礼品排名（Gift Ideas）。这些榜单的排名都根据亚马逊平台销售情况实时变化，亚马逊会根据产品品类不断更新相应信息。热销产品名单对新手卖家来说非常有用，卖家可以在第一步记录每个产品类别下排在前 20 位的热销产品；然后进行第二步筛选，即筛选哪些产品是自己有能力持续供给的；再进行第三步筛选，找出可以提供差异性并能够通过合理定价获得消费者青睐的产品，或可以低价提供，进行跟卖的产品。而新发布产品热销榜和涨速排行榜为卖家提供了新的市场热点信息，对有信心和实力开发新产品的卖家而言比较有用。心愿排名和礼品排名则往往是潜在市场信息的聚集地，卖家可以对其中的产品进行分析，寻找市场中可能存在的空白点，从而挖掘商机。

在亚马逊平台宠物用品（Pet Supplies）一级类目下排在畅销榜前 6 位的产品如图 3-2 所示。由于近年来养宠物的人数在不断增加，于是宠物便携箱的销量有了很大的提升。接下来对比排名第 1、第 2、第 4 的猫咪便携箱。排名第 2 的集装箱式猫咪便携箱产品自重较重，再加上宠物的体重之后，使用起来较为麻烦，所以该产品有一定的局限性，并且在使用的过程当中可能有一定的安全隐患。排名第 4 的产品主要聚焦于功能性，该猫咪便携箱可以通过展开来扩大空间。但是这款猫咪便携箱的开口数较多，安全性较低；同时拉链较多，使用次数过多后也可能会产生一定的质量问题。而排名第 1 的产品价格较为适中，在市场中有较大的竞争力；使用较为便捷、自重较轻且拉链数量较少，使用周期较长。因此该产品销量较高，且购买者的评分在 4.5 分以上。

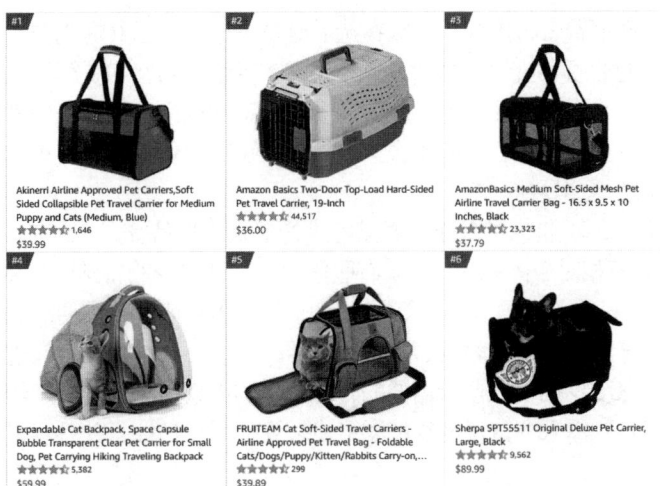

图 3-2　亚马逊平台宠物用品（Pet Supplies）类目下排在畅销榜前 6 位的产品

3.2　针对消费者的选品分析

作为跨境电子商务交易过程中最为重要的一个部分，消费者应是卖家在选品过程中需要着重分析的部分。从消费者出发的选品思路主要是根据不同消费者的特征和消费行为进行分析和拓展，从而有针对性地进行选品。下面简单介绍一下卖家如何从消费者的角度出发进行选品。

3.2.1　根据消费人群特征选品

消费者的人群特征主要体现在年龄、性别、职业等方面。首先，卖家可以根据消费者的年龄特征来进行分析。显然，不同年龄段消费者的收入水平和消费偏好是不一样的，如表 3-2 所示。因此，卖家在选品前可以先确定自己的目标消费群体后再进行选品。以 Wish 平台为例，该平台用户的年龄主要在 14～39 岁，还有部分在 40 岁以上，卖家应根据不同年龄用户特征进行选品。

表 3-2　不同年龄段消费者收入水平和消费偏好

年龄段	收入水平	消费偏好
14～20 岁	大多无收入	该年龄段的消费者多为学生，没有收入或者收入水平很低，偏好消费价格低廉但新奇的产品，如造型新奇的文具、创意玩具等
21～24 岁	收入较低	该年龄段的消费者多为初入职场的年轻人，偏好消费性价比较高的产品，如时尚的衣服、性价比高的电子设备、结实耐用的日常用品等
25～34 岁	收入中等	该年龄段的消费者多为有一定经济基础的商务人士和家庭主妇，偏好消费能够提升生活品质的产品，如 3C 产品、商务时装、商旅箱包、户外运动用品等
34 岁以上	收入可观	该年龄段的消费者一般已经拥有一定的社会地位且拥有多重身份，偏好消费能够提升生活质量的产品，如各类奢侈品、家居装饰、高端户外运动产品等

除了年龄，性别也是卖家应该关注的一个重要的消费人群特征。性别的差异在消费习惯上往往有突出的表现，如女性消费者一般更注重产品的美观性，而男性消费者一般更注重产品的实用性；女性消费者比较偏爱的品类主要有时装、美妆、母婴、家居用品、护肤用品、卫生用品等，而男性消费者比较偏爱的品类主要有商务正装、办公用品、电子设备等。一般来说，女性消费者

的比例会远远大于男性消费者，因此，卖家在选品时多考虑偏向于女性消费者偏好的产品品类可能会更容易获得较高的业绩和流量。当然，如果卖家本身十分熟悉和了解男性消费者市场，并且对选择的产品充满信心，男性消费者市场也会是一个不错的选择。依据消费者性别选品的关键不在于哪个性别的消费者数量更多，而在于卖家对哪个性别的消费者的分析更加透彻，对该性别消费者的消费习惯的了解更加具体。

除年龄和性别之外，职业也可以成为卖家考虑的消费人群特征之一。"工欲善其事，必先利其器"，不同职业都有着相对应的职业工具。有些职业因为其本身的特殊性，相关职业工具的售卖并不是完全的市场行为，如医生、军人、消防员等，但大多数职业所需要的职业工具往往是可以进行市场买卖的，如老师所需要的教具、电工所需要的五金工具等。卖家在进行选品时可以选择自己最了解的职业，深度挖掘该职业所需要的各种各样的工具，满足消费者浏览一个店铺即可找到所需的所有职业工具的需求。这样往往能够形成较强的用户黏性，并且容易形成口碑传播。

3.2.2 根据消费时间选品

跨境电子商务平台的卖家还可以根据产品上架时间的不同来确定自己的选品策略。选品时间的划分主要有以下两种。

1. 根据不同的消费季节进行选品

热销产品往往会随着季节的变化而发生变化，最简单的例子便是时装：春、秋季的时装要轻便、舒适，适合出游；夏装要轻薄，方便散热；冬装则要厚实保暖。卖家在进行选品时应对产品的上架时间做出预先估计，避免因为错过季节导致产品滞销，带来较高的仓储成本和退货风险。

2. 根据不同的节假日进行选品

节假日往往是消费旺季，人们为了满足庆祝、出游、送礼、迎客等各种娱乐、社交需求，会进行大量的消费。这些节假日既包括春节、圣诞节等传统节假日，也包括黑色星期五（Black Friday）、"双十一"等纯粹因为购物而诞生的消费节日。充分了解目标销售市场的节假日并制定相应的节假日销售日历，为卖家进行选品提供了又一条思路。

例如，澳大利亚的父亲节、春季促销在9月，届时男士服装、户外用品和电子产品将备受关注；美国和加拿大的劳动节也在9月，户外、园艺类产品卖家应提前备货；日本的返校日和校园运动会也在9月，儿童用品和学习用品销量将激增，卖家应充分备货。

🔨 延伸阅读

也许我们无法指出卖家应该选择哪一件商品进行销售才能获得利润，但是下面总结的网上畅销商品的特征应该会对卖家选品有所帮助。

（1）小而轻的商品。网络销售一定会涉及物流问题，小而轻的商品在尺寸和重量方面都具有优势，并且能降低运输成本。这样，我们的商品就可以在广泛的范围内进行销售。

（2）价格在20~200美元的商品。价格在这个范围内的商品，盈利率是比较客观的，而且可以快速收回投资。价格过高的商品，其销售风险更高。

（3）售价可以超过生产成本一倍的商品。这是一个选品的重要标准。如果售价比生产成本高一倍，在去除销售佣金和运输费用后，利润率可达50%。

（4）一般竞争程度的商品。尽量选择商品竞争不是特别激烈的商品。热销商品可能有很多竞争者，而竞争程度低的商品不一定就是差的商品。因此，可以尝试销售竞争程度合理的商品。

（5）关注非必需品。必需品如食品、服装等，虽然销量大，可是竞争也异常激烈。新卖家可以考虑一下非必需品的销售，如我们不卖水果，但是卖水果盘；我们不卖饮料，但是卖纸杯和吸管。这些商品做好市场定位和市场营销很容易获得消费者的青睐。

（6）关注耐用品。耐用品不容易破碎或损坏，对于物流的要求比较低。卖家销售后可以获得更好的用户评价和用户反馈，有利于未来的销售。

（7）容易更新的商品。如果你已经建立了忠实的消费群体，继续向现有消费者销售要比开发新市场容易得多。所以，如果你的商品使用一定时间后需要更新或是替换，那你的销量就会不断地保持增长。例如，净水器中的滤芯通常每3个月就要更换一次。

（8）非机械类商品。机械类商品对销售团队的素质要求比较高，而且需要售后服务。如果你的专业特长不在这个领域，就无法解决消费者遇到的难题。建议卖家选择非机械类商品，这样销售效果会好些。

（9）避免销售对温度敏感的商品、危险品或网站禁售品。

3.2.3　根据消费者的评论改进选品

前文提到的选品思路基本上都是卖家从头开始进行全新的选品，其实还有很多平台热卖产品本身仍存在改进的可能，即该类产品无法满足消费这类产品的消费者的需求，但消费者因为找不到更好的替代品而只能选择购买现有产品。如果卖家能够寻找到比现有产品更好（更低价或更优质）的替代品，那么卖家将会迅速抢占现有产品的市场。

一个有效地改进现有产品的方法是通过分析消费者的评论来进行选品。消费者的评论能够直观地体现消费者对该类产品的具体需求。为了提高效率，卖家要对消费者的评论加以甄别。一般而言，评分在2～4分的评论的参考价值不如评分为5分的好评和评分为1分的差评（满分为5分）。5分的好评能够帮助卖家迅速了解消费该类产品的消费者最希望该类产品具备怎样的品质；而1分的差评则更加重要，它们能让卖家了解该类产品目前在哪些方面未能满足消费者的需要。卖家可以基于此改进选品，从而抢占现有市场。

全球人民对健康安全问题日益重视，有关身体保养与放松的产品越来越受到人们的青睐。以亚马逊平台健康与家庭（Health&Household）类目下的评论分析为例，在该一级类目下，畅销品为精油、筋膜枪等，如图3-3所示。精油大类在前10名产品中占比较高，但精油中含有大量化学物品，且精油均价偏低，在10～15美元，存储过程中对温度等环境因素要求高。筋膜枪价格适中，市场容量大，但不属于现象级产品，产品评价大多在4.5分以上。

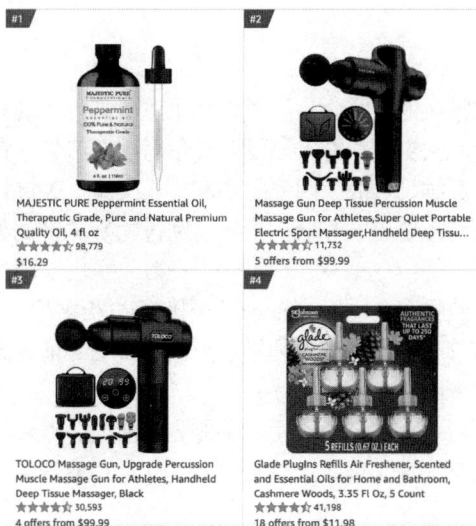

图3-3　亚马逊平台健康与家庭（Health&Household）类目下的畅销榜（部分）

从已售筋膜枪的差评（见图3-4）中，可以发现两个问题：第一，产品质量问题，在具备99%电量的情况下，筋膜枪仍然无法使用；第二，售后问题，消费者在询问卖家后并未得到有效的解决方案。因此，卖家未来在销售筋膜枪产品时要确保产品质量，也要完善售后服务制度，并在产品页面中展示筋膜枪使用方法的文字说明与视频讲解。

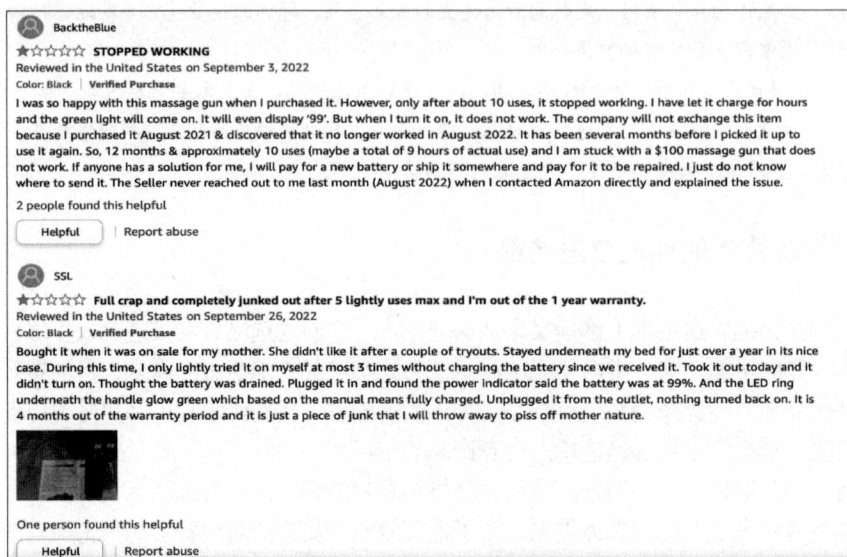

图3-4　亚马逊平台筋膜枪的差评

3.3　大数据选品

在实际选品过程中，卖家还可以通过运用市面上的各类数据分析软件来进行选品。下面以户外帐篷产品为例，介绍几种选品分析工具。

3.3.1　关键词分析

关键词抓取软件是卖家常用的工具之一，可以用来进行同行业的竞争分析。通过此软件，卖家可以进行高级关键词研究和关键词跟踪，以了解竞争对手在广告中宣传的内容，从而获得竞争对手完整、深入的分析统计数据、预算、附属机构和广告文案。关键词抓取软件的主要功能有查找竞争对手及其关键词、每日系统更新和警告报告、通过特殊关键词和搜索引擎进行深度域名跟踪和数据挖掘等。

这里选取知名的英国户外帐篷公司overstock公司作为分析对象。从关键词概览中可以看到，与关键词相匹配的短语共有2 819个，概览列举了点击量排名靠前的5个短语，同时还展示了它们对应的每次点击付费额，如图3-5所示。

使用关键词抓取软件还可以查询竞争对手网站的竞价文案。直接输入竞争对手的网址，在选项范围（domain）中选择目标国家（地区），单击搜索。以overstock公司为例，该公司的流量与广告设置如图3-6所示。

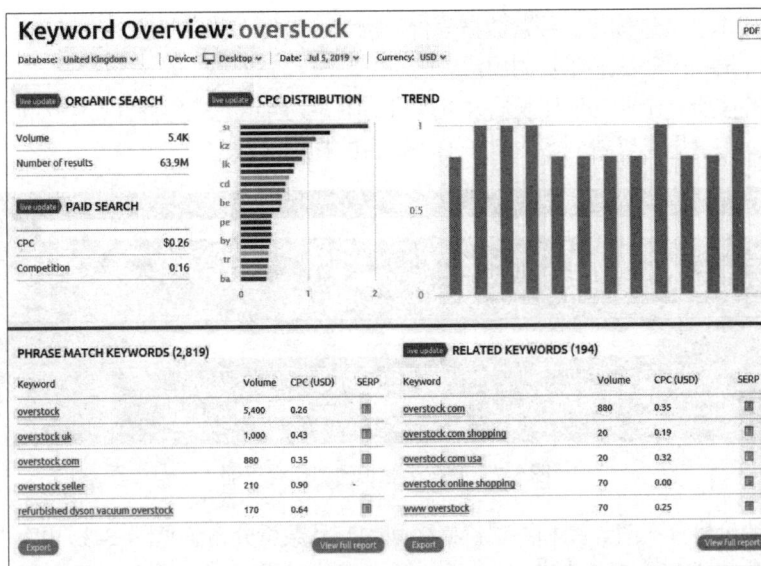

图 3-5 利用关键词抓取软件调查 overstock 公司的关键词设置

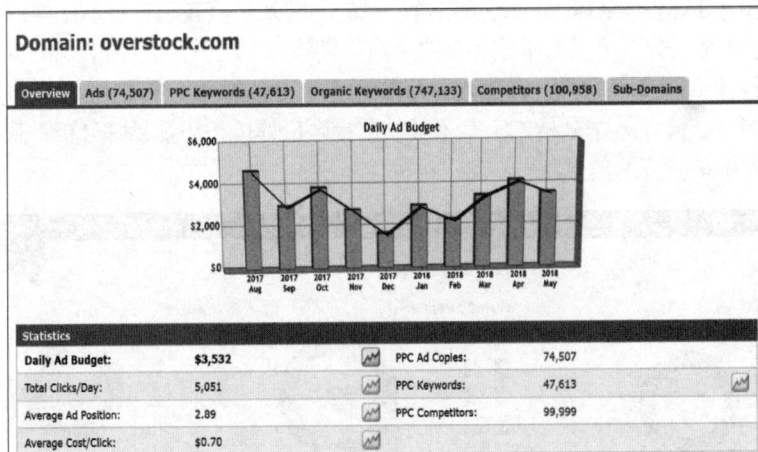

图 3-6 利用关键词抓取软件调查 overstock 公司的流量与广告设置

从图 3-6 中可以看到，overstock 公司一共投放了 74 507 个广告（Ads），一共购买了 47 613 个付费关键词（PPC Keywords），一共有 747 133 个关键词带来了自然流量（Organic Keywords），一共有 100 958 个竞争对手（Competitors）在关键词上和它形成了竞争关系。

从图 3-6 中的具体数据可以分析得到：该公司每日点击量高达 5 051 次；关键词搜索每次点击付费 0.7 美元；日均广告推广预算为 3 532 美元；产品搜索量冬季处于低谷期，夏季处于高峰期。该公司在过去一年中，充分进行了广告推广，其中夏秋季帐篷使用率增加，推广更有效。分析该公司的数据可得出户外帐篷产品在英国的大致销售情况：英国户外帐篷销售的旺季在 5—9 月，产品广告的点击量从 16 万次到 335 万次，则说明产品的热度十分可观。

3.3.2 其他选品分析工具

随着跨境电子商务的不断发展，市面上出现了很多为跨境电子商务服务的一站式服务平台，亚马逊船长便是其中之一。卖家只需要注册登录便可以对接开店、选品、运营、CPC（Cost Per

Click，每点击成本）广告优化、经营数据分析、物流、支付、测评等服务，解决所有跨境服务问题。下面简单介绍一下亚马逊船长的用法。

卖家下载并注册登录亚马逊船长后，可以看到图3-7所示的操作界面，卖家可以选择"选品"标签进行选品。在这里可以看到各大电子商务平台的畅销品数据。

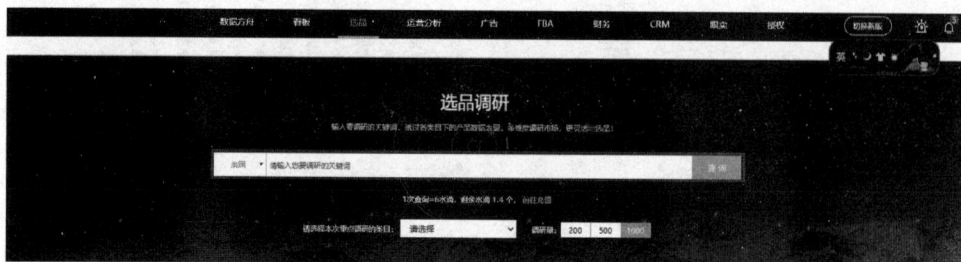

图 3-7　亚马逊船长的工作台页面

从某品类的价格分布散点图和不同价格区间的产品数量分布（见图 3-8）可以明显地看出，该品类的产品价格大部分都集中在 10～100 美元，而产品数量分布最多的是 0～40 美元的区间。这说明如果卖家想要选择这个品类，商品的价格不要高于 50 美元。从品牌垄断度来看，安克（Anker）、三星（SAMSUNG）和亚马逊自营产品的品牌知名度较高，但这 3 类产品的市场份额比较有限。从上架时间分布可以看出该品类的生命周期较短，几乎各个时间该品类都有产品上架。亚马逊的产品往往会有多个分类，产品在一级和末级行业的数量分布则可以帮助卖家了解比较热门的分类是哪些。除了基本分析，卖家还可以查看评论分析和店铺品牌分析，获取消费者对该品类的需求及品牌垄断度的信息。

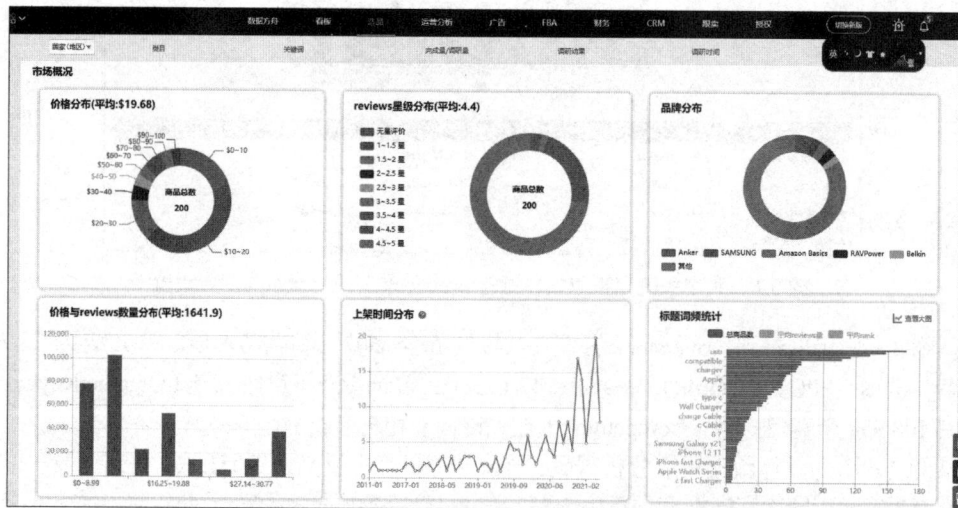

图 3-8　亚马逊船长数据选品搜索结果综合页面

除了分析品类销售情况，卖家还可以通过亚马逊船长了解每个热销品类的销售情况。在搜索结果页点开该品类热销排行榜第一名的链接，可以看到产品的详情，同时下面的购物车价格趋势、类目排名、评论趋势、月销售量、卖家数量、品牌、商家时间等销售信息的历史统计数据也为卖家提供了选择产品的参考与依据。

课后复习

📖 思考题

1. 单选题

（1）从事跨境电子商务的大卖家具有（　　）的特点。

A. 没有独立的供应链及生产体系

B. 拥有独立的物流系统

C. 拥有较强的供应链或（和）设计生产体系

D. 销售市场灵活多变

（2）速卖通的主要销售市场是（　　）。

A. 美国、加拿大、墨西哥等美洲国家

B. 英国、法国、德国等欧洲国家

C. 俄罗斯和巴西等发展中国家

D. 马来西亚、印度尼西亚等东南亚国家

2. 多选题

（1）适合跨境电子商务的商品，应该符合（　　）等要求。

A. 附加值高　　　B. 具备独特性　　C. 价格合理　　　　　D. 体积较小

（2）根据平台定位确定销售品类时，从产品深度来看（　　）。

A. 每个子类的产品数量要有规模，样式应足够丰富

B. 产品有梯度（如高、中、低三档），体现在品相、价格等方面

C. 挖掘有品牌的产品进行合作，提高品类知名度

D. 对目标市场进行细分研究，开发针对每个目标市场的产品

3. 填空题

（1）卖家在选品前，应该对＿＿＿＿＿＿进行评估，对自己在电商市场中的定位有一个清晰的认识；在选品时，应该从自身出发，通过＿＿＿＿＿＿制定适合自身生产销售能力的市场策略。

（2）不同国家和地区的消费者有不同的消费习惯，因此卖家进行具体的选品工作前应该对主要销售市场进行特征分析，主要包括两个方面：一是＿＿＿＿＿＿，二是＿＿＿＿＿＿。

（3）根据消费人群特征进行选品时，主要考虑这一消费群体的＿＿＿＿＿＿、＿＿＿＿＿＿、＿＿＿＿＿＿等。

📖 案例分析

SHEIN 凭什么征服了美国的年轻人

2021 年 5 月，应用追踪公司 App Annie 和 Sensor Tower 数据显示，SHEIN 取代亚马逊成为美国 iOS 和 Android 平台下载量最多的购物应用。根据胡润研究院发布的《2022 年中全球独角兽榜》，

来自广州的 SHEIN 以 4 000 亿元人民币估值位列全球第五大独角兽企业。那么，SHEIN 是一家什么样的公司？它是如何从竞争激烈的服装 B2C 中脱颖而出的？

SHEIN 是一家国际 B2C 快时尚电子商务公司，主要经营女装，但也提供男装、童装、饰品、鞋、包等时尚用品。公司总部设在南京，并在多地开设分支机构，目前已经进入了北美、欧洲、俄罗斯、中东、印度等市场。2012 年起，公司创立 SHEIN 自有品牌，依托中国供应链优势，不断整合行业资源，建立从设计开发到纸样打版，从面料采购到成衣制造，从电子商务运营到售后服务的完备的供应链体系，实现产、研、销一体化。公司拥有超过百人的设计师队伍，日出新款 200 件以上，新款从设计到成衣只用 2 周时间；拥有完备的仓储物流系统，主要市场的物流到达时限为 1 周以内。依托自有的强大信息技术（Information Technology，IT）实力，SHEIN 自主研发各业务后台的 IT 支持系统，运用 IT 提升业务效率，结合跨境电子商务的特点，不断优化业务流程，使得各个业务环节无缝衔接。

SHEIN 的核心竞争力之一是低价。打开 SHEIN 网站，你几乎很难离开。新用户注册后，即可领取限时 7 天的折扣券，而高达 3 折的价格抵扣也让人怀疑：卖家还赚钱吗？来自南卡罗来纳大学的 22 岁女孩 Laura 是一个在某社交平台拥有 36 000 名关注者的大学生运动员。她表示，"如果我把自己在 SHEIN 买的东西发布到个人账号，SHEIN 每个月将给我 6 件商品的免费额度"。

SHEIN 的核心竞争力之二是快速。欧美零售研究机构 Fung Global Retail & Technology 早在 2017 年就发布了相关报告，认为消费者对即时性的需求倒逼零售商的生产周期越来越短。SHEIN 可以做到从设计到生产，只需要 5 天。SHEIN 有能力在单日上新 1 000 件新品。这个生产能力是英国超快时尚品牌 1 周的水平。

SHEIN 的核心竞争力之三是品牌。年轻人对 SHEIN 的忠诚，源自直接面向消费者的品牌在蓬勃发展期拥有足够的与消费者直接对话的能力。对美国青少年来说，SHEIN 几乎是一个由他们自己创造的品牌。他们是这个品牌的忠实客户，同时也是普通推广者。

【案例分析思考题】

1. 结合案例内容和你的实际调研，谈谈 SHEIN 在美国年轻人群体中取得成功的主要原因。SHEIN 是如何保持产品低价的？

2. 供应链管理是很多服装连锁店取得成功的原因之一，请调研 SHEIN 的供应链有哪些独特之处。

实训

【实践目的与要求】

1. 明确跨境电子商务选品的考虑因素和风险。
2. 掌握不同分析工具的使用方法，能够应用这些工具进行目标客户和潜在市场分析。
3. 学会应用大数据分析工具进行选品。

【实践内容描述】

1. 选定一个目标市场，根据目标市场的节假日信息，根据表 3-3 制作大卖日历。

目标市场选择：_____，请在表 3-3 对应的日期上标注该目标市场的节假日，并将节假日可能畅销的商品写在对应的空白处。

表 3-3　大卖日历

1月	1 8 15 22 29	2 9 16 23 30	3 10 17 24 31	4 11 18 25	5 12 19 26	6 13 20 27	7 14 21 28	2月	1 8 15 22	2 9 16 23	3 10 17 24	4 11 18 25	5 12 19 26	6 13 20 27	7 14 21 28
选品								选品							
3月	1 8 15 22 29	2 9 16 23 30	3 10 17 24 31	4 11 18 25	5 12 19 26	6 13 20 27	7 14 21 28	4月	1 8 15 22 29	2 9 16 23 30	3 10 17 24	4 11 18 25	5 12 19 26	6 13 20 27	7 14 21 28
选品								选品							
5月	1 8 15 22 29	2 9 16 23 30	3 10 17 24 31	4 11 18 25	5 12 19 26	6 13 20 27	7 14 21 28	6月	1 8 15 22 29	2 9 16 23 30	3 10 17 24	4 11 18 25	5 12 19 26	6 13 20 27	7 14 21 28
选品								选品							
7月	1 8 15 22 29	2 9 16 23 30	3 10 17 24 31	4 11 18 25	5 12 19 26	6 13 20 27	7 14 21 28	8月	1 8 15 22 29	2 9 16 23 30	3 10 17 24 31	4 11 18 25	5 12 19 26	6 13 20 27	7 14 21 28
选品								选品							
9月	1 8 15 22 29	2 9 16 23 30	3 10 17 24	4 11 18 25	5 12 19 26	6 13 20 27	7 14 21 28	10月	1 8 15 22 29	2 9 16 23 30	3 10 17 24 31	4 11 18 25	5 12 19 26	6 13 20 27	7 14 21 28
选品								选品							
11月	1 8 15 22 29	2 9 16 23 30	3 10 17 24	4 11 18 25	5 12 19 26	6 13 20 27	7 14 21 28	12月	1 8 15 22 29	2 9 16 23 30	3 10 17 24 31	4 11 18 25	5 12 19 26	6 13 20 27	7 14 21 28
选品								选品							

2. 通过网站榜单浏览对比方法进行更精细的选品，明确自己所管理品类的最优投放市场，进行区域化用户需求分析。

3. 以亚马逊平台为例，选择一个站点，使用选品精灵、亚马逊船长等软件，分析你要销售商品的历史统计信息，可以通过搜索关键词来完成。

4. 利用中国义乌网、1688、中国好东西网等网站进行选品细化与供应商选择。

第4章 页面创建及商品发布

===== 课前自学 =====

【学习目标】

- 掌握商品页面的文案准备
- 了解亚马逊平台商品页面的内容
- 学会应用本章知识在亚马逊平台创建商品页面

微课导学

【关 键 词】

商品标题　搜索关键词　商品类目

【自 测 题】

1. （多选）在创建商品的页面前，应该做好的文案准备包括（　　　）。
   A．商品标题　　　　　B．商品图片　　　　　C．描述文案　　　　　D．搜索关键词

2. 跨境电商运营经常会遇到一些专业代码，以下哪个代码表示的是卖家进行商品统一编号管理的库存单元？（　　　）
   A．ASIN　　　　　　　B．UPC　　　　　　　C．SKU　　　　　　　D．EAN

3. 假设你在跨境电商平台上销售男士 T 恤衫，颜色有白色（W）和黑色（B），尺码分为小号（S）、中号（M）、大号（L），那么这个商品的子产品共有（　　　）种。
   A．2　　　　　　　　　B．3　　　　　　　　　C．5　　　　　　　　　D．6

4. 一般来说，各平台对主图的要求不包括（　　　）。
   A．白色背景
   B．无水印
   C．尺寸不大于 500 px × 500 px
   D．展示包装与相关配件

5. （多选）为了提高页面的质量，卖家可以从（　　　）方面优化页面。
   A．标题　　　　　　　B．图片　　　　　　　C．价格　　　　　　　D．A+页面

===== 课中学习 =====

经过前期的市场调研和选品准备后，现在卖家可以在电商平台上出售自己的商品了。本章将以亚马逊平台为例，详细介绍发布商品的第一个步骤，即创建商品页面。通过本章的学习，大家将掌握创建商品页面的文案准备和要求，以及创建商品页面的具体方式和步骤。

在发布商品之前，卖家需要准备好所售商品的文案资料和图片，并在后台设置搜索关键词。亚马逊、eBay、速卖通对上传商品的具体要求有所不同，但基本操作步骤是差不多的。下面详细介绍商品上架前的资料准备。

4.1 创建商品页面的文案准备

4.1.1 设计商品标题

商品标题对卖家而言是至关重要的，因为好的标题有助于买家很快地搜索到商品。卖家编辑商品标题时一定要尽可能地言简意赅，不要出现"价格""促销"等字样。商品标题是便于买家找到商品的重要信息，所以标题的描述一定要准确。

（1）标题应包括商品品牌及描述（Product Brand and Description）、品类（Product Line）、材料或原料（Material or Ingredient）、颜色（Color）、尺寸（Size）、数量（Quantity）。

例如：Best Token 2-piece Vintage Pillow Cover Case Without Insert（Blue）；

Breville BJE200XL Compact Juice Fountain 700-Watt Juice Extractor。

（2）首位必须是品牌；若无品牌，首位标明无商标（Generic）。

（3）标题不能有公司、促销、物流、运费或其他与商品无关的信息，如销量最高（Best Seller）、免运费（Free Delivery）等。

（4）如果是批量销售，商品名称后一定要注明一批有多少个，如一包 10 个（a pack of 10）。

（5）标题长度不能超过 150 个字符，空格算作 1 个字符，不能出现特殊字符或标点符号。首字母大写，除了冠词和介词（a、the、for 等）。

4.1.2 选择搜索关键词

搜索是买家在平台上查找商品的主要方式。买家通过输入关键词进行搜索，而关键词将与商品的搜索关键词进行匹配。选择恰当的搜索关键词可提高商品的可见性和销量。商品的名称、商品通用条码（Universal Product Code，UPC）、制造商、销售商会自动添加为搜索选项，所以卖家在设置搜索关键词时不必再添加上述信息。商品名称中的每个词都可被单独搜索，所以"蓝色中号双人床枕套（300 纱支密度）"比"蓝色枕套"更好。

卖家可以设置 5 个关键词小组，每个小组关键词最多 50 个字符。卖家可以将近义词或同义词作为搜索关键词。例如，jacket 和 blazer 都可表示休闲西服外套，airplane 和 aeroplane 都可表示飞机。

对于不同的库存管理功能，默认的关键词元素也不同，如果通过添加新商品的方式建立商品页面，那么商品名称、品牌/设计者/制造商、搜索关键词、动作关键词都被默认为商品关键词。表 4-1 所示为关键词元素。

表 4-1 关键词元素

库存管理功能	用作关键词的元素
添加新商品	商品名称、品牌/设计者/制造商、搜索关键词、动作关键词

4.1.3 准备商品照片

为了创造更好的购物体验，卖家一定要提供商品照片，有效的商品照片可激发买家的想象力并促使他们购买商品。在搜索结果页面，每个商品只会显示一张图片，即主图；商品详情页左侧的更多商品图片称为副图。通常来讲，主图是从整体展示商品的最主要的图片，而副图可以展示商品细节或使用场景。副图的功能如表 4-2 所示。

表 4-2　副图的功能

核心卖点展示（见下图）	以数据直观展示商品尺寸（见下图）

展示商品整体（见下图）	以使用场景模拟直观展示商品（见下图）

亚马逊平台对商品图片的要求比较严格：图片是照片，而非绘画；不允许有水印或文字，背景简单明了，不会对商品本身形成干扰；图片在尺寸、颜色等方面与商品说明相符，让买家可在图片上识别出商品；在完整的商品图中商品应占据图片至少 85% 的页面范围。表 4-3 总结了主图的常见错误。卖家上传图片时应注意以下事项。

（1）每件商品必须有主图，主图是第一张图，也是显示在搜索结果页面的图。主图像素至少为 1 000 px × 1 000 px。

（2）主图背景必须是纯白（RGB 值为 255,255,255）的，无任何文字、无水印、无边框，不能出现所售商品以外的配件或其他商品，不能带有包装盒。

（3）副图建议多角度展示商品，副图可以不是纯白背景的，但不允许有其他商品、水印或文字。

表 4-3　主图的常见错误

要求	错误	正确
背景必须纯白		

要求	错误	正确
主图必须无任何文字		
主图必须无水印		
主图必须展示单一商品		
主图不能带有包装盒	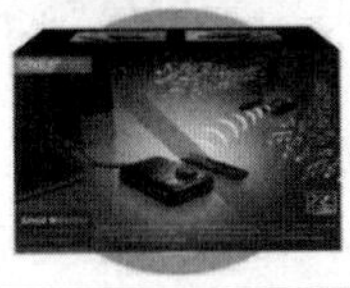	

4.1.4　准备商品描述文案

商品描述分为两个部分：一个是商品要点简介，其显示在商品报价后，概括商品的主要特点，目的是吸引买家的注意力，要求卖家用一些简洁的语句对商品进行描述，而这种描述最好能够抓住买家的兴趣点；另一个是商品详细信息，卖家可以用图文并茂的方式详细介绍商品的参数、性能、服务等各个方面。商品详细信息必须以店铺所在的亚马逊站点当地语言发布。如果卖家要在亚马逊德国站点或亚马逊日本站点开店，则商品详细信息所用语言必须为德语或日语。

1. **商品要点简介**

精心制作的商品要点简介可以增加销售额。买家依赖这些商品要点简介来理解关键的商品功能，因为其中突出展示了与商品有关的、重要的或与众不同的元素。制作商品要点简介时，请遵守以下准则。

（1）突出展示希望买家考虑的关键特点，如商品的尺寸、适龄性、理想条件、技能水平、成分含量、原产地等。

（2）保持一致的顺序。如果第一个商品要点是原产地，那么其他商品保持相同的要点顺序。

（3）重申标题和说明中的重要信息。

（4）使用英文时，请在每条要点开头使用大写。

（5）请不要在结尾使用标点符号。

（6）请勿包含促销和定价信息。

商品要点简介如图 4-1 所示。

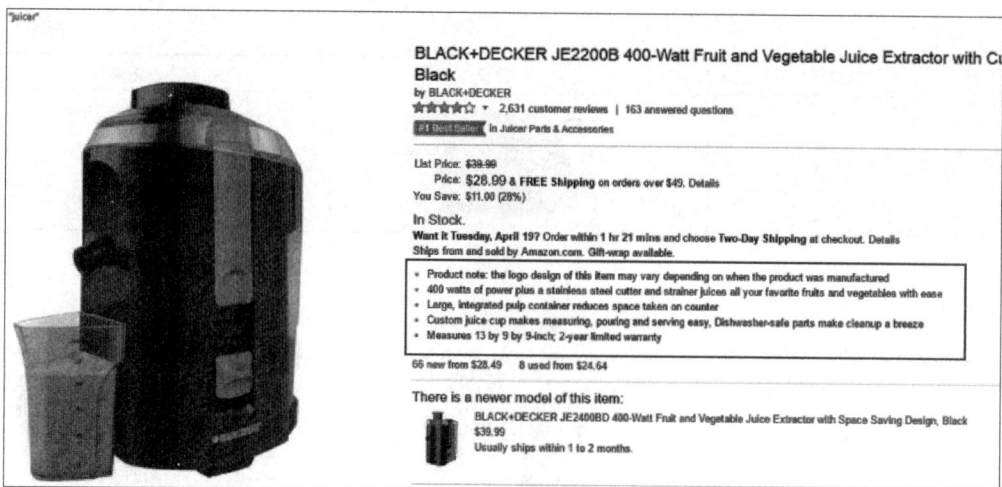

图 4-1　商品要点简介

2. 商品详细信息

在介绍商品详细信息时，不能仅提供简单说明。一份精心撰写的商品详细信息可以帮助买家想象拥有或使用商品所带来的体验，如感受、触摸商品的体验和商品的优势等。

对比下列两种表述，看看哪种更有吸引力。

（1）专为音频专业人士打造的、坚固耐用的话筒。

（2）秉承 SM58® 的传统，Beta 58A 动态话筒早已成为声乐家和巡回演出歌手的第一选择。Beta 58A 是一款高输出动态声学话筒，专为专业扩声和项目工作室录音而设计。它可在自身的整个频率范围内确保极高的反馈前增益，最大限度地隔离其他音源及最低程度的离轴音色。Beta 58A 拥有极为适合人声特写的成形频率响应。即便遭遇粗暴操作，这款话筒的卓越性能也不会受到影响，因为它那坚固的结构、经得起考验的减震架系统及加固的钢制网罩有助于抵御各种损伤。Beta 58A 的典型用途包括主唱、和声和演讲。

另外，在亚马逊注册品牌的卖家，可以利用图文结合的 A+ 页面来真实展示商品的属性。A+ 页面就是图文版商品详情页，卖家通过它可以使用额外的图片和文本进一步完善商品描述部分。在图片的选择上，卖家应选择能够突出商品特性、卖点、细节、尺寸和使用环境的图片。

4.2　商品发布的步骤

4.2.1　了解专业术语

在跨境电子商务平台上，经常见到各种商品代码，想要在平台内熟练操作，必须先了解这些代码。

1. SKU

SKU（Stock Keeping Unit，存货单位），是由卖家创建的唯一编码，用来对商品页面的商品进行统一编号管理。亚马逊通过使用卖家库存文件中的 SKU，把卖家的商品和当前亚马逊目录中已经存在的合适的商品详情页关联起来。对于电商行业而言，一款商品有一个 SKU，同一款商品，如有不同颜色、尺寸、型号等属性，则拥有不同的 SKU。例如，一件衣服有黑、白两种颜色，S、M、L 三种尺寸，则 SKU 数量为 6（2×3）。亚马逊的很多报告，如销售报告都使用 SKU 来区别商品。

2．UPC 或 EAN

UPC（Universal Product Code，商品通用条码）适用于亚马逊美国站和加拿大站。在亚马逊上可以通过 UPC 搜到对应商品，UPC 是上传商品必备元素之一。EAN（European Article Number，欧洲商品条码）和 UPC 功能相近，适用于亚马逊欧洲站。UPC 或 EAN 是一个 12 位或 13 位的条形码。每一个 UPC 或 EAN 只能有一个商品页面。通常来说，在亚马逊销售的每个商品都应该有 UCP 或 EAN，但某些商品例外。

3．GTIN

GTIN（Global Trade Item Number，全球贸易项目代码）也可作为商品的唯一代码，但不如 UPC 和 EAN 使用广泛。

4．ASIN

ASIN（Amazon Standard Identification Number，亚马逊标准识别号），是由亚马逊生成用来标识亚马逊商品的。亚马逊经销的每个商品都有一个唯一对应的 10 位的 ASIN。所以，当卖家创建商品页面建立 SKU 时，亚马逊也会生成唯一的一个 ASIN 与之关联。

5．GCID

GCID（Global Catalog Identifier，全球目录编码），是当品牌在亚马逊成功备案后，亚马逊自动分配的、独一无二的 16 位字符，包括字母和数字。GCID 与 ASIN 不同的是，ASIN 针对的是商品页面，而 GCID 直接与商品相关联且永久不变。GCID 是被自动创造并且分配到每个商品的，并不会出现在商品页面或库存管理页面。

4.2.2　确定商品分类

商品分类是指明确商品归属于哪个类别。例如，榨汁机可以归属到家居用品—厨房用具—蔬菜与水果工具，也可以归属到家用电器—小电器类别。买家浏览路径的每个步骤被称作分类节点。有时候买家会在搜索框内搜索商品，同时在左侧商品类别中缩小搜索范围。卖家正确地找到商品所属分类节点对提高商品浏览量至关重要。

分类越准确和详尽，卖家越能将商品放到网站中相关的分类节点下。卖家可采用以下方法以确保正确放置商品。卖家应从商品分类指南中为商品选择尽可能具体的类型。如果卖家选择了不明确的一般描述词，商品可能不会被显示出来，因为买家往往会浏览至定义更加清晰的商品分类。目前，常见平台一级类目主要有：①鞋靴；②服装服饰；③箱包、腕表首饰；④母婴用品；⑤玩具；⑥美妆护肤；⑦家居厨具、食品；⑧电子数码；⑨户外运动；⑩办公用品。每个一级类目之下都有更详细的二级类目，例如鞋靴类目中包括女鞋、男鞋、童鞋、运动户外鞋和热门运动鞋。二级类目后有对应的三级类目，例如女鞋类目中包括高跟鞋、芭蕾鞋、乐福鞋等。详细的分类能够帮助买家快速找到自己想要的品类。亚马逊一级商品类目如图 4-2 所示。

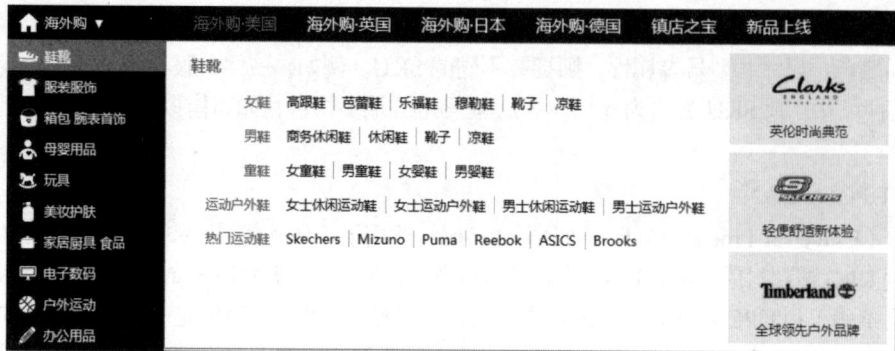

图 4-2　亚马逊一级商品类目

4.2.3　单个添加新商品

卖家如果要在平台上发布新商品①，首先需要创建一个新的商品页面。例如，卖家想要卖一个望远镜，具体操作步骤如下。

（1）单击"创建新产品（Create a New Product）"按钮，选择想发布的商品所对应的分类。选择的分类越精确，买家越容易找到该商品。如果卖家不清楚商品的具体分类，可以通过搜索关键词"双筒望远镜（Binoculars）"，进入图 4-3 所示的页面，单击第一个商品类别。

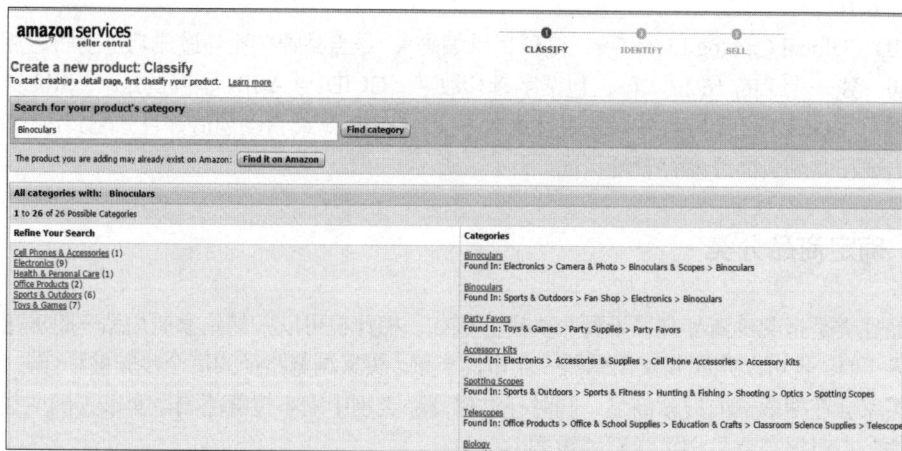

图 4-3　创建新商品页面

（2）第一个标签页要求卖家输入重要的商品信息，包括商品标题（Product Name）、制造商（Manufacturer）、品牌名称（Brand Name）、商品识别码（Manufacturer Part Number）、每单位商品包含的数量（Package Quantity）、材质（Material Type）、颜色（Color）等，如图 4-4 所示。卖家输入后保存并完成报价。

---

① 不同于其他平台，亚马逊平台采取单一商品详情页的规定，这意味着一个商品只能有一个商品详情页，销售同一个商品的卖家只有商品定价权，而没有页面编辑权。因此，卖家在发布新商品之前，首先要确定这个商品是否已经在亚马逊平台上有商品详情页。如果有，卖家应选择跟卖；如果没有，则可以添加新商品。

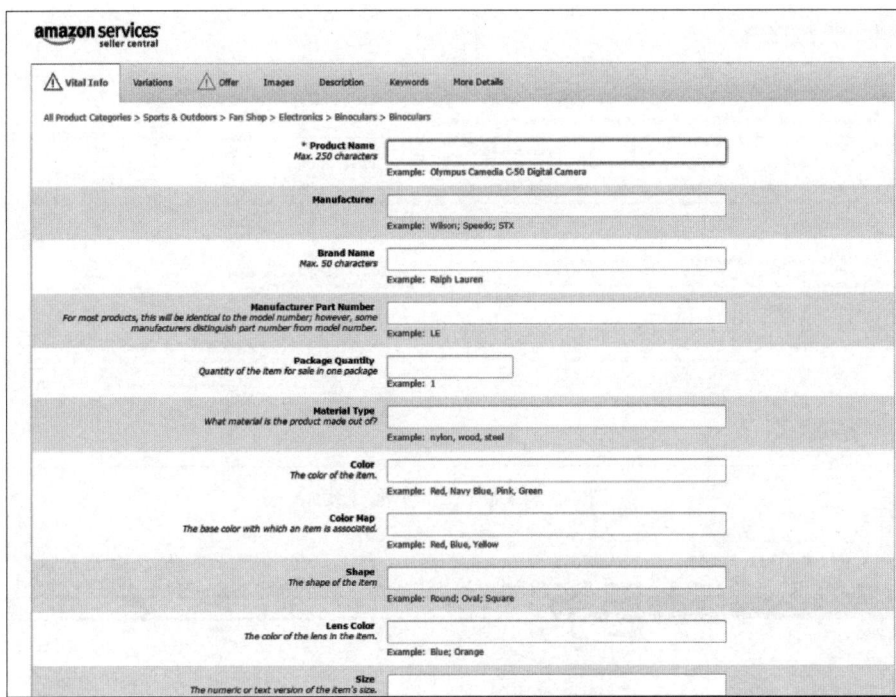

图 4-4　商品第一个标签页

（3）第二个标签页要求卖家添加子产品。例如，卖家要销售的望远镜有 2 种颜色（black、green）和 2 个尺寸（8 mm、12 mm），那么在子产品（Variations）标签页的子产品主题（Variation Theme）中选择"颜色、尺寸（Color，Size）"表示子产品区分的主题，然后单击"添加子产品（Add variations）"按钮，如图 4-5 所示，就生成了 4 个子产品。亚马逊平台允许卖家单独修改每个子产品的信息。接着卖家填入具体的子产品的报价信息，如图 4-6 所示。

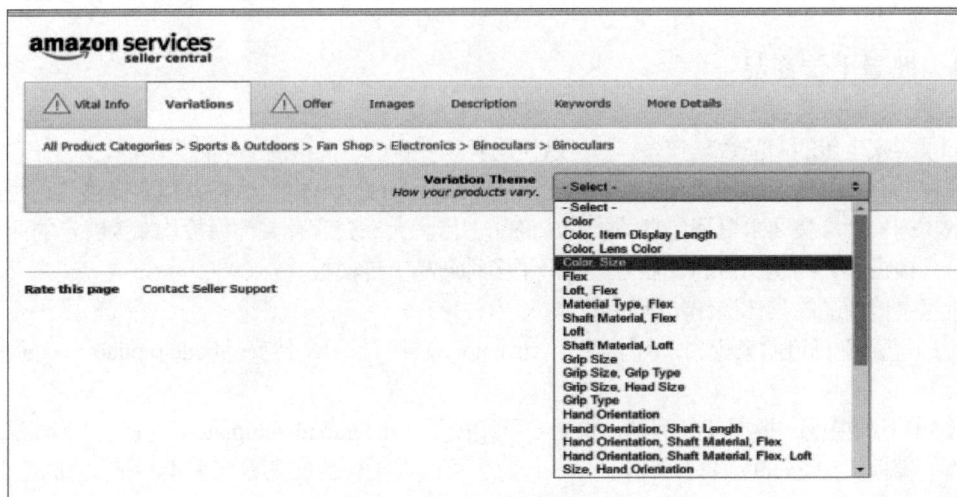

图 4-5　添加子产品页面

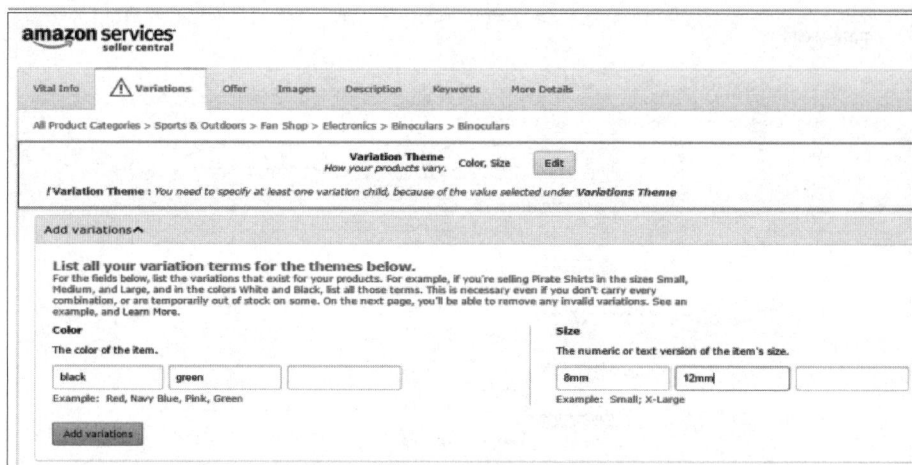

图 4-5　添加子产品页面（续）

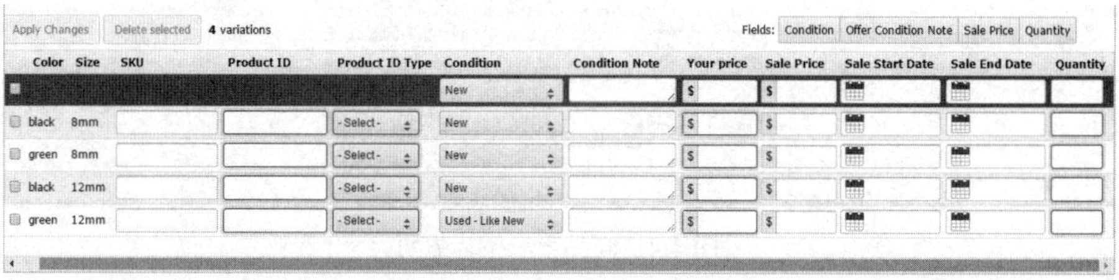

图 4-6　添加子产品报价页面

（4）第三个标签页要求卖家填写更为详细的商品信息，包括 SKU、进口地点、商品发布国家（地区）、卖家保证描述、商品发布日期、价格、物流等。

（5）第四、第五、第六个标签页要求卖家依次上传图片、填写商品描述、设定关键词等。

（6）提交的信息会在 15 分钟内发布至亚马逊，之后卖家便可以通过搜索和浏览查看报价。

4.2.4　批量上传商品

如果卖家上传的商品数量较多，则可以使用卖家平台的"批量商品上传"功能，以上传 Excel 模板文件的方式上传商品。库存文件模板是一种 Microsoft Excel 电子表格，包含描述商品所需的多个数据列，卖家按要求填写信息即可完成商品上传。大部分库存文件模板均专为特定的商品类别设计。根据卖家的使用目的，亚马逊提供了多种商品上传模板。

批量上传商品的具体操作步骤如下。

（1）进入亚马逊卖家账户，单击"库存（inventory）"—"批量上传商品（add product via upload）"按钮。

（2）下载模板，根据商品类别，单击"下载模板（download template）"按钮，下载要上传的类目的模板。在 Excel 中打开库存文件模板时，可以在工作簿底部看到表 4-4 所示的选项卡。

表 4-4　选项卡描述

选项卡	描述
说明	有关如何使用模板的概述
数据定义	本选项卡为每一字段提供标签名称、定义、使用实例、认可值和示例
有效值	可在模板选项卡中找到数据类型对应的有效值列表

选项卡	描述
模板	使用"数据定义"选项卡中列出的规格在实际工作表中输入商品数据。本工作表包括两行：一行帮助亚马逊确定卖家正在使用的模板；另一行包含列标题（标签名称），代表库存文件的每一字段
示例（可选）	如何为不同的商品准确地格式化数据的示例

（3）按要求填写完，上传库存文件。亚马逊平台自带检查功能，可帮助卖家检查批量上传文件的正确性。卖家可以在上传商品文件前，检查是否满足文件条件。

（4）单击"上传（uploading）"按钮，完成商品页面的批量创建。

4.3 商品页面的信息优化

4.3.1 标题搜索优化

买家的时间非常有限，因此，卖家要让商品标题短小并有吸引力。首先从最长的标题入手。卖家应想办法精简标题，同时保证其影响力。由于在搜索时标题并不能被完整地直接显示，在移动端中，标题只会显示前 80 个字符，因此卖家要仔细斟酌标题的前一半内容。其次加入关键搜索信息。试着想想买家搜索商品标题时的用词，并以买家最可能使用的搜索这些关键词的顺序，对标题中的这些关键词排序。一般情况下，一个好的标题需要包含以下内容：品牌名称、系列、材料或主要成分、颜色尺寸和数量。最后定期审核商品刊登效果，确保标题得到优化。标题优化主要可从以下 6 个维度入手：买家搜索词与商品标题关键词的匹配度（展现）；商品核心关键词与系统的匹配度；直通车推广与核心关键词的匹配度；商品标题影响商品销售的精准度；商品标题影响商品曝光的程度；商品标题关键词影响商品销量的程度。此外，在撰写商品详情页前，卖家需要先积累一批关键词。下面是一些快速查找关键词的技巧。

1. 通过翻译工具寻找突破口，使用近义词和同义词作为关键词

当不熟悉商品的译文时，使用翻译工具可以快速找到几个同义关键词。一般常用的翻译工具有百度翻译、搜狗翻译、有道翻译。有些翻译网站可以同时把几个翻译网站的译文合并在同一个页面上，方便卖家提取关键词，在 XYZ 翻译网搜索"蓝牙耳机"的结果如图 4-7 所示。卖家可以利用翻译工具和相应的词典来检索一些同义词，如飞机可译为 airplane 与 aeroplane；还可以用不同的表达来描述同一个商品，体现商品的不同特征，如表达裤子时可以加上休闲裤，即表述为 pants 和 slacks。

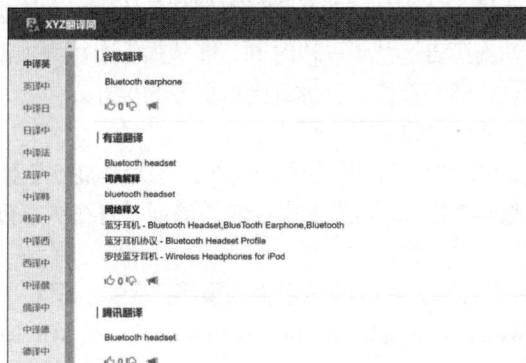

图 4-7　XYZ 翻译网"蓝牙耳机"搜索结果

2. 找出同行商品，参考同行文案

找到突破口后，卖家可以直接在平台上搜索同行的商品，提取出同行所使用的关键词。另外可以使用一些插件，如 JungleScout、Unicorn Smasher、AMZplanet，批量获取标题后，再在 Excel 表格里进行提取。借助这些插件，卖家能批量抓取同行的商品详情，包括标题、卖点和描述，从而抓取同行文案里的关键词。同时，这些资料可供卖家在撰写商品要点简介描述时参考。除了从同行商品中获取关键词，卖家还可以利用问答（Q&A）提取关键词，了解买家的需求，如图 4-8 所示。

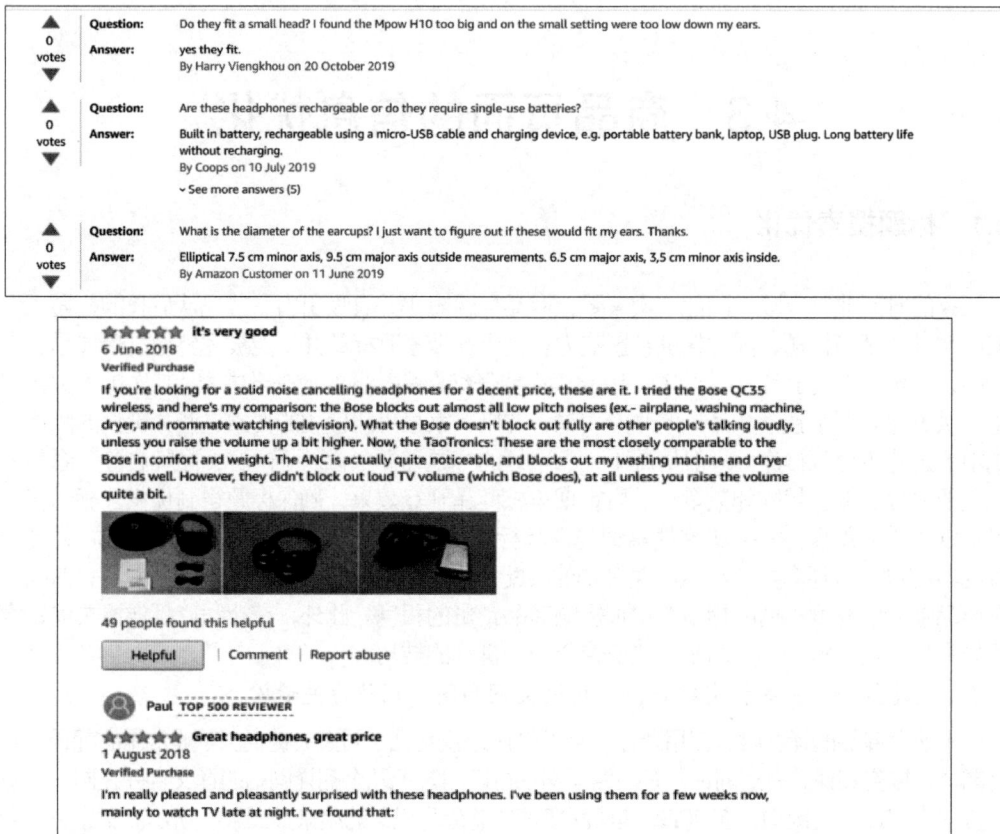

图 4-8 利用问答（Q&A）提取关键词

3. 在其他电商平台或者广告报告中收集流行趋势词

这个方法适用于标题的优化，商品标题是需要根据商品的排名和流量情况进行适当优化的。商品上架之后，卖家利用站内广告运营了一段时间，能从报告中得到关键词表现的反馈，这时再根据报告去优化商品详情页，商品详情页整体都会有很好的提升。

在设定关键词的时候，要注意以下几个要点。

（1）如果一些词汇已经出现在商品标题中，则不必再次添加到搜索关键词中。

（2）不要为搜索关键词加引号，因为加引号的关键词只有在买家搜索时也添加引号的情况下才能被搜索到。

（3）关键词有大部分内容重叠时需要做适当的重组。例如，耳机的关键词，筛选后确定了以下都是优质的关键词：wireless headphone、bluetooth headphone、wireless earphone。要是将这些关键词直接放进标题里，其中的 wireless 和 headphone 就会显得重复，这时需要将其重组成

wireless bluetooth headphone 和 active noise cancelling earphone 这两个关键词。

4.3.2 图片优化

图片优化是吸引消费者的重要方式之一，图片与商品的匹配性会直接影响到消费者的点击率。在这一阶段，卖家需要在前期准备的基础上慎重选择展示在商品详情页中的图片，并针对不同平台的特点来选择图片。

在亚马逊平台上有 3 种形式来展示图片：商品主副图、A+页面和客户评论展示图片。主副图模式中，主图直接展示在搜索结果页中，副图会出现在商品详情页中，主图和副图一起向消费者传递最直观的商品信息，便于消费者对商品形成初步的感性认识。当然，如果图片出色，感性认识就会转化为强烈的购买欲望。A+页面既可以展示图片，也可以配以文字说明，文字与图片要协调。卖家可以在这些图片中使用小道具，例如对于商品的使用方式，可选择参考物体现商品的大小。客户评论展示图片一般不可控。

相较于亚马逊的多种展示形式，其他平台的展示形式略微单一，以主图展示为主。例如，速卖通平台规定卖家需上传 6 张图片，图片背景为白色或纯色，尺寸不超过 800 px×800 px，图片大小不超过 5 MB。6 张图片依次为正面图、背面图、实拍图、侧面图、细节图 1、细节图 2。但是，速卖通的自制营销水印功能较其他平台更为便捷，平台还提供了格式模板供卖家选择。

各个跨境电子商务平台的图片展示规则和形式大同小异，卖家选择图片可以参考以下公式：1 张主图+6 张副图，即整体图（主图）+功能图（副图 1）+特写图（副图 2）+细节图（副图 3）+尺寸图（副图 4）+场景图（副图 5）+包装图（副图 6）。

（1）主图简洁大方，体现商品的整体外观、性能，图片背景必须为纯白色，如图 4-9 所示。

（2）功能图直观、准确地说明商品用来连接或者兼容相关设备，可以适当形象表述，对于有些关键参数也可特殊强调，如图 4-10 所示。

图 4-9　主图

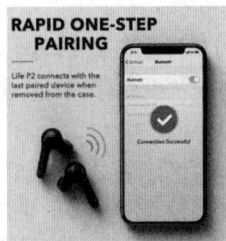

图 4-10　功能图

（3）特写图突出商品亮点、卖点，展示局部镜头，如图 4-11 所示。

（4）细节图基本上把商品的所有功能、结构、配件等都标注出来了。一些电子产品或者内部结构复杂的商品可以采用内部结构放大的渲染图，如图 4-12 所示。

图 4-11　特写图

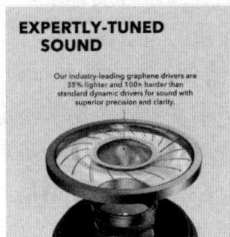

图 4-12　细节图

（5）尺寸图用数据量化商品，避免实物与图片相差太大。卖家应尽量让尺寸标注符合本土单位使用习惯，找一些参照物进行对比，借助手势、参考物等让商品大小更加具象化，如图 4-13 所示。

（6）场景图清楚地展示使用场景，给人一种代入感，可以引导消费者购买商品，如图 4-14 所示。

图 4-13　尺寸图

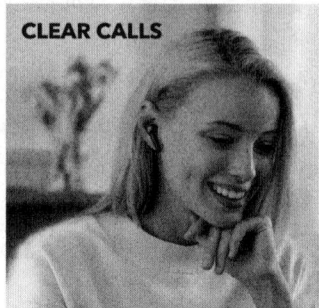

图 4-14　场景图

（7）包装图要展示商品相关配件及原始包装。

4.3.3　A+页面优化

A＋页面是图文版商品详情页，通过额外的图片和文本进一步完善商品描述部分，页面看上去简单，而实际上将对转化率产生深远影响。其把亚马逊商品页面上的商品描述区域变成了展示品牌和商品优势的黄金位置，充分体现了品牌、商品细节，甚至是公司理念。并不是所有卖家都拥有 A+页面，前提是必须在亚马逊平台上成功完成品牌注册（Brand Registry）。简单来说，品牌注册需要符合以下条件：

第一，在美国或其他国家（地区）递交商标的回执或证书；

第二，商品本身需要丝印商标，商品包装上需要有商标（特别注意，后期制作的图片将无法通过品牌注册）；

第三，有品牌官网（能够显示商标、商品、联系方式的网站）；

第四，有品牌名称、商品唯一识别标志（Model No）；

第五，在亚马逊卖家中心提交注册信息。

卖家在完成了品牌注册之后，下一步是创建 A+页面，让买家对商品、店铺或者品牌信任和认可，提高转化率。A+页面优化的方法主要从以下两个方向考虑。

（1）填写选填属性。因为平台处于不断发展完善的过程中，保留了自定义属性部分，对于一些平台上未设定的属性，卖家可根据实际情况编辑。如果商品的卖点不能通过必填属性来体现，则可以通过自定义属性来辅助体现。如果是可填可不填的属性，建议不填，以免买家搜索时难以匹配，反而丧失流量。

（2）优化详情页。其主要包括以下 4 个要点。

①图片上杜绝中文：以免影响买家读取信息，降低买家的购物体验。

②不要过分修图：尽管视觉效果更好的图片能带来更多的点击率和购买量，但是过分修饰图片会直接导致买家产生较高的期望值，在收到实物后更容易产生失望情绪，轻则给予卖家差评，重则投诉卖家，要求退换货等。

③多角度、全方位展现：买家在电商平台只能通过视觉来判断商品，没有触觉体验，因此，多角度、全方位展现商品，让买家更多地了解商品，等于给买家吃了一颗定心丸。

④详细展示参数、包装方式：商品的参数越详细，越能体现卖家对商品的熟悉程度，买家会自然地觉得卖家很专业，可以信赖；包装方式既体现卖家的经营实力，也说明卖家对物流的熟悉程度，将打包好的商品呈现在买家面前，会让买家产生已经拿到实物的感觉，购买欲会更强。

下面这款博士头戴式耳机（Bose Headphones）的A+页面是很好的例子，如图4-15、图4-16所示。

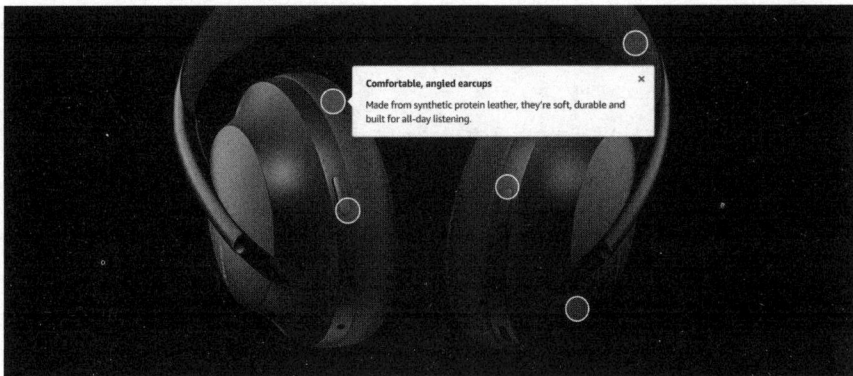

图 4-15　按钮与文字配合说明

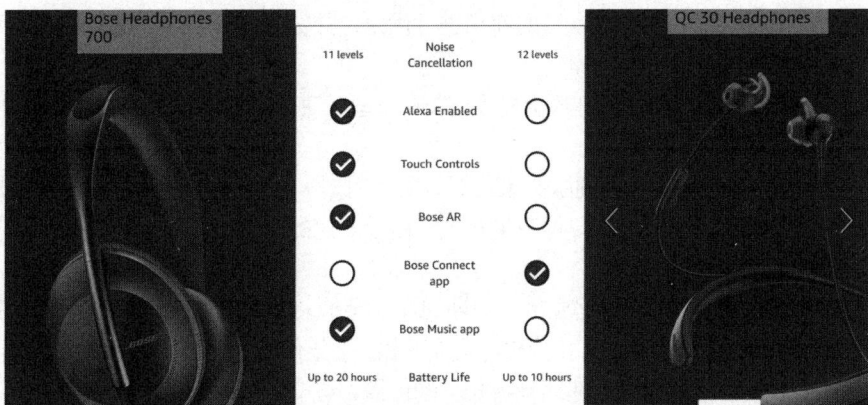

图 4-16　不同商品的对比明细

4.3.4　描述优化

商品描述是卖家最有可能表达主观意愿的部分，建议卖家在撰写商品描述时，考虑以下几个方面：品牌故事、商品信息参数、商品关键词、商品特性、品质保证和包装信息。把这些内容组合起来，以小段落的方式呈现，就会形成一个不错的商品描述，既利于系统抓取，又利于提高订单转化率。

1. 通过引人注目的商品描述让买家留下印象

优质的商品描述可以吸引买家，并使其完成购买。填写全面信息可能需要花一些时间，但这是非常重要的，因为高质量的商品信息是提高商品在跨境电子商务平台上的可见性及整体吸引力的基础。一个良好的商品描述应在目标受众头脑中创建一个生动的商品印象，从而满足目标受众的需求。卖家可以使用感性的词语让目标受众与商品建立联系，如"有机"或"天鹅绒般柔软"。在商品描述中，卖家可以添加额外信息及更详细的商品信息，如货运、尺码、重量等。

卖家还应指出该商品是否有配件、商品的包装方式等。切记，一定要写下购买该商品的好处，告诉买家购买该商品的理由。在商品描述中使用关键词两到三次即可，不要过度使用。

2. 使用副标题和要点

不要写一个无休止的段落，利用副标题断开内容，使买家更容易迅速扫视信息。写要点是呈现商品功能特性的好办法。数据显示，有效的要点可提高销量。卖家在撰写商品描述时可以遵循以下要点：

（1）重点介绍商品最突出的 5 个功能特性；

（2）保持商品和描述的一致性；

（3）强调来自标题和商品描述的重要信息，加入重要特性（如尺码）；

（4）写成片段式，不要在结尾处使用标点符号；

（5）不要把价格放在要点或简介中。

4.3.5 价格优化

1. 商品自身优化

跨境电子商务平台的算法是根据市场动态的变化对商品整体表现进行排名和推送的设置。因此，卖家只能在平常的运营当中对自己的商品进行优化，并努力提升排名，创造更多的利润。商品自身优化主要包括以下方面。

（1）找出销量最少的商品，将其价格设置得低一些，刺激买家购买。如果买家按照价格由低到高搜索，较容易看到该商品。

（2）合理设置批发价格。为刺激买家购买，卖家可对一定数量商品（重量在物流规定范围内）设置批发价（Bulk Price），在单件原价基础上给予一定的折扣，实际上是将一部分国际物流费用优惠让利给买家。

（3）遵循成本定价原则，根据成本、预期利润率定价。据此计算时，需要区别折扣价与非折扣价。商品价格分为上架价格、折扣价格与成交价格。上架价格是指商品在上传时所填的价格；折扣价格亦称销售价格，是指商品在店铺折扣下的价格；成交价格是指买家的下单价。

存在折扣时，上架价格高于销售价格，计算公式如下：

上架价格=[（采购价/成本+费用+利润）/银行外汇买入价]/（1−折扣）

不存在折扣时，上架价格等于销售价格，计算公式如下：

上架价格=销售价格=（采购价/成本+费用+利润）/银行外汇买入价

卖家会发现自己的商品在旺季可能价格波动比较大，这是因为旺季有大量的商品都在进行优化提升，而市场的风向也会实时变动，卖家的商品价格在竞争当中也会受到自身利润估算、库存成本、商品品牌知名度等要素的影响。如旺季暂时告一段落，卖家就可以继续总结经验并对产品做进一步的优化。

2. 参考竞品价格

卖家可采用"竞争定价法"进行价格优化。所谓竞争定价法，即根据目标市场中目标平台相同或相似产品价格确定商品价格。例如，某商品在某跨境电子商务平台的价格在 3～8 美元，则商品定价尽量控制在此区间内。卖家在进行商品定价的时候，可根据市场分析确定一个大概的价格区间。通过查看其他同类商品卖家的销售数据，卖家就能够找到市场的需求缺口，挖掘出消费者的消费潜力，从而提升商品的销售量。卖家利用跨境电商集成运营平台易得客分析市场上商品上架的时间，可以估计销售的淡旺季，由此进行价格调整。

4.3.6 巧用价格临界点

买家在购物时会有预算，一般会以数字 0 或 5 作为价格的临界点，如果卖家想将商品价格设为 10 美元，不如设为 9.99 美元，让买家觉得没有超过预算，更快下单。这是目前许多商家常用的定价策略。

═══════════════ 课后复习 ═══════════════

📖 思考题 ════════════════════════════════════

1. 单选题

（1）下列有关产品标题的说法错误的是（　　　）。

    A. 标题首位必须是品牌

    B. 标题没有字数限制

    C. 标题不能有与商品无关的信息

    D. 标题要尽可能言简意赅

（2）一个好的商品展示页面有（　　　）。

    A. 优质的标题　　　　B. 直观的商品展示　　　　C. 合适的价格　　　　D. 以上都是

2. 多选题

（1）亚马逊平台对商品图片的要求主要有（　　　）。

    A. 主图必须是纯白背景的

    B. 副图不允许有水印、文字

    C. 每件商品必须有主图

    D. 副图尽可能多角度展示商品

（2）商品发布页面设置商品搜索关键词时应该（　　　）。

    A. 避免和标题重复

    B. 不要为关键词加引号

    C. 关键词大部分内容重叠时要适当重组

    D. 可以参考同类商品的关键词

3. 填空题

（1）在商品发布页面，商品标题应该包括商品品牌及描述、_____、_____、_____、_____、_____。

（2）标题优化的 6 个维度是_____、_____、_____、_____、_____、_____。

（3）亚马逊平台展示图片的3种形式是_____、_____、_____。

案例分析

好的文案，事半功倍

文案具有传播商品信息的价值，可以让目标受众对商品的认知从无到有，从而为后续的市场推广、商品营销创造良好的环境。好的电商文案可以提高商品转化率，增强品牌影响力。

1. 横幅广告文案

横幅广告文案是最早的电商文案类型，一般呈现为矩形，以 JPG、GIF、Flash 等格式的图片呈现，分为静态横幅、动态横幅、互动横幅3类，通常出现在店铺首页。由于手机等移动设备的普及，横幅广告文案亦可成为主图文案，一般设计为竖直形状，呈现在电商平台的自然搜索结果页面中，吸引用户点击。

2. 详情页文案

详情页文案是对商品的具体功能、特点等情况进行描述的文案，是使用最普遍的电商文案形式，它的作用在于向消费者介绍商品。消费者通过商品详情页文案中的图文来具体了解商品，因此详情页文案是否美观、大方将在很大程度上影响消费者是否购买。

3. 品牌文案

品牌文案是比较流行的电商文案形式，其通过企业故事形式向用户传达企业文化，从而促进商品销售，通常出现在卖家的自建网站中。好的品牌文案应该设计一个新颖的标题，吸引用户的注意，同时要注意体现品牌优势，强调本品牌的个性化与独特性。

电商要撰写文案，一般要注意以下几个要点。

（1）明确商品卖点，挖掘用户痛点。卖家要进行市场调查和市场需求分析，明确做电商文案的真正目的，还要确定目标用户人群，找到用户所需的商品卖点，这样用户才会被文案吸引。在互联网时代，市场调查方法灵活多样，如经常浏览竞争对手的店铺，看买家是如何评价的，尤其要关注差评。差评就是买家的痛点，卖家从中可以挖掘出自己商品的卖点。

（2）跟紧时代步伐，抓住热点话题。热点话题是指某一时期受大众关注的新闻和信息，通常能够吸引大量的关注，具有丰富的流量资源，可以为商品推广或销售提供大量的目标用户基础。热点话题的时效一般在一周左右，所以文案应尽量在热点话题出现后的3天内发表，否则人们的兴趣会退却。商品文案的创作内容要与热点话题联系起来，这样才能获得更好的营销效果。

（3）撰写原创内容。网络文案满天飞，卖家切记不要从一些社交网站、自媒体或者视频号搬运内容，这样会使用户失去新鲜感，而应尽可能地创新内容。卖家根据前期的调查和自己的想法拟定文案的标题，写出文案内容，最后应对已经写好的文案进行反复检查，确保没有错别字和语句不通顺的问题。

（4）增强视觉冲击力。文案的视觉冲击力可以通过文案内容、文字、色彩、图片、视频等个性化设计，给人留下深刻、持久的印象。图片作为电商文案中不可缺少的元素，它的作用不仅是好看或者带给消费者视觉冲击，更重要的是好的图片能够表达出大量文字所描述的内容，能节约消费者理解文案的时间。

【案例分析思考题】

1. 你是否有过因为一篇好的电商文案而购买商品的经历？请具体回忆一下，这篇文案在哪些方面吸引了你。

2. 请浏览速卖通和亚马逊等跨境电商平台，找到一篇你觉得很优秀的电商文案，结合本案例介绍的 4 个要点，分析这篇优秀文案的特点。

实训

【实践目的与要求】

1. 熟悉跨境电子商务平台商品详情页的构成和特点。
2. 掌握跨境电子商务平台页面的文案准备，包括标题、搜索关键词、商品描述、商品图片。
3. 独立完成发布新商品时的商品详情页设计。

【实践内容描述】

1. 通过在亚马逊美国站点查找商品咖啡机（coffee maker），完成商品详情页的构成分析和解读。
2. 假设你是卖家，现在要为你在速卖通平台销售的商品进行页面素材和文案准备，包括标题、搜索关键词、商品描述，并拍摄商品照片和商品视频，以小组为单位，完成表 4-5 中内容。

表 4-5　商品页面素材和文案表

	页面素材和文案
标题	
关键词设置	
图片设计	
商品描述	
拍摄视频	

第5章 跨境电子商务物流

【学习目标】

- 掌握跨境电子商务物流模式
- 掌握海外仓物流服务基本知识
- 熟悉速卖通、亚马逊、eBay 和 Wish 的物流模式

微课导学

【关 键 词】

物流模式　商业快递　专线物流　海外仓

【自 测 题】

1. 与国内电子商务相比，跨境电商物流的特点不包括（　　　）。
   A. 距离更远，时间更长
   B. 除了基本配送外，还包括清关报关手续
   C. 形式更加多样化，服务更加多元化
   D. 信息更透明

2. 我国邮政系统投递的跨境电商包裹数量庞大。以下属于邮政包裹模式的是（　　　）。
   A. 燕文专线　　　　B. 国际 EMS　　　　C. e 邮宝　　　　D. DHL

3. 跨境电商物流常见的商业物流模式包括（　　　）。
   A. DHL　　　　B. UPS　　　　C. FedEx　　　　D. EMS

4. 专线物流虽然时效上稍慢于商业快递，但是更具有价格优势。以下不属于专线物流的是
（　　　）。
   A. 燕文物流　　　　B. 俄速通　　　　C. 澳邮宝　　　　D. 顺丰物流

5. 根据配送流程，海外仓包括（　　　）。
   A. 头程运输　　　　B. 仓储管理　　　　C. 本地配送　　　　D 退换货服务

　　跨境物流是跨境电子商务中极为重要的一个环节，是跨境电子商务配套服务最根本的构成部分。本章将介绍跨境电子商务物流的特征和主要模式，对比不同物流模式的利弊、收费标准，展

示主流电子商务平台的物流方案及操作流程等。

5.1 跨境电子商务物流概述

5.1.1 跨境电子商务物流的定义

物流的定义是：物品从供应地向接收地的实体流动过程。具体来说，物流就是根据实际需要，将运输、储存、搬运、包装、流通加工、配送、信息处理等基本功能实施有机结合。而跨境物流是指以海关关境两侧为端点的实物和信息有效流动和存储的计划、实施及控制管理过程。

跨境电子商务物流的定义为：在电子商务环境下，依靠互联网、大数据、信息化与计算机等先进技术，物品从跨境电子商务企业流向跨境消费者，能够最终实现跨越不同国家或地区的物流活动。换句话说，它主要为跨境电子商务进出口企业提供跨境物流和跨境海关通关一体化服务，帮助跨境电子商务进出口企业以更快的速度、更低的成本、更快捷的方式和更高的质量、标准，规范地完成跨境电子商务运营工作。

5.1.2 跨境电子商务物流的特征

目前，跨境电子商务物流有以下特点。

（1）距离远、时间长、成本高、流程复杂、可控性差。这是跨境电子商务物流与境内电子商务物流相比的显著特点。除了基本的产品配送之外，跨境电子商务物流还会涉及清关报关等一系列的税务问题。

（2）形式多样化。由于跨境电子商务物流所涉及的环节比较多，因此在各个层级就产生了诸多形式，如头程清关就可分为海运、陆运、空运、专线等。

（3）竞争集中在沿海地区，中西部地区竞争较小。这是因为环渤海地区、长江三角洲、珠江三角洲等沿海地区经济发达，跨境运输需求旺盛，航空运输等基础设施就相对完善，对交通资源的供应和需求的竞争尤为激烈。而在中西部地区，由于经济相对不发达，跨境运输需求小，但运输成本又比较高，所以对国际货运服务资源的投入就相对较少。

（4）竞争表现为地域性和行业单一性。跨境电子商务的崛起带动了物流行业的发展，竞争日益激烈，但受其自身财务实力、管理和技术能力的限制，以及受国家物流市场相互分离等因素的影响，在某区域、某行业企业之间的竞争较为局限。例如，长江三角洲地区跨境物流公司之间的竞争；或者某一行业中资源的竞争，如3C行业、电子产品制造业等。

（5）由单一服务转向多元化服务。随着跨境电子商务需求的增多，大多数跨境物流公司从单一地提供运输服务开始转向多元化服务。例如与海外仓储公司合作，在跨境电子商务物流这一链条上，提供头程清关、仓储、配送，以及与亚马逊物流（Fulfillment by Amazon，FBA）相关的诸多衍生和替代服务，如海外仓贴标、换标等。

5.1.3 跨境电子商务物流存在的问题

现如今我国跨境电子商务市场规模日益增大，无疑为跨境电子商务物流的发展带来了更多机会，但由于跨境电子商务物流是跨境电子商务衍生出来的新型行业，运作还不成熟，仍存在一些问题。

1. 跨境电子商务物流成本较高

跨境电子商务物流成本主要包含境内运输成本、关税、境外物流成本等。虽然跨境电子商务企业会尽可能地控制物流成本，但是海关关税、境外重派、境外仓储等因素，存在一定的控制难度，这就导致物流成本居高不下。

2. 跨境电子商务物流和跨境电子商务的发展不协同

当前跨境电子商务客户需求展现出更加多样化和个性化的特点。安全将货物送到客户手中显然已经不再能很好地满足客户的物流需求。客户不仅要求物流速度快，更要求物流服务好。

3. 基础设施不完善

物流在我国出现的时间要比国外晚，发展得也没有国外完善。跨境物流涉及运输、报关、查验、仓储、配送等一系列环节，与境内物流相比最明显的特征就是需要报关。国际物流要实现与目的国（地区）的物流信息对接和整合，但系统性的网络并没有实现，这就使得跨境电子商务物流成本增加。而且由于涉及跨境，如果客户需要退换货，退换货的运费往往要比发货运费高很多，退换货的服务难以实现。

4. 跨境物流信息不够透明

跨境物流的运输发生在国（地区）与国（地区）之间，与境外物流商信息对接不到位的话，容易造成物流信息无法及时跟踪，境外客户看不到准确的物流信息，最终导致客户满意度降低。

5. 缺少专业的跨境物流人才

跨境电子商务物流是随着跨境电子商务的发展而产生的，是一个新的行业。我国很多高校的电商专业和物流专业都是分开设立的，并且相关的专业课程比较少，教授的理论知识内容也比较浅显。因此，既懂跨境电子商务知识，又懂跨境物流运营的专业人才较少。

5.2　跨境电子商务物流模式

跨境电子商务的迅速发展离不开跨境物流的有力支撑。卖家在面对业务订单时，首先要考虑的问题就是选择合适的物流模式。一个合适的物流模式，对买卖双方都是有利无害的，不仅可以节约成本，还可以优化客户体验。我国跨境电子商务物流模式有 4 种，分别是邮政包裹模式、商业快递模式、专线物流模式及海外仓。接下来分别对其进行阐述。

5.2.1　邮政包裹模式

当前我国出口跨境电子商务有超过七成的包裹是通过邮政系统进行投递的。邮政系统的优势在于其覆盖范围广泛，涉及各国（地区）的邮政系统。但由于其时效不稳定、信息不会实时更新等问题，出口跨境电子商务卖家在选择邮政发货时，要留意货运的时效等因素。邮政国际物流出口业务下的优先类包括国际（地区）特快专递、中速快件、e 特快；标准类包括 e 邮宝、挂号小包、跟踪小包、国际包裹、e 速宝；经济类包括平常小包、e 速宝小包；海外仓配服务包括中邮海外仓、中邮 FBA。下面对国际（地区）特快专递、e 邮宝、平常小包进行较为详细的介绍。

1. 国际（地区）特快专递

国际（地区）特快专递简称"国际 EMS"，提供中国邮政与各国（地区）邮政合作开办的快速类直发寄递服务，可以为用户快速传递各类文件资料和物品，同时提供多种形式的邮件跟踪查询服务。该业务与各国（地区）邮政、海关、航空等部门紧密合作，打通绿色便利邮寄通道。

（1）尺寸要求。根据发往目的地的不同，邮政系统对邮件会有不同的尺寸要求，如图 5-1 所示。

尺寸限制				
序号	目的地	收寄规格		
		限重 / 千克	最大尺寸限制	
6	马来西亚	30	标准1	
7	蒙古国	20	标准2	
8	泰国	30	标准1	
9	新加坡	30	标准1	
10	印度尼西亚	30	标准2	
11	越南	31.5	标准1	

标准1：任何一边的尺寸都不得超过1.5米，长度和长度以外的最大横周合计不得超过3.0米。
标准2：任何一边的尺寸都不得超过1.05米，长度和长度以外的最大横周合计不得超过2.0米。
标准3：任何一边的尺寸都不得超过1.05米，长度和长度以外的最大横周合计不得超过2.5米。
标准4：任何一边的尺寸都不得超过1.05米，长度和长度以外的最大横周合计不得超过3.0米。
标准5：任何一边的尺寸都不得超过1.52米，长度和长度以外的最大横周合计不得超过2.74米。

图 5-1　国际（地区）特快专递的尺寸要求（部分）

（2）服务优势。

①覆盖面广：揽收网点覆盖范围广，目的地投递网络覆盖能力强。

②收费简单：无燃油附加费、偏远附加费、个人地址投递费。

③全程跟踪：邮件信息全程跟踪，随时了解邮件状态。

④清关便捷：享受邮件便捷进出口清关服务。

2．e 邮宝

e 邮宝业务是中国邮政为适应跨境轻小件物品寄递需要开办的标准类直发寄递业务。该业务依托邮政网络资源优势，对境外邮政合作伙伴业务优先处理，为客户提供价格优惠、时效稳定的跨境轻小件寄递服务，暂不受理延误、丢失、破损、查验等附加业务。该业务主要针对体积小、重量轻的小件产品，是一种经济型国际邮寄服务。它为中国卖家提供发向美国、英国、法国、加拿大等国家和地区的包裹邮寄服务。大多数国家和地区只收取 2 kg 以内的货物，英国、以色列支持收取 5 kg 以内的货物，俄罗斯支持收取 3 kg 以内的货物。该业务支持按总重计费，50 g 为首重，续重按照每克计算，免挂号费。

（1）尺寸要求。

单件最大尺寸：长、宽、高合计不超过 90 cm，最长一边不超过 60 cm。圆卷邮件直径的两倍和长度合计不超过 104 cm，最长一边不得超过 90 cm。

单件最小尺寸：长度不小于 14 cm，宽度不小于 11 cm。圆卷邮件直径的两倍和长度合计不小于 17 cm，最长一边不小于 11 cm。

（2）服务优势。

①在线打单：在线订单管理，方便快捷。

②时效稳定：重点路线全程平均时效（参考时效）为6～15个工作日，服务可靠。

③全程跟踪：提供主要跟踪节点扫描信息和妥投信息，安全放心。

④平台认可：主流电商平台认可和推荐物流渠道之一，品牌保障。

3. 平常小包

平常小包是中国邮政基于万国邮联网络，针对2 kg以下小件物品推出的经济类直发寄递服务，通达全球200多个国家和地区。该业务可通过线上与线下两种渠道发货，为客户提供经济实惠、清关便捷的轻小件寄递服务。

（1）尺寸要求。

最大：长、宽、厚合计900 mm，最长一边不得超过600 mm，公差不超过2 mm。圆卷状的，直径的两倍和长度合计1 040 mm，长度不得超过900 mm，公差2 mm。

最小：至少有一面的长度不小于140 mm，宽度不小于90 mm，公差2 mm。圆卷状的，直径的两倍和长度合计170 mm，长度不得小于100 mm。

（2）服务优势。

①平台认可：平常小包业务是最早在主流电商平台上线的物流解决方案之一，可通过线上、线下两种渠道发货。

②交寄便利：全国大部分地区可交寄平常小包，线上渠道提供上门揽收、客户自送等多种交寄方式。

③性价比高：平常小包为经济型产品，性价比高。

④渠道多样：部分路向提供航空、陆运多种运输方式。

5.2.2 商业快递模式

国际快递商[①]通过自建的全球网络，利用强大的IT系统和遍布世界各地的本地化服务，为网购境内产品的境外客户带来了极好的物流体验。国际商业快递的主要特点是：保证时效性，服务好，丢包率低。例如，通过UPS寄送到美国的包裹，最快可在48小时内到达。然而，优质的服务伴随着昂贵的价格。一般境内商户只有在客户对时效性要求很高的情况下，才使用国际商务快递来派送商品。以下是DHL、UPS和FedEx三大国际快递商的比较。

1. DHL

DHL是敦豪航空公司的简称，是全球第一的海运和合同物流提供商，可以为客户提供从文件到供应链管理的全系列物流解决方案。DHL快递服务包括：DHL环球快递、DHL经济重货服务、DHL正午特派和DHL朝九特派等。此外，DHL快递提供了一系列完善、广泛的可选服务，包括非标准派送、灵活的结算选项及气候中和运输等。DHL总运费的计算公式如下：

$$DHL 总运费=基础运费+可选服务费+附加费$$

基础运费根据目的地及货品重量的不同会有不同的等级，如发往1区的0.5 kg文件的基础运费为168元；可选服务包括特殊派送、关税支付服务、包装材料等具体服务，价格从几十元到几百元不等；附加费包括燃油附加费、安全服务费等，价格同样有较大差别。此外，DHL还可以提供单据移交报关、货物移交报关等海关服务。

其优势如下。

（1）服务区域：派送网络遍布世界各地。

（2）价格：5.5 kg 以下的物品发往美洲、英国有价格优势，20 kg 以下小货和 21 kg 以上大货的运费较便宜。

（3）时效：正常情况下 2～4 个工作日通达全球。

（4）专线：建立了欧洲专线及周边国家专线服务，服务速度快，安全、可靠、查询方便。

2．UPS

UPS 全称美国联合包裹运送服务公司，是世界上最大的快递承运商和包裹快递公司之一。其适合发小件，特别是在美国、加拿大和英国等国家。UPS 国际快递服务分为以下 4 大类。

（1）UPS 全球特快加急（Worldwide Express Plus）（1～3 个工作日，上午 9 点前送到），是 UPS 国际快递服务里最贵的一种。

（2）UPS 全球特快（Worldwide Express）（1～3 个工作日，中午 12 点前送达）。

（3）UPS 全球速快（Express Saver）（1～3 个工作日送达），被称为红单。

（4）UPS 全球快捷（Worldwide Expedited）（2～5 个工作日送达），被称为蓝单，是最慢的，但收费也是最便宜的。

关于 UPS 的运费，UPS 官方网站提供了快递运费计算器，卖家需要提供货件信息，包括目的地、启运地、发货日期和重量等基础信息。它可以帮助卖家选择最合适的运输服务及获取相关的运费报价。

举个例子：假设卖家要在 2023 年 10 月 30 日从北京运输一件货物至英国，该货物海关价值为 100 元，包裹大小为 28 cm×16 cm×22 cm，重量为 3 kg。在 UPS 运费计算器中输入以上详细信息，就可以得到 UPS 提供的 4 种服务各自的费用，其中 UPS 全球特快运费为 751.8 元，如图 5-2 所示。

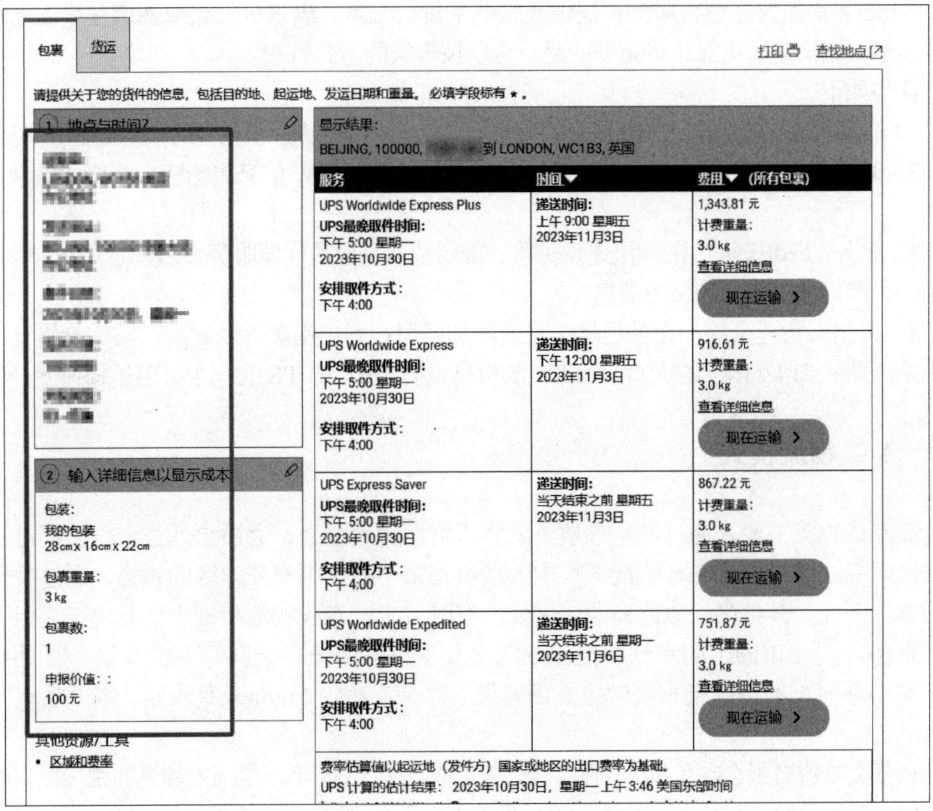

图 5-2　UPS 快递运费计算器

其优势如下。

（1）服务区域覆盖 200 多个国家和地区。

（2）提供全球货到付款服务，免费、及时、准确的上网查询服务，加急限时派送服务，有超强的清关能力。

（3）价格：3.5～5.5 折不等，主力打造美国专线、北美特惠小包。

（4）时效：正常情况下 2～4 个工作日通达全球，送往美国 48 小时能到达。

3．FedEx

FedEx 即联邦快递公司，1984 年进入中国市场，是拥有直飞中国航班数目最多的国际快递公司，拥有较为先进的电子查询网络，但是整体而言价格偏贵。根据包裹的不同重量，FedEx 可以提供相应的托运服务，具体来说，包裹重量在 68 kg 及以下可以选择国际特早快递服务、国际优先快递特快服务、国际优先快递服务、国际电商逸；包裹重量在 68 kg 以上时，可选择国际优先快递重货服务。

（1）国际特早快递服务：晚上发出包裹，确保全球主要市场在第二天清晨托运顺利完成，准时递送，代理清关，是直接上门的服务。

（2）国际优先快递特快服务：紧急之时、关键之时，利用面向亚洲、美国、加拿大和欧洲指定市场的门到门快递服务，在 1～2 个工作日后的 10∶30 或中午之前送达货件。

（3）国际优先快递服务：门到门优先特快服务，在 1～2 个工作日当天结束前送达，面向全球 220 多个国家和地区。

（4）国际电商逸：当 B2C 业务需要迅速的递送服务时，可选择此类物流服务。

（5）国际优先快递重货服务：提供高级航空货运服务，满足可叉起或捆绑在垫木上的组合单件的托运。它快速、可靠，最重要的是，可以按卖家的方式打包。

其优势如下。

（1）服务区域：通达全球 220 多个国家和地区，美洲和欧洲在价格和时效方面尤其具有优势。

（2）时效：正常情况下 2～4 个工作日即可通达全球；网站信息更新快，网络覆盖全，查询响应快。

（3）服务：FedEx 提供国际快递预付款、货到付款及报关代理服务，通关能力强，客户可免费、及时、准确地上网查询服务信息。

（4）价格：货通全球，无偏远地区派送附加费用；到中南美洲及欧洲区域的价格有明显优势，到东南亚的 21 kg 以上的大货，FedEx 的价格只要 DHL、UPS 的一半，但运输速度一样快。

5.2.3　专线物流模式

跨境专线物流一般是通过航空包舱方式将货物运输到境外，之后再通过合作公司进行目的地的派送。专线物流的优势在于能够集中大批量到某一特定国家或地区的货物，通过规模效应降低成本。因此，其价格一般比商业快递低。在时效上，专线物流稍慢于商业快递，但比邮政包裹快很多。现在市面上的专线物流包括欧美及中东、南美、非洲等地区专线。常见专线物流方式有中环旗下的俄邮宝和澳邮宝、俄速通、燕文专线、Aramex 专线等。本书重点介绍燕文专线。

北京燕文物流有限公司（以下简称"燕文"）成立于 1998 年，是国内领先的跨境出口综合物流服务商，与速卖通、亚马逊、Wish、eBay 等全球大型跨境电子商务平台建立了长期、稳定的合作关系。经过多年发展，燕文建立了高度协同的物流网络，在全国已设置 6 大分拨中心和 37 个集货转运中心，服务通达全球 200 余个国家和地区，是国内跨境出口物流行业中服务覆盖和通达范围最广的公司之一[①]，下文将重点介绍 4 条专线。

1. 燕文澳大利亚快线-普货

这是通达澳大利亚全境，直出尾程派送单号，可接 3 kg 以内、最长边小于 100 cm、体积≤ 0.25 m³ 货物的快递服务，8～10 个工作日可送达。其采用人民币计价，没有燃油附加费；只可以走普货，禁走含磁含电产品，禁寄国际航空条款规定的不能邮寄或限制邮寄的所有货物，如烟酒、刀具、电子烟、打火机等。

其计价方式如下。

①操作费/件+运费/kg，按克计费，起重 50 g，不足 50 g 的按 50 g 计费。

②包裹实际重量和体积重量相比，取较大者计算[体积重量（kg）=长（cm）×宽（cm）×高（cm）/8000]。

2. 燕文专线快递-普货

这是一种时效性强的专线类产品，通关派送能力强，可提供全程追踪服务。参考时效如下：美国为 8～10 天，日本为 3～7 天，奥地利为 7～9 天，葡萄牙为 10～12 天，西班牙为 9～13 天。其采用人民币计价，没有燃油附加费。

其计价方式如下。

①操作费/件+运费/kg，按克收费，澳大利亚无 50 g 起重，其余国家（地区）起重 50 g，不足 50 g 的部分按 50 g 计价。

②针对小于等于 2 kg 的货物，若泡重比≤1.5，免泡，按实际重量计费；若泡重比＞1.5，按包裹实际重量和体积重量相比，取较大者计费[体积重量（kg）=长（cm）×宽（cm）×高（cm）/8000]；针对大于 2 kg 的货物，按包裹实际重量和体积重量相比，取较大者计费[体积重量（kg）=长（cm）×宽（cm）×高(cm)/8000]。

3. 燕文专线快递-特货

这同样是时效性强的专线类产品，通关派送能力强，可提供全程追踪服务。其采用人民币计价，无燃油附加费。其计价方式同燕文专线快递-普货。

其货物属性如下。

①可走固体类化妆品，如固体口红（唇釉、唇彩不可发，眼影、腮红等粉状化妆品不可发）。

②可走内置锂电池产品（含锂离子和锂金属），每个小包内最多能装 4 个电池芯或 2 块电池。

③严禁邮寄违反中国法律、国际航空运输协会（International Air Transport Association，IATA）禁限寄物品条例及当地法例的物品。如仿牌、纯电、烟酒、刀具、电子烟、打火机、液体、粉末、膏状体、毒品、军火、植物、动物及植物种子等。如有违反，引致的损失、罚款、清关费用等及法律责任由客户承担。

4. 燕文化妆品快递

这是通往美国的、接受化妆品类物品（不含酒精）的快递服务。要求化妆品价值不得超过 800 美元。该业务从揽收到妥投预计 10～12 个自然日。其采用人民币计价，不包含燃油附

---

① 燕文专线共包括燕文澳大利亚快线-普货、沃尔玛燕文专线快递-普货、沃尔玛燕文专线快递-特货、燕文专线快递-普货、燕文专线快递-特货、燕文专线追踪-普货、燕文专线追踪-特货、燕文专线惠选-普货、燕文化妆品专线、燕文美国快线-普货、燕文美国快线-特货、燕文英国 RM 快线-普货、燕文英国 RM 快线-特货、燕文英国 YODEL 快线-普货、燕文英国 HERMES 快线-普货、燕文法国快线-普货、燕文德国快线-普货、燕文化妆品快递等部分。

加费。

其货物属性如下。

接受化妆品类液体、粉末和膏状产品及绘画颜料、染料粉、口腔清洁剂、墨水等。

不接受其他任何类型的液体、粉末类产品，所有含酒精的都不收，液体不超过500 ml。

可发化妆品类型如下。

①化妆品类液体：甲油胶、精油（加拿大、奥地利、瑞典除外）、爽肤水、乳液、面膜、眼膜、眼线液、妆前精华液、卸妆水（含酒精不收）等。

②化妆品类膏体：洗面奶、防晒霜（乳液可走，喷雾状不收）、睫毛膏、面霜、眼霜、遮瑕膏、芦荟胶、BB霜、粉底液、妆前乳、洗发水、沐浴露、身体乳、护发素、发膜、唇彩、唇釉等。

③化妆品类粉末：口红、唇膏、眼线笔、眉笔、眉粉、眼影、散粉、粉饼、高光粉、腮红、香皂等。

其计价方式同燕文专线快递-普货。

5.2.4 海外仓

1. 海外仓的流程组成

随着跨境电子商务业务的蓬勃发展，跨境物流模式也不断丰富。由于传统物流配送模式存在成本高、效率低、风险高等劣势，海外仓储模式应运而生。运用这一模式，卖家可在订单产生之前，基于对需求的预测，提前将商品运送到境外的仓储空间。利用这一模式，卖家能够更快速地响应境外订单，提升客户满意度，同时实现批量运输的规模经济。

海外仓储服务是指为卖家在销售目的地进行货物仓储、分拣、包装和派送的一站式控制与管理服务。选择这类模式的好处在于，仓储空间置于海外，不仅有利于海外市场价格的调配，同时还能降低物流成本。卖家拥有自己的海外仓库，可以从买家所在国（地区）发货，从而缩短订单周期，优化客户体验，提升重复购买率，并结合境外仓库和当地的物流特点，最终确保货物安全、准确、及时地送达终端买家手中。确切来说，海外仓储应该包括头程运输、仓储管理和本地配送3个部分。

①头程运输：境内商家通过海运、空运、陆运或者联运将商品运送至海外仓库。

②仓储管理：境内商家通过物流信息系统，远程管理海外仓储货物，实时管理库存。

③本地配送：海外仓储中心根据订单信息，通过当地邮政或快递将商品配送给客户。

2. 海外仓的模式

目前，海外仓有3种模式，分别是第三方海外仓、亚马逊FBA仓及自营海外仓。

（1）第三方海外仓。第三方海外仓模式是指由第三方企业（多数为物流服务商）建立并运营的海外仓，并且可以提供多家跨境电子商务企业的清关、入库质检、接收订单、商品分拣、配送等服务。其中谷仓海外仓还可提供仓储、转运、分销、供应链金融等一站式服务。第三方海外仓模式的本质就是由第三方企业帮助跨境卖家打通国际贸易的壁垒。

（2）亚马逊FBA仓。FBA仓是亚马逊提供的包括仓储、拣货打包、派送、收款、客服与退货处理的一站式物流服务。FBA仓的物流水平是海外仓行业内的标杆，FBA仓的日发货量、商品种类、消费者数量都远远超过第三方海外仓，可以想象FBA仓的管理难度非常大，但是除了运费贵、退货麻烦，FBA仓的物流几乎让卖家无可挑剔。

（3）自营海外仓。目前，第三方海外仓的服务水平还处于初级阶段，不能完全满足客户的个性化需求，另外FBA仓也非尽善尽美，所以有不少跨境电子商务企业选择自己建立并且运营海外仓，仅为本企业的产品提供仓储、配送等服务，整个跨境物流过程都由跨境电子商务企业自身控制。但是自营海外仓的成本较高，一般只有大体量的公司才会自营海外仓。

3. 海外仓管理的风险和挑战

虽然海外仓能够改善跨境物流中的诸多问题，但它并不是十全十美的，跨境电子商务企业在选择海外仓时还面临着以下风险和挑战。

（1）对信息技术要求高。海外仓运营对信息技术的要求很高。商家将商品放置于海外仓，当境外客户下单后，便需要远程下达操作指令，同时也要实时监管库存情况，这需要高水平的信息技术。

（2）对商品性质有要求。商家会把商品批量地预先存储在海外仓里，存在一定的库存风险，这就需要商品本身是畅销产品，具有高周转率，不然可能导致爆仓。

（3）多文化的管理困难。海外仓在境外其实是一种"尴尬"的存在。对境外来说，海外仓被看作一家有实际交易的公司，而非简单的"仓库"，它需要缴纳各种税。另外，海外仓本土化管理还需要有本土的经营、本土的员工，需要有语言、文化、信仰上都和本土的消费者一致的人员参与到整个企业的营销、管理、经营之中。

随着中国制造更多地走向世界，海外仓的布局也要紧跟市场的消费需求及消费渠道的改变，进入更多的国家及地区，从而助力跨境经济的发展。

5.3　主要跨境电子商务平台的物流

现在很多海外消费者已经养成了线上购物的习惯，而跨境电子商务平台无疑成为广大消费群体的首选，这些跨境电子商务平台的物流环节也因此备受关注。下面介绍四大跨境电子商务平台——速卖通、亚马逊、eBay、Wish 的物流服务细则。

5.3.1　速卖通物流

1. 速卖通提供的物流模式

速卖通是阿里巴巴旗下的面向国际市场打造的跨境电子商务平台，被广大卖家称为"国际版淘宝"。速卖通平台可以提供 6 种物流模式，分别是经济类物流、简易类物流、标准类物流、快速类物流、海外仓物流和优选仓物流。

（1）经济类物流。经济类物流适用于轻小件、低货值、非急需、耐磨损类货物的运输，物流成本低，速度比较慢，仅允许线上发货。此类物流在大部分国家（地区）只有订单金额≤5 美元才能使用，弊端是目的国（地区）包裹妥投信息不可查询，如中国邮政平常小包、菜鸟超级经济等。

（2）简易类物流。简易类物流适用于轻小件、非急需、耐磨损类货物的运输，提供邮政简易挂号服务，金额、目的国（地区）重量有限制，是高质量的平邮渠道，走少数重点国家（地区），可以查询包含妥投或买家签收在内的关键环节物流追踪信息。注意此类物流在大部分国家（地区）只有订单金额≤8 美元才能使用，在西班牙和巴西订单金额≤10 美元可用。

（3）标准类物流。标准类物流适用于中等价值及重量、刚需品货物的运输，速度比较快，物流渠道丰富，物流成本相对适中，适合 2 kg 以内的小包，没有金额限制，包含邮政挂号服务和专线类服务，全程物流追踪信息可查询，如 e 邮宝、中国邮政挂号小包、燕文航空挂号小包、AliExpress 无忧物流-标准等。标准类物流包含物流纠纷处理及售后赔付一站式的物流解决方案，可以保障卖家权益，减少卖家损失。

（4）快速类物流。快速类物流适用于高价值、易损坏货品的运输，包含商业快递和邮政提供的快递服务，速度非常快，但物流成本高，全程物流追踪信息可查询，如 EMS、DHL、UPS、AliExpress 无忧物流-优先等。注意此类物流需要考虑关税申报的问题。

（5）海外仓物流。海外仓物流适用于大件、贵重货品和爆款商品的运输，是已备货到海外仓的货物所使用的海外本地物流服务，直接从海外仓发货，发货简单，物流时间得到大幅缩减。其物流成本低，订单处理更方便。

（6）优选仓物流。优选仓物流是速卖通推出的端到端跨境综合供应链解决方案，是为商家提供协助选品、爆品孵化、供应链计划、仓储、无忧物流全球配送、物流纠纷处理、售后赔付服务的一站式物流解决方案。其适用于已经备货到境内优选仓的货物，因为直接从优选仓进行发货，物流时间也会缩短。

根据货品不同的实际支付金额及发往的不同国家（地区），速卖通平台有相关的物流政策规定。例如，订单实际支付金额＞5 美元的货品，收货国家是美国，那么可选择快速类物流模式，也可以选择 AliExpress 无忧物流-标准、e 邮宝，但不可选择经济类和简易类物流模式。速卖通物流政策规定如表 5-1 所示。

表 5-1　速卖通物流政策规定

物流模式	物流政策规定
经济类	菜鸟超级经济、菜鸟特货专线-超级经济、菜鸟专线经济、中国邮政平常小包、4PX 新邮经济小包、中外运-西邮经济小包、顺丰国际经济小包、菜鸟超级经济-顺友、菜鸟超级经济-燕文
简易类	AliExpress 无忧物流-简易、菜鸟特货专线-简易
标准类	AliExpress 无忧物流-标准、AliExpress 无忧物流-自提、e 邮宝、无忧集运-沙特、无忧集运-阿联酋、菜鸟特货专线-标准、139 俄罗斯专线、递四方专线小包、Asendia、中东专线、安骏小包挂号、比利时邮政、CDEK 俄罗斯专线、希杰物流、中国邮政挂号小包、中国邮政大包、出口易、CNE、燕文航空挂号小包
快速类	AliExpress 无忧物流-优先、DHL、EMS、e 特快、顺丰速运、TNT、FedEx IP、FedExIE
其他	卖家自定义-中国

2. 速卖通物流的基础服务

（1）线上物流服务商：菜鸟物流。菜鸟作为速卖通最重要的物流服务商，提供线上发货、线上生成物流单号、运费在平台直接扣除等便捷服务。其为从中国发货的商家提供 4 个等级的物流线路，包括经济类线路、简易类线路、标准类线路和快速类线路。

（2）对接的其他第三方物流（Third-Party Logistics，3PL）提供者。除了菜鸟，速卖通还对接了一些优质的 3PL 作为补充，为商家提供全程物流服务，包括商业快递或专线，如 DHL、FedEx等。但与菜鸟线路不同的是，商家需要在线下和 3PL 商议和结算，平台不介入双方的合作与纠纷处理。

（3）商家自定义物流。对于一些特殊品类，商家还可以自己在线下找一些成熟的跨境物流合作。由于商家自定义物流时效和妥投率比菜鸟线路差，且在出现丢货和纠纷时没有赔付保障，故建议务必慎重选择，以降低自定义物流对商家造成的消费者投诉风险。

图 5-3 展示为速卖通跨境物流链路与海外仓物流链路。

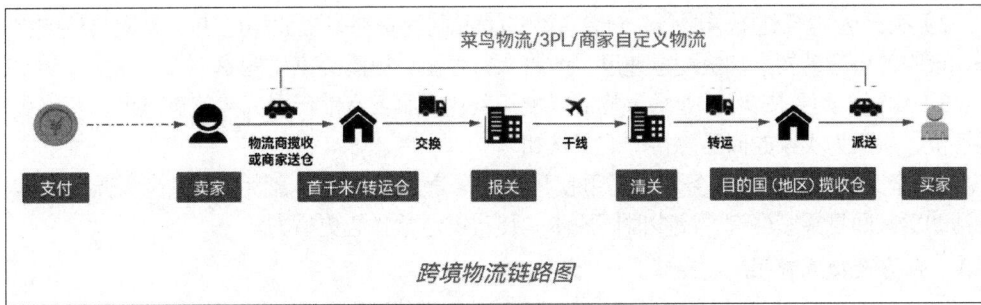

跨境物流链路图

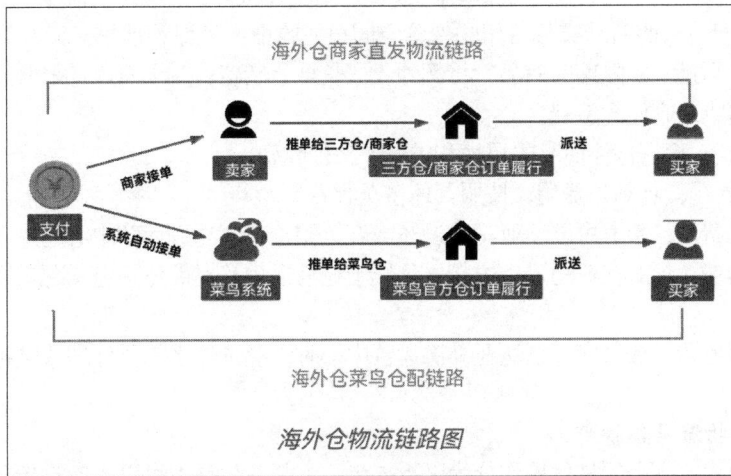

海外仓物流链路图

图 5-3　速卖通跨境物流链路与海外仓物流链路

5.3.2　亚马逊物流

1. 亚马逊物流介绍

亚马逊物流（FBA）是指卖家将商品批量发送至亚马逊运营中心之后，由亚马逊负责帮卖家存储商品；当商品售出后，由亚马逊完成订单分拣、包装和配送，并为这些商品提供买家咨询、退货等客户服务，帮助卖家节省人力、物力和财力。亚马逊物流流程如图 5-4 所示。

图 5-4　亚马逊物流流程

2. 亚马逊物流的优势

（1）触及海量 Prime 会员（亚马逊会员）。Prime 会员相较一般的亚马逊买家，拥有更高的忠诚度、更大的购物需求。使用亚马逊物流配送的商品会带有 Prime 标记，更易触及亚马逊全球海量、优质的 Prime 会员，帮助提升曝光率及销量。

（2）次日达/隔日达配送服务。符合要求的商品将有资格享受亚马逊 Prime 隔日达或次日达服务，该服务可帮助卖家加快配送速度，改善买家体验，提高买家复购率。

（3）赢得"购买按钮"。亚马逊物流的配送及售后服务有助于提高买家满意度，获得更多的商品评价，从而为卖家的商品赢得"购买按钮"。

（4）全天候专业客户服务。亚马逊使用当地语言为亚马逊物流商品提供全天候专业客户服务，帮助卖家回复买家咨询，减少时间成本，让卖家运营省心更省力。

3. 亚马逊物流费用

亚马逊物流基本费用=仓储费+配送费+其他费用

（1）仓储费：按照商品实际占用的保管空间每月收取库存保管费用。应注意，对于储存在亚马逊运营中心超过一定限期的商品，将额外收取长期仓储费；对于有库存限制且超量储存的库存，超量部分将收取仓储超量费。

（2）配送费：根据每件商品的尺寸和重量，按件收费。

（3）其他费用：计划外费用，按照具体情况收费。

①移除订单费用：卖家可以让亚马逊退还或弃置储存在亚马逊运营中心的库存。

②退货处理费：针对在亚马逊上出售，且属于亚马逊为其提供免费退货配送服务的买家退货商品。

③计划外服务费：如果库存抵达亚马逊运营中心时未经过适当的预处理或贴标，亚马逊可以提供这些服务。

4. 亚马逊物流具体操作

亚马逊物流卖家平台的具体操作分为以下 5 步：判断商品是否可以入库；新品申报（适用于高价品、危险品、保质期商品）；创建入库计划；为商品和货件贴标；预约与发运。

（1）判断商品是否可以入库

亚马逊物流无法处理"限制商品"，因此卖家应先判断后发货，否则可能会导致仓库无法接收。"限制商品"主要包括三无商品，保质期信息缺失、已过期或剩余保质期不足的商品等。其中，三无商品指商品外包装或商品本身缺少中文名称、中文厂名、中文厂址等信息的商品，这类商品不能入库。对商品保质期的入库要求为：外包装上须有明确、可读的保质期信息；进口商品至少剩余 2/3 保质期；非进口商品至少剩余 1/2 保质期。

（2）新品申报

新品中的高价品、危险品、保质期商品 3 类商品，首次入仓前需要提前 3 天做新品申报，否则将影响入仓。

高价品是指"价值高，体积小"的商品。例如手机，所有单反相机及镜头，200 元及以上的珠宝首饰和黄金制品，系统软件、杀毒软件、含序列号和加密狗的软件、其他 500 元及以上的软件等。手机类商品在申报时需准确填写串号位数并确保外包装有可扫描的串号信息，手机主品需要在首次入仓前一天进行新品申报。

危险品是指具有爆炸、易燃、毒害、感染、腐蚀、放射性等危险特性，在运输、储存、生产、经营、使用和处置中，容易造成人身伤亡、财产损毁或环境污染而需要特别防护的物质和物品。

对于保质期商品，卖家应在卖家后台下载保质期商品申报模板，填写完数据，在卖家后台"库存—批量上传产品"处，选择"库存文件"选项完成上传。

（3）创建入库计划

①准备货件——检查货件中的商品。

如图 5-5 所示，单击"检查并修改商品"按钮后，即显示商品详情并可打印商品标签。

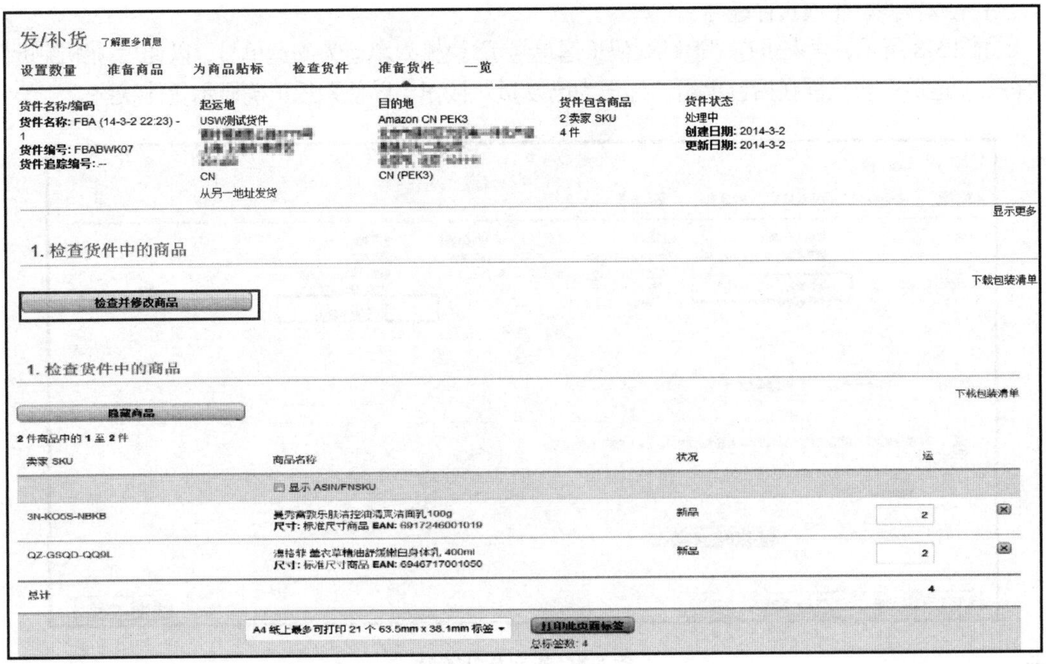

图 5-5　检查货件中的商品

②准备货件——选择运输服务。

如图 5-6 所示，卖家需要选择正确的运输方式和承运人。如果选择全峰快递，可以使用亚马逊库房发货专线，且在地域允许范围内，卖家拨打大客户电话并按照物流单模板填写，可以免除预约。如果选择其他快递，包括卖家自己送货，则需要向仓库预约送货。

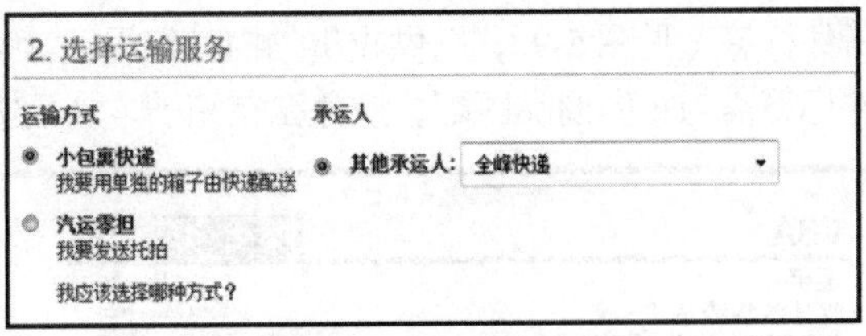

图 5-6　选择运输服务

③准备货件——打印货件标签。

卖家预估并填写发运箱子的数量，然后单击"打印箱子标签"按钮。应该注意的是，每个箱子的标签都是唯一的，因此卖家预估发运几个箱子，就需要打印几个箱子的标签。完成打印后，单击"完成货件"按钮，如图 5-7 所示。

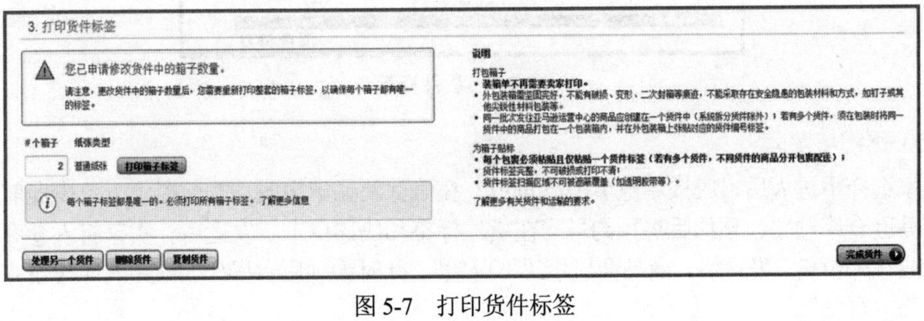

图 5-7　打印货件标签

④完成货件，生成货件编号。

如图5-8所示，卖家可在"追踪编码（运单号）"栏输入承运人的运单号，以便后续跟踪货件状态。发运后，卖家需在后台单击"标记为已发货"按钮，以便系统正确显示货件状态。

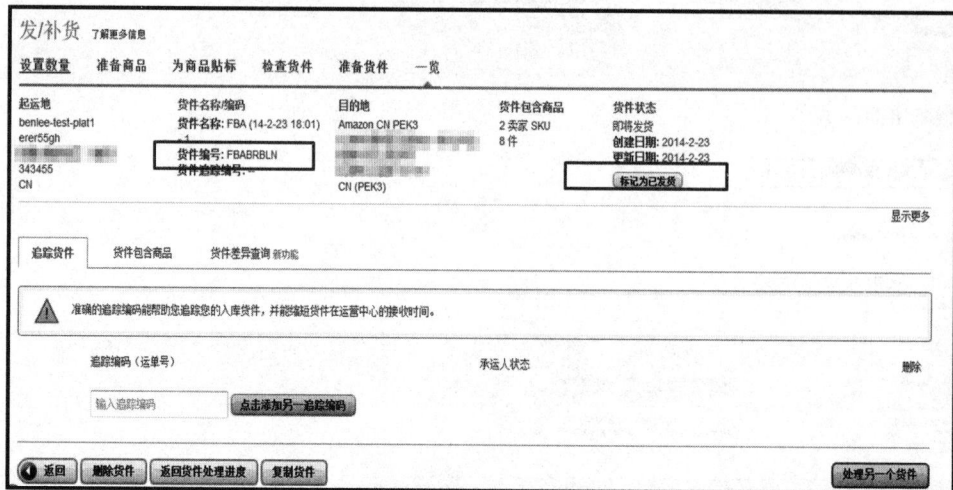

图5-8 生成货件编号

（4）为商品和货件贴标

①商品标签。

对每个入库的商品，都要在销售包装上贴上对应的标签，以区分不同卖家的商品。卖家应避免漏贴和错贴的情况，否则仓库将无法接收。

②货件标签。

物流包装必须贴有货件标签（见图5-9），以供收货扫描时使用。卖家应注意将货件标签统一贴在发运箱子侧面。货件标签需与箱内商品匹配，避免贴错箱子，从而影响收货。

图5-9 货件标签

（5）预约与发运

卖家选择承运人后，应按示范填写发货单，在确保新品申报成功的前提下，至少提前24小时向亚马逊仓库预约，预约后将预约号写在货件标签和快递单上。发运后，卖家将入仓商品的价格设置成包邮价格。发运后，商品会显示"不可售"，此时无须后台操作，商品入库接收完毕将会自动转为"可售"。

5.3.3 eBay 物流

1. SpeedPAK 物流简介

SpeedPAK 国际派送方案是 eBay 联合物流战略合作伙伴橙联股份有限公司共同打造，以 eBay 平台物流政策为基础，为 eBay 跨境出口电商卖家量身定制的国际派送解决方案。该服务通过匹配平台物流政策，提供中国境内 185 个城市上门揽收、目的地分拣、出口报关、国际运输、进口清关、终端配送、物流轨迹追踪等端到端的整体服务。其旨在提供优质、稳定的物流服务，为卖家降低物流管理成本，提高物流派送时效，提升买家平台购物体验。SpeedPAK 物流解决方案共设置 4 种服务模式：经济服务、标准服务、标准带电服务、SpeedPAK Mini 服务。

（1）经济服务、标准服务、标准带电服务产品的共有特性。

①下单平台：eBay eDIS 物流平台，简称 eDIS 平台。

②物流轨迹：门到门全程追踪。

③A-Scan 时效：根据实际上门揽收时间记录 A-Scan 节点，且在取件后 24 小时内完成 A-Scan 上网。

④ERP 对接：提供 API（Application Programming Interface，应用程序接口）对接方式，可对接第三方 ERP（Enterprise Resource Planning，企业资源计划）系统或卖家自有 ERP。

（2）SpeedPAK Mini 服务产品的特性。

①下单平台：eDIS 平台。

②物流轨迹：半程追踪，无尾程妥投信息。

③A-Scan 时效：根据实际上门揽收时间记录 A-Scan 节点，且在取件后 24 小时内完成 A-Scan 上网。

④ERP 对接：提供 API 对接方式，可对接第三方 ERP 系统或卖家自有 ERP。

⑤仅支持带电产品：接受内置或配套锂电池产品及配套干电池产品，不接受纯电池产品。

（3）SpeedPAK 产品的优势。

①政策支持：SpeedPAK 以 eDIS 平台政策为基础，推出高度契合 eDIS 平台政策的物流服务。

②服务稳定：大数据智能监控物流服务质量，建立预警机制，保障全年服务稳定。

③透明跟踪：eDIS 平台提供全程物流轨迹，自动同步至 eBay 主站，买卖双方可实时掌握货物运输进度。

2. eBay 物流的发货方式及费用计算

（1）自发货。自发货一般包括专线物流、国际快递和小包 3 种方式。专线物流包括海运专线和空运专线。海运专线发货费用计算公式为：运费=运价×运量（T）=基本运费率×（1+附加费之和）×货运量。每个航期的费用收取标准都不一样，卖家要向物流运输公司了解清楚。空运专线是按货物实际重量或体积重量计费，体积重量计算公式为：体积重量（kg）=长（cm）×宽（cm）×高（cm）/6000。DHL、UPS、FedEx、TNT 国际快递一般是 21 kg 以下，按总费用=首重费用+续重费用计算。计费重量最小单位为 0.5 kg，不够 0.5 kg 的按 0.5 kg 计费，超出 0.5 kg、不超过 1 kg 的按 1 kg 计费，依此类推。因此，总国际快递费用计算公式为：

运费（元）=首重运费（元）+[总重量（kg）×2−1 个首重（kg）]×续重运费（元）。

例如，15 kg 商品按快递首重 150 元、续重 28 元/0.5 kg 计算，则运费总金额=150+（15×2−1）×28=962（元）。根据经验，21 kg 以下的商品建议选择 DHL，大件商品选 UPS。

（2）海外仓。eBay 提供海外仓服务，卖家可以选择第三方海外仓，运费比较便宜，而且可选择的物流形式也比较多。海外仓的费用计算公式为：总费用=仓储费+订单出入库处理费+换标费+运费。海外仓的仓储费是按照货物的体积计算的。除了仓储费，还有头程运输费，费用依照卖家选择的服务收取。

eBay 还推出了"运费计算器"，卖家输入商品的重量、体积、目的地等信息，即可计算出一个相对精准的运费，这样卖家就可以将自发货与海外仓等方式进行对比，选择一个比较合适、便宜的物流方式了。eBay 运输费用在开店费用中占比较大，因此卖家要多对比，这样才能选择一个费用低、服务好的物流公司，从而有效地提升商品的整体运输时效。

5.3.4　Wish 物流

1. Wish 物流简介

Wish 作为销售全品类、覆盖全球的跨境电子商务销售平台，汇聚了来自世界各地的卖家和买家。

Wish 平台发展潜力很大，门槛也较低，因此现在越来越多想做跨境电子商务的卖家选择 Wish 平台，而要想做好 Wish 运营就要对平台的物流方式有清晰的了解和认识。Wish 平台的物流服务规则标准如下。①卖家须在 5 天内发货完毕。如果订单在 5 天内未完成，将被退回，相关产品将被下架。对于此类退款订单，每笔订单将被罚款 50 美元。②如果卖家店铺的退款订单太多，平台就会将其归为不良店铺，关闭其账户。自动退款率是指由于政策而自动退款的订单数量与收到订单总数之比。卖家店铺的自动退款率很高的话，平台也会直接关闭其账户。③如果卖家不履行自己的义务，会被暂停账户。完成率是已完成订单数量与已收到订单数量之比。如果该数值太低，那么卖家账户会被禁止使用。④卖家使用的必须是正规的物流运营商，且所有步骤必须符合平台政策，还要选择能提供"最后一公里"物流信息的公司去配送产品。⑤买家下单后，卖家没有在规定时间内发货的话，会被罚款。如果物流服务提供商未能在订单生成后的指定时间内确认发货，卖家就会以产品单价的 20%被罚款。⑥卖家提供虚假物流单号会受处罚。如果提供的物流信息是假的，平台会处罚卖家。⑦关于虚假履行订单的政策。以欺骗消费者为目的的订单将导致消费者浏览量减少，卖家会被罚款 10 000 美元。⑧关于订单被取消的政策。如果订单在到达目的地前被取消，卖家要为每个违规订单缴纳 2 美元的罚款。卖家要想把店铺运营好，最主要的就是放平心态，妥善解决每个问题。不违反平台所规定的任何政策是最基础的，这样在运营过程中才不会出现太大问题。

2. Wish 常用的物流发货方式

（1）WishPost。该物流方式是 Wish 平台和优质的物流服务商达成合作，共同推出的针对 Wish 商品的专属物流，提供下单、揽收、配送、跟踪查询等服务。其产品主要包含欧洲小包、中邮小包、e 邮宝、Wish 达等。其可以覆盖全球 214 个国家（地区），每日处理订单量超过 150 万单。

WishPost 的优势在于拥有极强的价格竞争力，可配送范围极大，为商户提供了极大的便利和支持，可以满足大多数商户的基本需求。

（2）WishPost 智选。该物流方式是 Wish 平台为了帮助商户应对各种物流难题而推出的一个项目。

（3）Wish HUB。Wish HUB 是一项旨在降低成本、提高送达效率的物流服务，是为辅助各大物流项目订单包裹的高效寄送与分配而存在的，而并非一个自带物流产品的物流项目。

（4）Wish EPC。Wish EPC 是一个目的在于压缩物流时间和物流成本的物流服务项目。选用该物流方式的包裹抵达 Wish EPC 处理中心的时间通常会在 96 小时之内，并且对因为物流退货的订单，也将进行 70%货值投保。

（5）A+物流计划。该物流方式是一种针对某些国家（地区）的路向进行托管式物流的服务，将会以统一、综合的物流解决方案整体提升所支持路向国（地区）的物流表现和用户体验。

实际上以上各种物流方式的本质区别是每种物流方式都将解决不同的难题。Wish 从全局视角出发，整合商户和平台的力量，目的在于为商户开辟更优惠、更高效的物流渠道，解决困扰商户的物流痛点。事实上，大多数的中小型商户都曾选择 WishPost 作为物流服务商。

3．Wish 物流费用计算

（1）邮寄费用。Wish 邮寄快递采用"首重+续重"的计费模式。Wish 平台邮寄费用标准如表 5-2 所示。

表 5-2　Wish 平台邮寄费用标准

目的地	收费标准
俄罗斯	物品在 30 g 及以下的收费标准为 4.65 元/件，30 g 以上部分将按照 153.47 元/（件·kg）的价格进行续重收费
美国	物品在 30 g 及以下的收费标准为 3.94 元/件，30 g 以上部分将按照 130.22 元/（件·kg）的价格进行续重收费
法国	物品在 30 g 及以下的收费标准为 3.52 元/件，30 g 以上部分将按照 116.40 元/（件·kg）的价格进行续重收费
英国	物品在 30 g 及以下的收费标准为 3.33 元/件，30 g 以上部分将按照 110.12 元/（件·kg）的价格进行续重收费

（2）物流费用。Wish 物流费用=快递费+挂号费。邮政国际小包发往英国是 90.5 元/kg，e 邮宝发往美国是 80 元/kg。以 e 邮宝为例，某件商品的重量为 185 g，则运费=0.185×80+9（挂号费）=23.8（元）。

不同地域、不同平台、不同体量甚至不同品类的卖家，每个月各自支出的运费成本有所不同。因此，一方面，卖家可以寻求收费低的物流商进行合作；另一方面，卖家可以基于自身的销量和订单，与物流商签订长期合作协议，并享受运费折扣，基本的折扣都会在 9 折左右，而淡季时运费的折扣可能会达到 7.5 折。

（3）国际快递配送费用计算相关细则。

第一，计费重量单位。国际快递行业，一般 20.5 kg 以下（含 20.5 kg），每 0.5 kg 为一个计费重量单位，不足 0.5 kg，按 0.5 kg 计算；20.5 kg 以上，每 1.0 kg 为一个计费重量单位，不足 1.0 kg，按 1.0 kg 计算。

第二，首重与续重。国际快递一般以第一个 0.5 kg 为首重（或起重），每增加 0.5 kg 为一个续重。通常首重费用相对续重费用较高。

第三，实重与材积。实重是指需要运输的一批物品包括包装在内的实际总重量。当需寄递物品体积较大而实重较轻时，因运输工具（飞机、火车、船、汽车等）承载能力及能装载物品体积所限，需采取量取物品体积折算成重量的办法得出计算运费的重量，称为体积重量或材积。体积重量大于实际重量的物品常被称为轻抛物/轻泡物。

第四，计费重量。根据实重与材积两者的定义与国际航空运输协会的规定，货物运输过程中计收运费的重量按整批货物的实际重量和体积重量两者之中较高的计算。

第五，包装费。一般情况下，国际快递公司是免费包装，免费提供纸箱、气泡等包装材料，但对于一些贵重、易碎物品，国际快递公司还是要收取一定的包装费用的。包装费用一般不计入折扣。

思考题

1. 单选题

（1）速卖通物流的线上物流服务商是（　　）。

　　A. 菜鸟物流　　　　B. DHL　　　　　　C. FedEx　　　　　　D. 京东物流

（2）亚马逊物流的基本费用包括（　　）。

　　A. 仓储费　　　　　　　　　　　　B. 仓储费+配送费

　　C. 仓储费+配送费+其他费用　　　　D. 仓储费+配送费+其他费用+计划外费用

2. 多选题

（1）行业中现阶段采用较多的跨境物流方式主要有（　　）。

　　A. 邮政包裹　　　B. 商业快递　　　C. 专线物流　　　D. 海外仓

（2）主要跨境电子商务物流平台有（　　）。

　　A. 速卖通　　　　B. 亚马逊　　　　C. eBay　　　　D. Wish

　　E. 淘宝

3. 填空题

（1）跨境电子商务物流具体来说，就是根据实际需要，将_____、_____、_____、_____、_____等基本功能实施有机结合。

（2）国际（地区）特快专递的服务优势包括_____、_____、_____、_____。

案例分析

京东物流的出海之路

　　京东物流是京东集团旗下独立运营的子公司，成立于 2007 年。它提供全链条、一体化的物流服务，包括仓储、配送、快递、冷链等多项服务，覆盖全国，并开展了国际物流业务。目前，京东物流已经在全球超过 200 个国家和地区建立了覆盖面广泛的物流网络，并在泰国、印度尼西亚、越南等国家与当地的物流企业合作，提供跨境物流、仓储和配送等服务。同时，京东物流还在全球各地投资建设自己的物流中心和配送站点，以提高物流效率和服务质量。

　　京东物流作为中国最大的自营物流公司之一，在海外仓领域有所布局。2018 年，京东推出了"全球共荒计划"，通过建设和合作的方式，扩大了其在全球范围内的物流网络。其中包括在美国、欧洲、东南亚等国家和地区建立了数个海外仓库。2022 年 8 月，京东物流与 Anakku 达成了战略合作，为 Anakku 在马来西亚全境的超 1 000 家门店提供货物仓储及物流配送服务，并帮助 Anakku 实现全渠道订单 24 小时内出库，仓配履约效率提升 30%以上，通过一体化物流解决方案助推客户实现业绩增长。据了解，在与京东物流合作前，Anakku 一直受困于仓储准确率低、发货效率低且时效不稳定等物流供应链难题。面对这些问题，京东物流全面进行仓内规划，针对 Anakku 的整体货量、车辆、人员等进行了深度的调研梳理，基于客户的独特需求制定了端到端的一体化供应链物流解决方案。在运输服务方面，京东物流与 10 余家尾程运输公司展开合作，并对其进行统一管理、效率监控，以提升配送效率并帮助客户节省管理成本；同时针对仓内用工模式，进行了数据化分析，根据不同时段、不同产品进行了人员最优分配，提升了整体运营效率。经过各个环节的供应链优化，Anakku 全渠道订单已实现 24 小时稳定发货，吉隆坡及周边订单可实现稳定的次日达，时效高于马来西亚物流行业平均水平。对于客户配送海岛等偏远地区的需求，马来西亚团队搭建了海陆联运的运输解决方案，帮助客户解决了偏远门店的补货难题。

事实上，京东物流持续进行海外基础设施建设，推进一体化供应链物流解决方案出海，助力更多海外客户实现降本增效。在马来西亚，京东物流运营多个自营仓、协同仓，为客户提供 B2B、B2C 仓储物流服务，此外还提供正逆向一体化解决方案等增值服务，以及海运、空运、卡派尾程、拖车等物流服务。京东物流在马来西亚不仅服务像 Anakku 等海外客户，还为多个国内 3C 品牌提供端到端的供应链物流服务，最快 24 小时完成履约，赢得了众多客户的认可。以某手机品牌为例，京东物流为其新品进行首发物流保障，18 小时即完成跨境空运、清关和送仓全程履约，赢得了客户赞叹。

经过多年持续投入，京东物流链网融合建设成果已经显现，物流网络已触达全球。截至 2022 年 6 月 30 日，京东物流已在全球运营近 90 个保税仓库、直邮仓库和海外仓库，总管理面积近 90 万平方米，跨境网络总仓储面积同比增长超 70%。京东物流沉淀的这一套覆盖海外仓及跨境仓的国际物流供应链能力，已为多行业客户提供了"一盘货"发多个平台、多个渠道的一体化服务，极大地助力了海外客户降本增效和高质量发展。京东物流以自主创新为驱动力，不断推出智能化、数字化、绿色化的服务方案，致力于成为全球领先的智慧物流企业。

【案例分析思考题】

1. 结合本案例，谈谈物流体系对跨境电子商务业务的开展具有哪些重要的决定性作用。
2. 京东在国内电商竞争中的核心竞争力之一，即为京东物流。请谈谈京东物流在国际电子商务市场布局和开拓对其跨境电子商务业务有什么帮助。

实训

【实践目的与要求】

1. 体会我国物流体系建设的快速发展及其效应，了解中国铁路、中国公路、中国水运、中国航运、中国邮政的成就。
2. 了解海外仓的运作与管理，熟悉多国（地区）库存、欧洲统一配送两种物流策略。
3. 提高案例分析能力，掌握跨境物流运输的解决方案。

【实践内容描述】

1. 计算不同商品在美国和英国亚马逊平台的物流费用。
2. 设计一个销售商品的物流方案。

第6章 网络营销与推广

【学习目标】

- 了解站外推广与站内推广的相关内容
- 掌握亚马逊进行站外推广常用的社交媒体推广的操作方法
- 掌握亚马逊进行站内推广常用的商品推广、头条搜索广告、展示广告和品牌旗舰店的操作方法
- 将亚马逊平台进行站外和站内推广的方法应用在实际业务中

微课导学

【关键词】

站外推广　站内推广　头条搜索广告

【自测题】

1. 最早的跨境电商营销方式为（　　）。
   A. 电子邮件营销　　B. 社交媒体营销　　C. 自媒体营销　　D. 直播营销
2. 以下属于自媒体营销常用的自媒体平台包括（　　）。
   A. TikTok　　　　B. Youtube　　　　C. Facebook　　　　D. Insgrame
3. 企业利用电商平台自身进行的推广称为（　　）。
   A. 站外推广　　　B. 站内推广　　　C. 社交媒体推广　　D. 搜索引擎推广
4. 为了提高商品页面的曝光度，比较有效的推广方式为（　　）。
   A. 付费搜索广告　B. 促销活动　　　C. 展示广告　　　D. 站外推广
5. 在跨境电商平台上，为短期提高商品的销量，可以采用（　　）。
   A. 参加平台站内活动　　　　　　　B. 开展站内促销活动
   C. 利用自媒体营销　　　　　　　　D. 开展站外推广

　　流量之于网店，相当于心脏之于人体，其重要性不言而喻，获取更多的流量是提高店铺销量的重要因素。本章将介绍站外推广和站内推广的具体方法，并以亚马逊等平台为例介绍平台推广的具体操作方法。

6.1 跨境电子商务营销概述

网络营销是企业通过互联网这一工具提高企业品牌的曝光度，以达到开拓市场的目标的营销方式。其与传统营销本质上一样，都是企业营销战略的一部分。实际上，跨境电子商务营销就是电子商务企业运用网络营销手段，跨越国家或地区的地理限制，实现企业营销的最终目标，即实现企业品牌及相关产品的宣传。

6.1.1 跨境电子商务营销的基本概念

1. 跨境电子商务营销的概念

跨境电子商务营销即企业在国际市场环境中，通过巧妙结合社会化媒体营销、搜索引擎营销、电子邮件营销等各种营销手段，利用数字化的信息和网络媒体的交互性来实现跨境电子商务营销目标的一种新型市场营销方式。

2. 跨境电子商务营销的特点

跨境电子商务营销与传统营销不同，它具有全球性、虚拟性、便捷性、实时性、精准性5个特点。

（1）全球性。跨境电子商务营销的目标对象并非局限于某一个国家或地区的消费者，而是全球范围内的客户；并且通过网络营销形式跨越空间的限制，企业可以随时随地进行全球范围内的营销推广。

（2）虚拟性。在当今日益多元化和富有竞争性的市场环境中，企业靠发放传单、投递媒体广告等传统方式营销显然是行不通的，而跨境电子商务营销采用虚拟技术在全球范围内挖掘潜在客户。

（3）便捷性。在传统的店铺销售中，企业与消费者之间的沟通较为困难，而在网络环境下，企业可依靠公告板、网站论坛、邮件等形式，加强与客户之间的联系，有效了解客户的需求，实现企业销售目标。跨境电子商务营销提高了企业开展营销活动的效率，综合运用对企业有用的各种信息，以便企业更好地进行市场营销。

（4）实时性。企业不管是在跨境电子商务平台还是自己的网站上，都可以从后台记录中收集用户的关注量、点击浏览量等有效信息，并进行营销策略调整。与此同时，用户也可以通过平台实时地将意见反馈给企业，这有利于企业第一时间满足用户需求以培养长期用户。

（5）精准性。传统营销方式如发传单、赠送礼品、投放平面广告和媒体广告等，营销精准性不够高。跨境电子商务营销可以通过社交媒体营销加强企业与用户的互动，并且通过搜索引擎对用户进行归类，通过大数据分析精准投放广告。

3. 跨境电子商务营销的功能

在现代企业开展国际贸易的活动中，跨境电子商务营销基于它的功能占了很大一部分。通过对实践应用的总结，其功能可归纳为增加销售量、推广企业品牌、收集用户信息、维护用户关系。

（1）增加销售量。不管是传统营销还是跨境电子商务营销，营销的最终目的都是卖出产品、增加销售量。例如，跨境电子商务企业会在平台上通过发放优惠券或直接打折等促销手段来促进销售。

（2）推广企业品牌。传统营销模式只能通过投放广告、发放传单等方式或者通过企业网站建设向访问用户进行品牌宣传，企业品牌推广具有一定的局限性。进入"互联网+"时代，跨境电子商务企业利用移动互联网创立自己的 App 及社交媒体企业账户，增强了用户的黏性，并且通过口碑传播源源不断地吸引新用户。

（3）收集用户信息。企业可以通过查看跨境电子商务平台后台的访问记录了解访问用户喜爱的产品，以及通过大数据分析间接地完成网上市场调研；还可以通过对用户购买记录及评价进行分析，改善用户产品及服务体验。

（4）维护用户关系。以用户为核心的营销策略是企业长期发展、保持竞争优势的重要策略之一，只有不断维护良好的用户关系，增强用户的黏性，才能使跨境电子商务营销取得良好成效。企业通过跨境电子商务营销加强与用户的互动，可增进与用户的良好关系。

6.1.2 跨境电子商务营销方式

跨境电子商务营销方式根据其发展时间线，大致可分为以下 6 种。

1. 电子邮件营销

电子邮件营销（E-mail Direct Marketing，EDM）是较早的跨境电子商务营销方式，它诞生于 20 世纪 70 年代，但受互联网发展初级阶段制约，使用互联网的人不多，所以电子邮件营销并未得到快速发展。20 世纪 80 年代，随着个人计算机的兴起，电子邮件营销兴起，电子邮件在青年群体当中迅速传播。到了 20 世纪 90 年代中期，互联网浏览器的迅速发展使电子邮件营销呈现出传播速度快、成本低的特点。

2. 搜索引擎营销

20 世纪末，新闻型网站、门户网站逐渐走上舞台，如雅虎等搜索引擎网站开始兴起，搜索引擎营销也成为跨境电子商务营销的主流。搜索引擎营销（Search Engine Marketing，SEM）是基于搜索引擎平台的网络营销，企业利用人们对搜索引擎的依赖和使用习惯，在人们检索信息的时候将信息传递给目标用户。

搜索引擎营销以最少的投入获取最多的流量，并产生商业价值。电子商务的核心是引流，引流的核心就是搜索引擎。

3. 电子商务平台站内营销

21 世纪初，速卖通、亚马逊进军跨境电子商务平台领域，企业外贸营销开始从线下转向线上。各个企业纷纷在平台上开设店铺，通过装修企业店铺及推广商品来提高自己的知名度，推广企业品牌；在平台活动中进行促销，如通过全场打折、发放优惠券、满赠等方式，吸引用户下单，大幅增加销售量。随着互联网的不断发展，越来越多的人习惯了网购，而电子商务平台是大多数人网购的第一选择，这也为电子商务企业带来了商业契机。

4. 社交媒体营销

社交媒体营销是伴随着社交媒体的诞生而兴起的一种新型营销方式，国内外社交媒体基本在 2010 年左右形成雏形。社交媒体营销就是利用社交媒体来进行营销、公关关系维护和客户服务开拓的一种方式。不同的社交媒体在引流效果、推广定价等方面存在差异，商家要学会运用不同社交媒体的长处来进行营销推广，从而达到预期的效果。社交媒体相当于一个"网络社区"，是人们互相分享、撰写评价的工具和平台，如新浪微博、微信等。

5. 自媒体营销

2015 年迎来了自媒体时代。许多人认为自媒体是在社交媒体之后才诞生的，其实并非如此。社交媒体与自媒体互有交集，交集的部分为"社交媒体上的自媒体"。自媒体是指普通大众生产制作信息并通过网络等各种途径分享的传播方式。自媒体以社交媒体这一平台为载体，借此发力，而社交媒体也在发挥自媒体的作用。国内的自媒体平台有搜狐号、小红书、今日头条等综合类平台，同时也有快手、抖音等视频媒体；国外的自媒体平台主要有 Tiktok 等。在自媒体时代，每个人都有话语权，涌现了众多草根明星与"网红"品牌。跨境电子商务企业可以自建营销号，推送企业文化及产品，从而推广企业品牌；也可以通过与知名博主合作，撰写文章引流。

6. 电商直播营销

在电商直播"带货"之前，早在 2016 年，国内游戏平台如斗鱼、虎牙已经开始接入商业广告，通过与官方合作让不同的主播在游戏直播时帮忙介绍企业产品。2018 年年初，淘宝、京东等电商平台开始孵化"网红"体系，探索企业店铺与"网红"主播结合的道路，开启了"电商+直播"的营销模式。

电商直播在 2019 年迎来了高峰期。直播"网红"人数不断增加，带动了电商直播的迅速发展。直播效果好、商品价格便宜等因素也促使人们喜欢上了直播"带货"模式。

目前，电商直播仍保持着较高的增长速度，互联网技术的不断更迭与优化，实现了对用户的精准推送，同时物流系统、支付体系的不断完善也为电商直播行业的发展保驾护航。线上直播以较低的成本获得较高的投资回报率（Return on Investment，ROI），所以越来越多商家及品牌方愿意投入更多资源发展电商平台。

6.2　站外推广

站外推广是建立在站内推广的基础之上的，它指的是网站外部的推广宣传，包括搜索引擎推广、社交媒体推广、网站外链的建设、网站友情链接的交换等。站外推广并不是越多越好，其重点在于推广的质量和相关性。下面介绍几个常用的站外推广方式。

6.2.1　搜索引擎推广

1. 简介

搜索引擎优化对网站的排名至关重要，因为搜索引擎在通过爬虫（Crawler）程序来收集网页资料后，会根据复杂的算法（各个搜索引擎的算法和排名方法不尽相同）来决定网页与某一个搜索词的相关度及其排名。当客户在搜索引擎中查找相关产品或者服务的时候，通过专业的搜索引擎优化的页面通常可以取得较靠前的排名。巨大的访问量和影响力使搜索排名成为网络营销商家的争夺地。稳定的首页排名可以带来商机和利润，靠后的排名不仅意味着效益的损失，同时意味着将宝贵商机让给竞争对手。

2. 搜索关键词广告

搜索关键词广告是指当用户利用某一关键词进行检索时，在检索结果页面会出现与该关键词相关的广告内容。其属于网站商业广告投放的创新方式，一般位于搜索结果页面的右侧。由于关键词广告是在对特定关键词进行检索时才出现在搜索结果页面的显著位置的，所以其针对性非常强，是性价比较高的网络推广方式。

卖家在进行广告投放前，应慎重选择关键词。

3. 搜索引擎优化

搜索引擎优化通过增加指定关键词的曝光率来提高网站的能见度，从而提高点击率。搜索引擎优化是指通过了解各类搜索引擎如何抓取互联网页面及如何确定某一特定关键词的排名等技术，来对网页进行相关的优化，从而提高网站访问量，最终提升网站的销售能力或宣传能力的技术。

搜索引擎在确定网站排名时，不仅要看网页的信息相关度，同时也会考虑网站的声望，如外部链接有多少、网页的点击率有多高等。排在搜索结果前列的网站通常具有以下特点：第一，网页中不过度采用图片或者 Flash 等富媒体形式，有可以检索的文本信息；第二，网页有标题，并且标题中包含有效的关键词；第三，网页正文中有效关键词比较多；第四，网站导航系统容易被搜索引擎清晰识别；第五，网站中没有欺骗搜索引擎的垃圾信息；第六，网站中没有错误或不良链接。

在了解排名靠前的网站的特点后，卖家可以利用以下技巧进行搜索引擎优化。

第一，加强标题与页面内容的相关性。网站首页关键词尽量分散，越靠前的内容越重要，网站主导航和次导航、栏目名称和频道名称、文章标题等重要位置布局关键词和长尾关键词。

第二，提高网站的更新频率。更新频率越高，蜘蛛程序光顾次数越多，被抓取的页面数量越多，关键词排在首页的机会越大。

第三，提升导入链接质量。加入搜索引擎分类目录网站；与网页级别高且与本主题相关的网站进行友情链接；和数据量大、知名度高、频繁更新的网站进行友情链接；与相关内容网站交换友情链接。

6.2.2 社交媒体推广

X（原名推特）是境外消费者最常用的社交平台之一，用户活跃度高。本书以 X 为例，详细介绍社交媒体推广的基本步骤和注意事项。

在 X 上营销需要注重社交。如果卖家在这一平台上没有目的性地做广告，短时间内不会看到有效的转化。因此，要想做好 X 推广，卖家一定要做好社交互动。

卖家要以一种交友的心态来聚拢客户，帮客户解决实际问题，建立起客户忠诚度，之后再推广自己的产品，提高销量，赚取利润。因此，卖家首先要明白自己的目标客户是谁，他们需要什么，自己能帮他们解决哪些问题。在弄明白这些问题之后，通过回答和解决这些问题就能慢慢收获忠实的客户。具体做法如下。

（1）持续发布对客户有帮助的内容。营销需要一段时间的经营和积累，所以卖家必须持续发布能够帮助客户解决实际问题的内容，而不是抄袭其他成功推文。持续发布内容的卖家会被客户记住，并且如果卖家发布的内容对他们有帮助，他们有问题时也会想到该卖家。但卖家也要注意发布的频率，不要刷屏，否则将适得其反。

（2）保证资料详尽。既然以卖家的身份经营社交账户，那么在客户来到页面之后，卖家就应让客户知道自己的经营范围、擅长领域，展现专业度。完善的资料可以提升客户对卖家的信任感。

（3）保证一定的活跃度。在 X 上，卖家应多参与活动，关注一些潜在客户，与他们保持互动。目标客户更新了内容，卖家也应该积极、认真地评论，切忌只写 "nice" "good"（很好）等敷衍的文字，以免给其留下负面印象。

（4）多使用话题功能。在 X 上，话题具有聚拢人气的功能，而且聚拢的大多是一些有着共同爱好的人。所以，卖家要积极参与别人的话题，并且积极创建自己的话题。

（5）图文并用。在 X 上发文字应配图片或者视频，如果卖家的推文全是文字，客户会丧失兴趣。因此，在发布动态时尽量多使用图片、文字、视频相结合的形式，这样客户才会觉得有趣而对卖家高度关注。

（6）积极关注新动态。世界各地每天都会有新闻发生，卖家对这些新闻要保持敏感，积极关注这些信息，选取恰当的内容发布，甚至可以创建相关话题来聚拢一部分客户。

6.3　主要跨境电子商务平台站内推广

与搜索引擎推广、社交媒体推广等站外推广方式相比，站内推广能使企业以更直接的方式在平台进行有效营销推广。站内推广就是企业利用平台站内营销推广的工具，把站内平台流量引入自己的店铺中。本节选取了速卖通、亚马逊、eBay、Wish 四大电子商务平台进行分析。

6.3.1　速卖通站内推广

速卖通成立于 2010 年，是由阿里巴巴打造的面向全球国际市场的在线交易平台，亦称"国际版淘宝"。其主要是由我国供应商面向境外用户（C 端），集购物、支付、物流于一体的跨境电子商务平台。速卖通商品搜索页面如图 6-1 所示。其站内推广方式主要有直通车、店铺促销活动、联盟营销、平台活动等。

图 6-1　速卖通商品搜索页面

1．直通车

直通车推广是速卖通站内推广最主要的方式，平台企业对搜索广告的关键词实时竞价，通过关键词和用户的精准匹配获取精准流量。直通车推广的 3 种规则如下。

（1）展示规则。直通车的展示区分为右侧推荐区和底部推荐区。右侧推荐区（见图6-2）会同时显示速卖通直通车产品。在底部推荐区（见图6-3），每一页最多显示5件速卖通直通车产品。底部推广位置不管何种性质的卖家都可竞价。

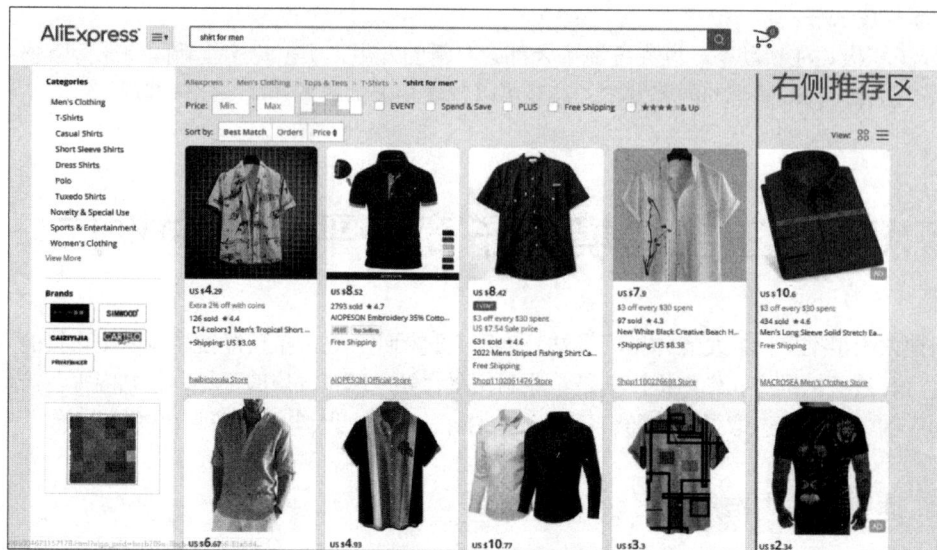

图6-2　右侧推荐区

图6-3　底部推荐区

（2）排序规则。直通车展示区不仅需要竞价来争取，其评分机制也是影响展示广告排序的主要因素。排序的主要影响因素包括关键词相关性、信息质量、买家评价和店铺信用4种。这4种影响因素越优质，推广评价等级就越高。推广评价等级分为优、良，只有推广评价等级达到优，商品才能在右侧推荐区进行展示。

（3）扣费规则。直通车推广按点击计费，如用户仅浏览展示区的产品，则不计费。平台商家在直通车后台上架符合推广条件的商品，并在平台内设置推广计划，商品就会在相应展示区展示。按点击计费成本同时受推广评分和设定出价影响，商品的推广评分和设定出价越高，计费金额就越高，但是不会超过之前企业自己设定的推广计划金额。

2. 店铺促销活动

（1）限时限量折扣。限时限量折扣是一种商品营销工具，允许卖家自主选择活动商品和活动时间，并设置促销折扣和库存，利用不同的折扣来推送新品、打造爆款商品、清库存。

（2）全店铺打折。全店铺打折相比于限时限量折扣而言，针对的是店铺内所有的商品。卖家可以快速设定全店的商品折扣，快速积累销量和口碑；还可以根据商品面向的群体设置不同的折扣，在营销活动中选择目标群体，节省时间。

（3）满立减。店铺满立减是卖家根据商品客单价对店铺所有商品设置的促销方式，在买家下单时，系统会根据卖家的设置自动生成满减金额。这种活动在一定程度上可以刺激买家的消费欲望，增加店铺的销售量。与此同时，卖家为买家推荐相关商品，进行捆绑销售，可以缓解滞销品的库存压力，从而实现利润最大化。

（4）优惠券。优惠券是卖家自主设置优惠金额，买家领取后在有效期内按规则使用的促销方式。卖家通过设置优惠金额和使用门槛，刺激转化，提高客户订单量。优惠券一共分为领取型优惠券、定向发放型优惠券、金币兑换型优惠券、秒抢优惠券、聚人气优惠券5种形式。

领取型优惠券是对所有买家开放的，有利于卖家提升店铺销售额。

定向发放型优惠券是非公开的，是通过特定方式发放的。一种方式是卖家对关注店铺、收藏商品、有购买记录的客户发放，主要采取线上形式通知领取；另一种方式是通过举办特定活动，在活动中发放给活跃客户及意向用户。活动既可以是线上活动，也可以是线下活动。线下活动可以让客户扫描二维码来领取优惠券，这种方式还可能会刺激老客户赠送优惠券给新客户，以实现转化。

金币兑换型优惠券是一种新形式的优惠券，主要吸引由移动端的金币频道所带来的流量。一般是客户在购买店铺商品或者完成店铺或平台指定任务后会得到金币，金币可兑换优惠券。金币量越多，优惠券的金额也就越高。一般这种优惠券不会设置使用条件，所以引流效果较好。

秒抢优惠券是采用大额的店铺优惠券吸引客户访问店铺，利用爆款商品进行引流的形式，性价比非常高。

聚人气优惠券是利用"拉人"方式来领取优惠券的一种形式，客户只有通过让其他新客户助力，才能获得此优惠券。这种优惠券可以在短时间内聚集大量人气，卖家据此借助一些促销活动，很有可能提高新客户的转化率。

3. 联盟营销

联盟营销是指合作联盟会将卖家指定商品投放到App、论坛、搜索引擎、社交媒体等站外渠道进行推广，若有买家通过合作联盟的广告链接进入店铺购买商品并交易成功，卖家需要支付佣金给合作联盟。速卖通联盟营销按成交计费，用户点击浏览并不会产生营销费用，类似于"淘宝客推广"。

4. 平台活动

平台活动是速卖通对平台商家免费开放的一种推广活动，商家可以在"营销活动"选项中自主报名参加平台所举办的活动，选取符合平台活动规则的商品进行推广。通过平台活动营销推广，推广商品会获取大量流量。平台活动可大致分为常规性活动、主题活动、平台大促活动3种。

（1）常规性活动。常规性活动是指平台常驻活动，如Flash Deals（含俄罗斯团购）、拼团频道、试用频道等。Flash Deals由速卖通无线抢购和Super Deals合并而成，是一个打造爆款商品的平台活动。Super Deals每周开展7期活动，每天上线1期，每期活动展示48小时。该频道可提升活动流量，给商品带来曝光位，提升用户体验。频道在PC端和移动端同时拥有入口。Super Deals用超优惠的商品价格来吸引流量，如图6-4所示。

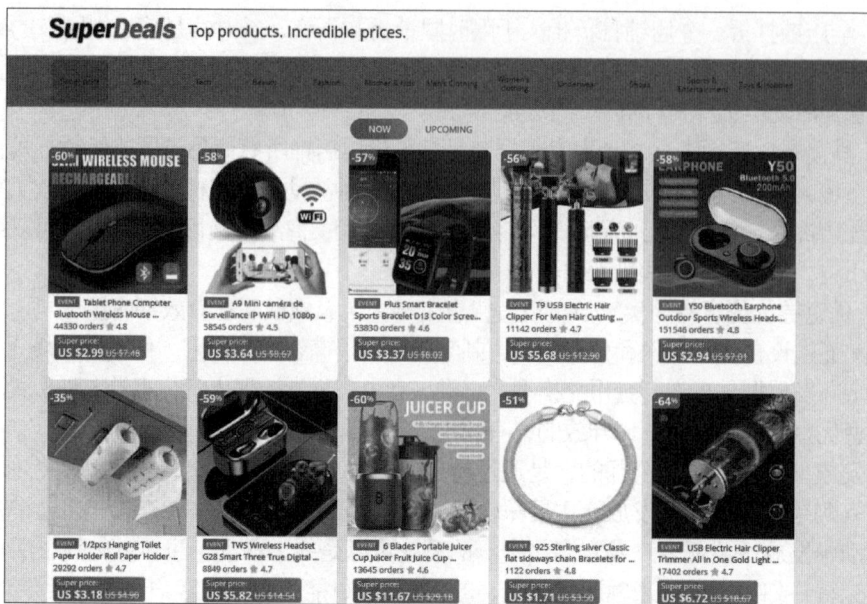

图 6-4　Super Deals 页面

（2）主题活动。主题活动主要包括情人节、中秋节、春节等节日活动，利用用户过节送礼、备礼的心理，对目标商品进行大幅促销，可在短期内提升商家销售量。

（3）平台大促活动。平台大促活动是指速卖通平台整体大型促销活动，被大家所熟知的就是"11·11"活动，如图 6-5 所示。"11·11"活动是整个平台营销活动中促销力度最大、获取流量最多的。每年"11·11"速卖通会调动所有部门资源，通过各个渠道引来大量流量，给店铺商家带来红利。由于速卖通不同于天猫，在活动期间所有销量均会计入商品销量，卖家会争先抢占自然搜索排名和类目排名的首页推荐位。

图 6-5　速卖通"11·11"活动页面

6.3.2　亚马逊站内推广

亚马逊为境外消费者和境内卖家之间搭建了一座双向流通的"桥梁"，通过积极的沟通和网络推广活动，加强买卖双方的合作关系，也便于销售信息和服务的传递。亚马逊平台有多种推广方式，最常用的是针对单个商品的亚马逊商品推广和展示广告，另外亚马逊头条搜索广告、品牌旗舰店也是目前很常用的推广方式。

1. 亚马逊商品推广

商品推广也被称为"关键词广告"，是根据消费者搜索词条匹配商品关键词，在亚马逊上精准定向展示商品的广告形式，如图 6-6 所示。这意味着能将商家的商品展现在搜索结果页或者更加醒目的位置，能够直接影响消费者的购买决策，而且不存在广告突兀或给消费者带来欠佳体验的情况。

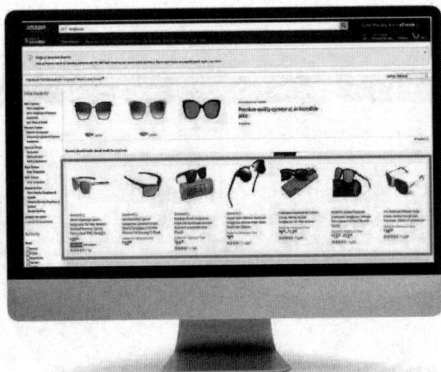

图 6-6　亚马逊商品搜索页面

在商品推广中，亚马逊会根据商品相关性和竞价情况确定广告展示位置。当商家竞价成功后，其投放的商品广告将获得极佳的展示位置，包括搜索结果页上方、商品详情页等，如图 6-7 所示。此外，亚马逊还会不断测试新的广告展示位置和设计，力图为买家打造更好的购物体验。商品推广的收费标准是按点击量收费。这十分好理解，如果商家的广告仅仅是展示了，但没有人点击，平台是不会收取费用的。此处的竞价指的是商家选择为单次点击支付的竞价金额。当竞价成功时，商家商品就能获得相应的广告展示位。

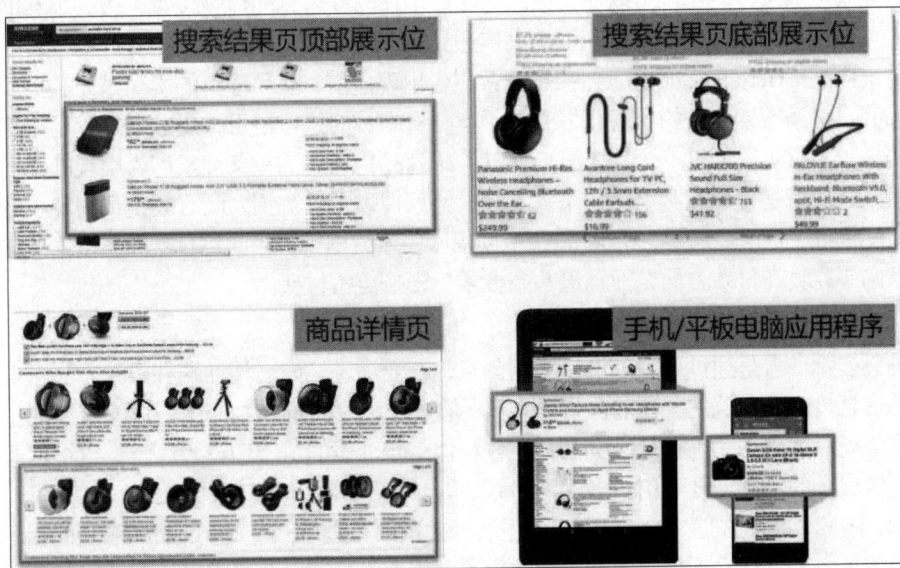

图 6-7　亚马逊商品广告展示位置

另外，在平台商品推广中，广告目标将决定广告策略。如果投放广告的首要目标是提高销售额，那么重点是将广告点击转化为订单。商家可通过跟踪广告成本销售比（Advertising Cost of Sales，ACoS）（这是广告支出总额除以广告带来的总销售额所得的结果），设置一个有助于实现销售额目标的 ACoS 目标。如果首要目标是提高品牌知名度，那么重点则是商品展示次数或者广告的出现次数，设置有竞争力的单次点击竞价可以赢得更多关键词。

2. 亚马逊头条搜索广告

亚马逊头条搜索是一种具有很大影响力的商品广告，可以将卖家商品展示在亚马逊搜索结果页的显著位置，即搜索结果页上方。例如，在亚马逊搜索"Bedding"（床上用品）时，在搜索结果页的上方显示的相关店铺及 3 款商品如图 6-8 所示。通过广告，买家将进入商品集合页面或亚马逊品牌旗舰店的页面。

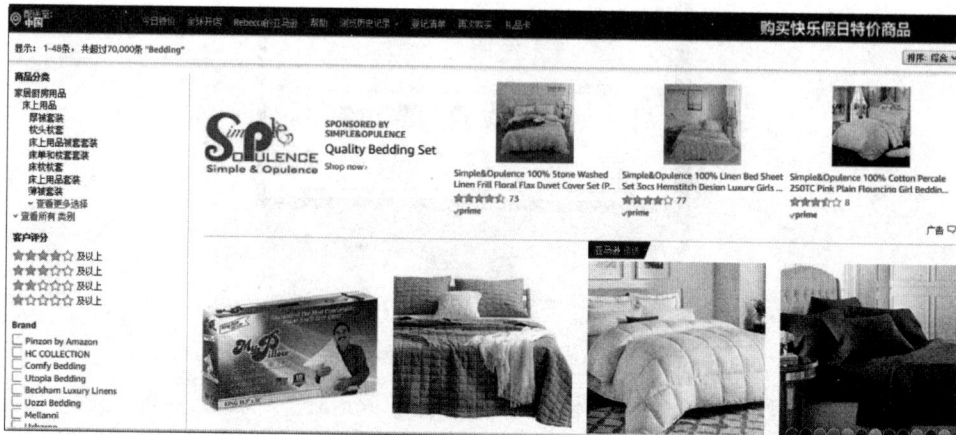

图 6-8 亚马逊商品搜索页的头条搜索广告

针对头条搜索广告来说，广告结构是什么及广告具体可以展现哪些内容仍有诸多疑问。在品牌的商标上，卖家可将自己的商标摆放于此，其次是自定义的标题，可将品牌所想表达的内容填写于此处，最后是在创意中可设置 3 个商品，这些都可由卖家自行操作决定。

使用亚马逊头条搜索广告可以使卖家的商品展示在高度可见的显著位置，极大地帮助卖家提高商品的可见性。可自定义的创意允许卖家传递品牌信息，美国卖家常常把自己要推广的重点商品叫作英雄商品（Hero Products）。在头条搜索广告出现之前，亚马逊上的卖家是无法推广自己的英雄商品的。头条搜索广告的出现正好弥补了亚马逊平台的这一不足，更贴切地满足了卖家的实际推广需求。卖家可以通过一个广告推广 3 款英雄商品！另外，头条搜索广告出现的前提是关键词关联买家，也就是说只有卖家指定了关键词，买家搜索了关键词，同时关键词满足了亚马逊的关键词匹配标准（广泛、词组、精准），这个横幅广告才会出现。由此可见，头条搜索广告可以精准把握意向买家。在付费方面，亚马逊头条搜索广告按点击付费。

3. 亚马逊展示广告

亚马逊展示广告是通过关联人群、客制创意，在亚马逊站内、移动端和第三方平台上，把正确的品牌信息传递给正确的客户的广告。它显示在相关商品页面购物车下。商家可以通过将广告展示在竞争商品或是相关互补商品页面，在较小但是较准确的范围内设置广告；也可以通过兴趣点设置广告展示的位置，以吸引更多的消费者。

例如，图 6-9 展示的是 TIMEX 的一款手表，在页面右边有一个 Burgi 机械手表的展示。这个商品展示为展示广告，它不是因为消费者搜索了手表而出现的，而是由广告投放者在 TIMEX 竞争品牌页面定点设置的。

亚马逊展示广告和亚马逊商品推广的不同点如下。商品推广是基于关键词搜索的搜索性广告，商家无法选择特定的广告位进行展示。也就是说，消费者搜索什么才会展示什么类别商品的广告，不搜索就不会展示，如消费者搜索口罩，那么只会展示与口罩相关的广告。而展示广告是根据商家选择的兴趣点和广告位进行投放的展示性广告。亚马逊基于消费者在亚马逊平台上的浏览和购物行为，归纳出 30 个大兴趣点和 100 个小兴趣点。商家可以选择目标客户群的兴趣点进行广告投放，还可以选择特定的广告位置进行展示。

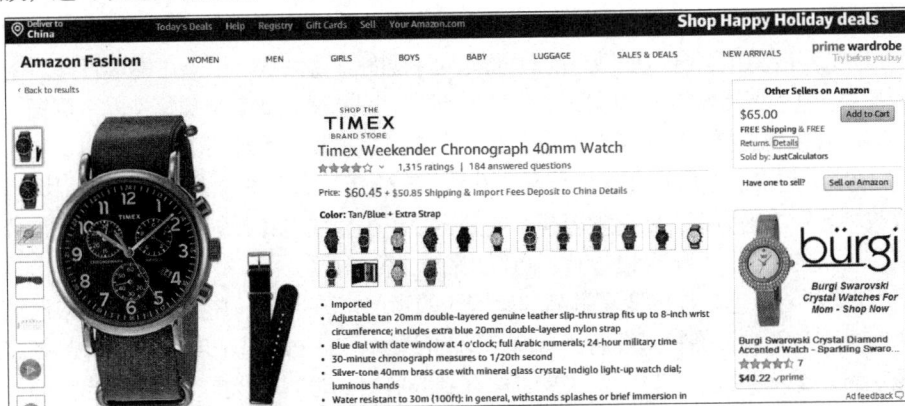

图 6-9 亚马逊商品详情页的展示广告

4. 亚马逊品牌旗舰店

亚马逊品牌旗舰店是亚马逊给平台商家提供的品牌展示服务，作为一款免费自助服务产品，允许商家为品牌创建单页面或多页面的理念和商品展示。消费者在亚马逊浏览商品时，通过商品详情页上的品牌名称链接可以进入品牌旗舰店。另外，商家也可以通过亚马逊站内站外的广告、社交媒体或其他营销活动宣传品牌，包括分享能够跳转到品牌旗舰店的链接，为品牌商品带来更多流量和曝光。品牌旗舰店适用于 PC 端、移动端，打造一种以商家的品牌、商品和价值主张为中心的高品质亚马逊购物体验。

在旗舰店内，商家可以通过"品牌旗舰店透视"查看流量报告。借助来源标记，商家可以查看特定广告活动、创意内容或营销活动的流量和销售额。

亚马逊品牌旗舰店的操作页面有 4 个部分，如图 6-10 所示。

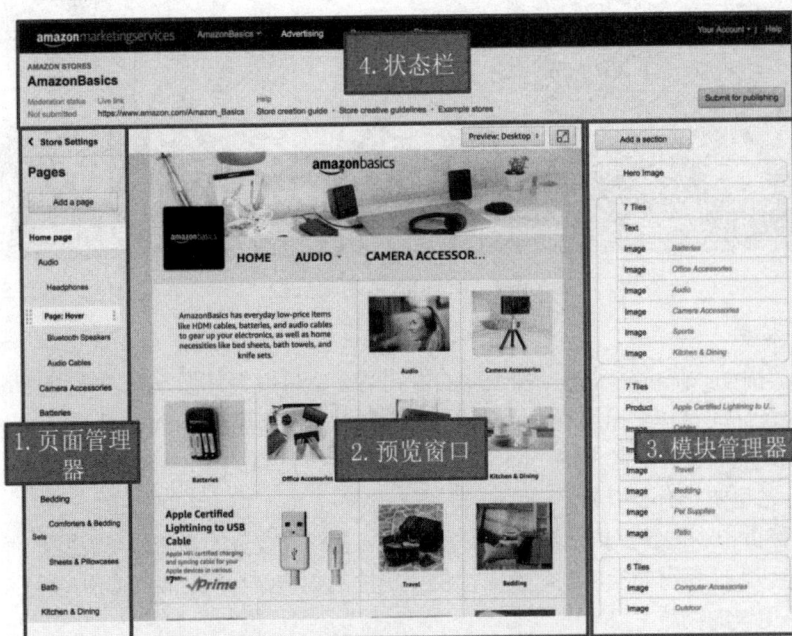

图 6-10 亚马逊品牌旗舰店的操作页面

（1）页面管理器。页面管理器用于亚马逊品牌旗舰店页面的创建、选择、移动和删除。①品牌旗舰店设置：打开"品牌旗舰店设置"面板，可以在其中更改品牌旗舰店的商标或颜色。②添加页面：创建新页面。③页面导航器：显示亚马逊品牌旗舰店中页面的层次结构。单击页面将打开编辑页面。

（2）预览窗口。预览窗口提供当前页面的实时视图。它也可以用于在模块管理器中选择需要编辑的模块。①预览类型：在桌面预览和移动预览之间切换。②全屏预览：以全屏模式打开所选页面。③内容模块选择：单击某个模块会将其选中，以在模块管理器中进行编辑。

（3）模块管理器。模块管理器用于亚马逊品牌旗舰店页面模块的添加、编辑、移动和删除。①内容模块列表：当前页面上所有内容模块的列表。单击模块将打开编辑页面。②添加分区：可以添加填充模块的新分区。③分区设置：可以删除或替换分区。

（4）状态栏。状态栏提供亚马逊品牌旗舰店的当前审核状态，并显示有关的错误消息。状态栏提供有关现有亚马逊品牌旗舰店和当前草稿的反馈。①审核状态：显示亚马逊品牌旗舰店的当前审核状态。②草稿状态：显示上次草稿保存到服务器的时间。③提交：提交当前的亚马逊品牌旗舰店草稿以供发布。在发布之前，亚马逊将对草稿进行审核。

6.3.3 eBay 站内推广

eBay 手机端页面如图 6-11 所示。

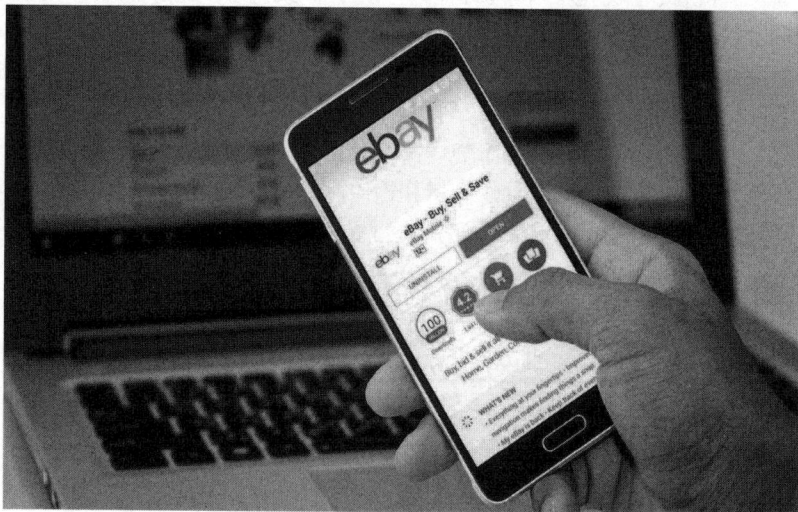

图 6-11　eBay 手机端页面

1. 促销活动

（1）降价活动。降价活动是一种长期的促销活动，可以将其形象地理解为商场宣传广告，其并不是针对商品的具体折扣设置，而是设定折扣的集合来增强打折的效果。每件物品都需要先单独设置折扣，然后放在一起做一个降价活动。商家需要注意的是，最好将店铺里不同品类商品轮换促销，标题也要具有吸引力。

（2）运费折扣。运费折扣是买家达到一定购买金额或数量的物流服务升级，而不是直接包邮。当买家迫切需要获得商品，同时卖家提供了更快的物流选择时，两者的结合可以让买家增加购买量以获得更快的物流。

（3）优惠渠道。优惠渠道的促销方式也是以金额或数量为规则设定的，但与其他促销方式不同的是，优惠渠道是卖家设定一个链接给特定的买家，让其享受折扣。只有点击这个链接，买家才能看到促销商品，常规搜索浏览是无法看到的。因此，它经常被卖家用来向一些买家或 VIP 客户发送定期的优惠和进行电子邮件营销，引发高回购率。

（4）订单折扣。订单折扣是卖家公认的最有效、最直接的促销方式。卖家既可以将订单折扣用于全店铺促销，也可以针对单一商品或多个商品设置折扣。买家下单时达到了卖家预先设置的金额要求，即可享受一定的折扣。订单折扣分别有满多少减多少、买一送一、买几件送一件等折扣方式。

2. 付费搜索广告

付费搜索广告是 eBay 的一种站内付费广告，平台会将卖家的商品推到 eBay 用户搜索结果页的醒目位置或者顶部，从而提高商品的曝光度，如图 6-12 所示。

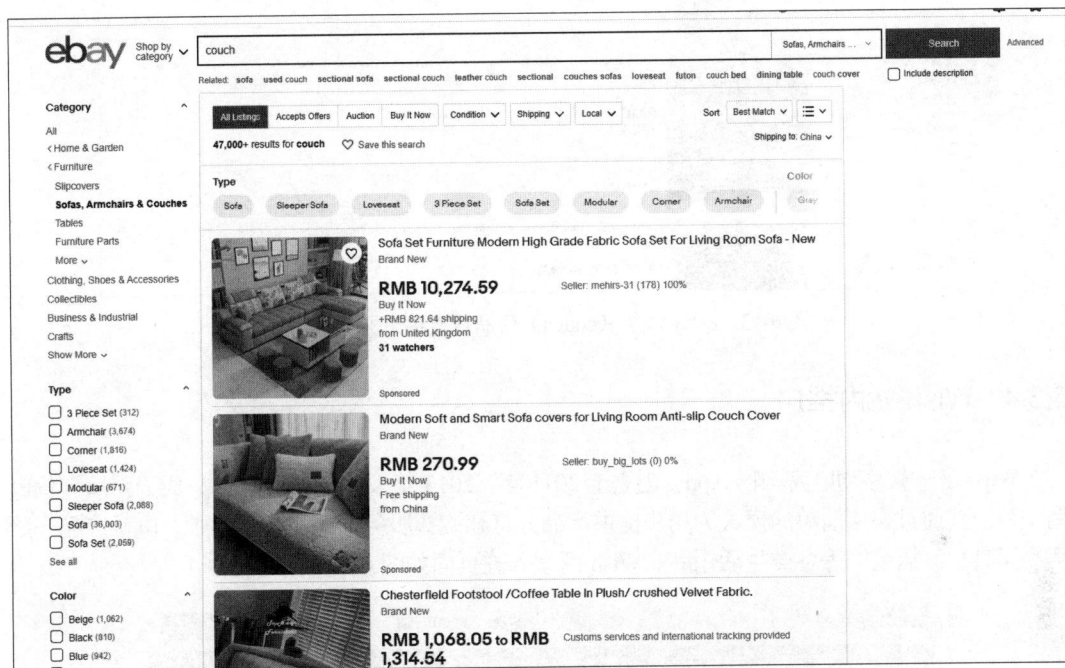

图 6-12　eBay 沙发（couch）商品搜索结果页

（1）付费搜索广告的规则。

①展示位置：eBay 的广告会显示在几个指定的位置，也可以在搜索结果页面的中间显示，如图 6-13 所示。

②扣费规则：付费搜索广告的费用根据卖家需求而定，只有当销售发生时，卖家才需要支付这笔费用。这笔费用可能占销售额的 1%～20% 不等。出价越高，广告就越有可能在搜索结果页中占据优势位置。

（2）付费搜索广告的优化技巧。

①优化商品关键词，且尽可能使用多个关键词。商家对推广商品的属性要有一个清晰的了解，选择正确、恰当的关键词，选取相关联的词，同时也可以输入多个与之相关的词。例如，要销售一件 T 恤，可以选用"男女款春秋季纯棉潮流时尚纯白 T 恤"，不要选择"××工厂生产 T 恤"等，因为没有人会使用这些关键词搜索 T 恤，商家需要根据人们实际会搜索的词语设置关键词。

②确保商品价格合理。商家如果为了从付费搜索广告竞价排名中脱颖而出而将营销广告费用转嫁到买家购买的商品价格中去，往往会搬起石头砸自己的脚。商家在竞价时一定要合理出价，

在自己承受能力范围内去实行推广金额方案，不要刻意地对商品进行提价。

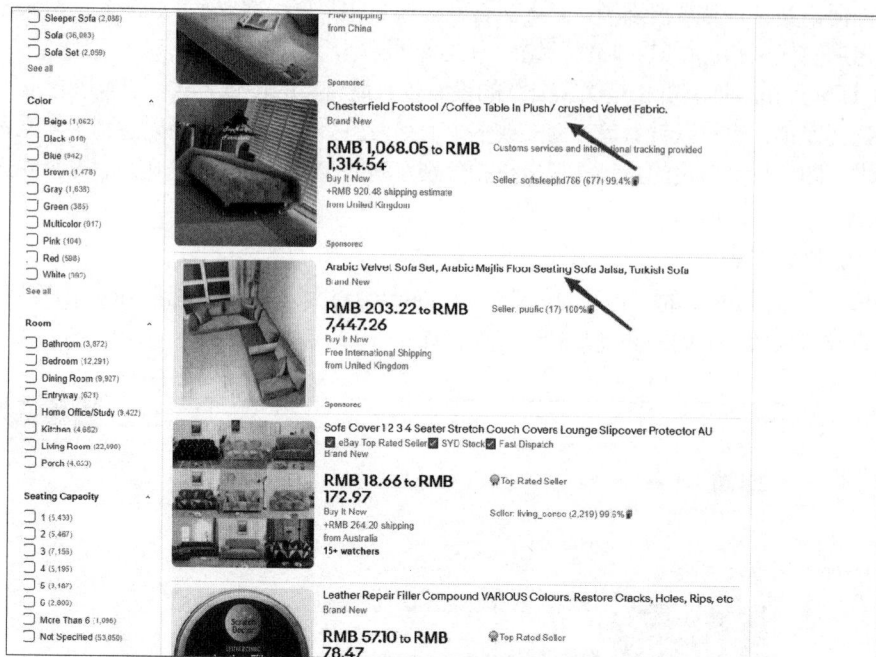

图 6-13　eBay 沙发（couch）商品搜索结果页（中间）

6.3.4　Wish 站内推广

Wish 是一款移动电商购物 App，创立于 2011 年。2013 年，Wish 成功转型，成为跨境零售电商平台。其通过愿望清单的模式为用户提供产品分享和购买服务，产品包括鞋子、电子产品、厨房小工具、家居装饰等各类生活用品。Wish 商家入驻页面如图 6-14 所示。

图 6-14　Wish 商家入驻页面

1. 产品曝光概述

产品曝光（Product Boost）是结合卖家后台数据与 Wish 大数据算法，帮助卖家把优质的产品推送给更多用户，从而帮助卖家提升销量的一款付费广告工具。卖家只需挑选产品，设置好关键词、竞价和预算，然后 Wish 将向最具购买潜力的用户推送这些产品。卖家的产品将会在 Wish 的搜索结果页和其他位置靠前展示。它有以下几种作用：第一，加速产品的曝光，参加曝光的产品会获得更好的展示位置；第二，增加产品的流量和销售量，如果产品与消费者相关，产品会获得更多流量；第三，更快地凸显热销产品，告诉用户哪些是热销的产品。

2. 产品曝光的操作流程

（1）产品选择。产品曝光会带来许多流量，建议卖家选择爆款产品来参加活动，帮助店铺引流，吸引用户关注，进而带动相对冷门产品的销售量，这样才能使广告费用价值最大化。应避免在产品曝光推广时产品销售量提升，但在推广结束后销售量又回到了原始状态这种情况的发生。

（2）关键词的选择。选择关键词的较好方式是站在用户的角度考虑，选择用户在搜索产品时使用的关键词，也可以参考同类优质商家的关键词，寻找销售量高、搜索量大的产品的关键词。

同时注意，关键词可以多写几个，但是不要太多，因为不相关的关键词可能会影响活动效果并增加产品曝光成本。

（3）确定预算。卖家首先要对产品曝光所花费的金额做一个大概的预算，考虑活动持续的时间及推广产品的数量。对于即将到来的促销节日和推广活动，建议考虑推广相关产品。在设置产品竞价时，建议卖家进行多次测试，以便获得最优竞价。

（4）实时监控推广计划的实施。卖家应该对产品曝光广告活动做好严格的监控。如果无法获得预期的利润应及时停止，以免造成更大的损失。

课后复习

思考题

1. 单选题

（1）开展精准营销可以采取的策略有：建立买家信息数据库、（　　）、增加广告精准投放。

  A. 建立卖家信息数据库   B. 基于搜索引擎关键词数据

  C. 利用自媒体进行网络营销   D. 投放广告进行营销

（2）下列不属于搜索引擎的是（　　）。

  A. 腾讯   B. 搜狐   C. 必应   D. 雅虎

2. 多选题

（1）跨境电子商务营销的功能有（　　）。

  A. 增加销量   B. 推广品牌建设 C. 收集用户信息   D. 维护用户关系

（2）店铺优惠券类型包括（　　）。

  A. 领取型优惠券   B. 定向发放型优惠券

  C. 秒抢型优惠券   D. 金币兑换型优惠券

3. 填空题

（1）与传统的营销方式相比，跨境电子商务网络营销具有 5 个特点，分别是_____、_____、_____、_____和_____。

（2）站外推广的方式主要包括_____、_____、_____、_____等。

（3）速卖通平台直通车推广方式中，影响广告排序的 4 种因素是_____、_____、_____、_____。

案例分析

三一重工的数字化营销转型

全球权威调研机构 Off-Highway Research 的数据显示，2020 年三一重工共销售 98 705 台挖掘机，占据全球挖掘机市场 15%的份额，全球销量领先。

在过去几年中，三一重工按照既定战略推进企业数字化转型，取得了喜人的成绩。2019 年，三一重工投资打造工程行业领先的灯塔工厂，实现 20 多项原创技术，整体产能翻倍。在智能化与电动化方面，三一重工全球第一台 5G 遥控挖掘机、全球首款纯电动无人驾驶搅拌车相继问世；在国际市场上，三一重工在德国、美国、印度等多个国家建立了 15 个工厂，一步一步践行国际化、数字化发展战略。在企业数字化转型的大潮下，三一重工的营销策略发生了深刻变革。从传统企业的重视线下销售和服务，到逐步开始更为重视数字化、智能化、科技化的互联网营销，三一重工的转变肉眼可见。目前，三一重工呈现出非常互联网化的年轻企业生态，线上商城、直播、微博、短视频等各种互联网营销方式被其玩得风生水起。

其中，营销在线化是重中之重，三一重工的直播和短视频营销堪称行业标杆，它鼓励全员参与，采用"公域+私域"组合拳模式，在拼多多、百度、抖音、快手等多个平台亮相，在私域板块则通过官方小程序进行直播，其直播频率高且主题丰富，不局限于直播"带货"，还有工厂参观活动、展会、订货会。短视频营销是最直观的"种草"方式，三一重工在多个短视频平台都有官方账号，覆盖更多客源，根据产品线布局矩阵加大传播力度。例如，三一重工用挖掘机切西瓜、倒红酒的视频让广大网友拍手叫好。三一重工还结合产品拍摄温馨日常吸引用户，发起话题活动增加品牌曝光，提前预热"种草"新产品。

三一重工充分激活了工程机械行业的圈层效应，利用互联网优势，精准覆盖新老客户、行业从业者等多种角色，实现精准、高效营销，建立起品牌与用户之间更便捷、通畅、高效的沟通渠道。在引领工程机械互联网营销模式革新的同时，机惠宝或许将成为三一重工线下营销渠道强有力的补充。

【案例分析思考题】

1. 工业品不同于消费品，其一般利用跨境电商 B2B 平台或独立站展示、宣传。请结合案例内容，谈谈三一重工是如何利用互联网重塑品牌和进行数字化营销的。

2. 三一重工的数字化营销转型对其他制造业企业有什么借鉴意义？

【实践目的与要求】

1. 关注本土品牌与民营企业的成长历程，继续培养创新精神和创业热情，了解电商平台的社会责任和营销手段。

2. 通过社会实践和调研，明确网络营销的目的，以案例来说明不同类型的站内推广对有效提升产品曝光率、引流、促进销售转化、提高品牌知名度的作用。

【实践内容描述】

1. 选择一个站外推广的社交媒体营销方式，设计拟销售产品的网络营销方案。

2. 以小组为单位，设计一款产品平面广告，录制产品的视频广告。

第7章　收款与结算

===== 课前自学 =====

【学习目标】

- 掌握跨境电商结算的基本概念
- 熟悉速卖通、亚马逊、eBay 和 Wish 的收款规则与收款方式
- 了解第三方收款工具和收费标准

微课导学

【关键词】

平台收款　结算方式　收款规则

【自测题】

1. 跨境电商结算的主要方式为（　　　）。
   A．信用卡 　　　　　　　　　　　B．银行账号
   C．第三方支付工具 　　　　　　　D．支付宝

2. 以下哪个第三方收款工具与亚马逊、Wish 和 eBay 等大型跨境电商平台是合作伙伴？（　　　）
   A．派安盈 　　　　B．万里汇 　　　　C．连连支付 　　　　D．支付宝

3. 我国跨境电商企业最常用的收款方式为（　　　）。
   A．信用卡 　　　　　　　　　　　B．银行账号
   C．第三方支付工具 　　　　　　　D．支付宝

4. 以下属于国内大型非金融支付服务机构的是（　　　）。
   A．派安盈 　　　　B．Pingpong 　　　　C．连连支付 　　　　D．易联支付

5. 每个平台的收款周期（　　　）。
   A．完全一样 　　　　　　　　　　B．绝对不一样
   C．随机决定 　　　　　　　　　　D．由平台收款规则确定

7.1 跨境电子商务结算概述

7.1.1 跨境电子商务结算的定义

跨境电子商务结算是指在国际经济活动中，当事人借助一定的支付方式和工具，清偿由各种经济活动所产生的国际债权债务，从而实现资金跨境转移的行为。跨境电子商务结算是整个跨境交易过程中极为重要的环节。近些年跨境电子商务发展迅速，跨境电子商务结算方式也日益丰富和成熟，朝着多样化方向发展。

7.1.2 跨境电子商务结算的特点

跨境电子商务结算主要使用第三方跨境支付方式，具有以下几个特点。

（1）货款的到账速度快，利于线上店铺的资金周转，交易的时间成本低。

（2）流程简单，操作方便，无须到线下汇款，大大节省了人力和时间。

（3）手续费较低，尤其适用于数量较大但金额较小的跨境电子商务交易。

7.1.3 跨境电子商务结算的问题

在跨境电子商务结算给买卖双方带来便利的同时，一些结算过程中的问题也亟待重视和解决。

（1）支付环节存在交易风险。第三方支付平台掌握了数量庞大的用户信息和交易数据。而且，随着跨境电子商务的快速发展，信息的数量也在以惊人的速度增长。在如今的互联网时代，加工后的信息拥有很高的商业价值，这就涉及客户的隐私泄露问题。如果这些信息被不法的第三方支付平台利用，或者第三方支付平台存在系统漏洞、管理不善，随时都有信息泄露的风险，很容易对客户的财产安全构成较大威胁。

（2）交易的真实性识别存在风险。很多第三方支付机构并没有准确、完善、有效的身份识别体系，其较多采用电话问询、短信验证等方式来确认客户信息，但容易出现不能或者无法及时联络到交易双方，以及即使联络到交易双方也无法确认信息真实性等问题。这会让不法分子乘机钻空子，进行诈骗、走私等违法活动。

7.1.4 出口跨境电子商务结汇的基本方式

1. 直接收款，由卖方自己办理结汇或委托代理方结汇

根据《个人外汇管理办法实施细则》，国家外汇管理局对个人结汇实行年度总额管理，年度总额为每人每年等值 5 万美元。个人在年度总额内结汇，可以委托其直系亲属代为办理；超过年度总额的结汇，可以按规定凭相关证明材料委托他人办理。

2. 由第三方收款并结汇

按照《支付机构外汇业务管理办法》的相关规定，支付机构可以通过合作银行为市场交易主体的跨境交易提供代理结售汇及相关资金收付服务。这里的市场交易主体包括电子商务经营者和购买商品和服务的消费者。支付机构办理贸易外汇收支企业名录登记后才可以开展外汇业务。支付机构应尽职核验市场交易主体身份的真实性、合法性，按照要求实现交易信息的逐笔还原，除退款外不得办理轧差结算，不得以任何形式为非法交易提供服务，并依法配合国家外汇管理局对外汇业务进行监督管理工作。支付机构应向市场交易主体明示合作银行提供的汇率标价，不得擅自调整汇率标价，不得利用汇率价差非法牟利。在收到资金之日（T）后的第 1 个工作日（T+1）内完成结售汇业务办理。

7.2 跨境电子商务结算的主要工具

跨境电子商务结算的主要方式有信用卡收款、网络银行收款和第三方支付工具收款。第三方支付工具收款是我国目前跨境电子商务企业常用的收款方式，相应的第三方支付工具主要有派安盈、万里汇、连连支付、PingPong、易联支付和贝宝 6 种。

7.2.1 派安盈

1. 派安盈介绍

派安盈（Payoneer）成立于 2005 年，总部设在美国纽约，是万事达卡组织授权的具有发卡资格的机构。其为支付人群分布广而多的联盟提供简单、安全、快捷的转款服务。数千家联盟及数百万个收款人的加入使得派安盈成为支付行业的领先者。派安盈的合作伙伴涉及的领域众多并已将服务覆盖到全球 210 多个国家和地区。派安盈卡（俗称 P 卡）大大方便了自由职业者及外贸人士的生意往来，是很多人境外收款的必备工具。

派安盈先后与亚马逊、Wish、eBay 等大型跨境电子商务平台达成合作伙伴关系。一个派安盈账户即可支持全球多个币种（美元、加元、英镑、欧元、瑞士法郎、日元、澳元）原币入账。资金入账后即可立即以人民币提现至本地银行，或通过派安盈预付万事达卡全球消费或取现。各币种均支持多平台店铺，个人和公司身份均可申请。另外，派安盈现在分有卡账户和无卡账户两种，有卡账户管理费为每年 29.95 美元，无卡账户则不需要缴纳管理费。派安盈转账无汇损，1～2 个工作日即可提现到境内，结汇无限制。

2. 派安盈的收费标准

派安盈提供灵活的收费标准，根据不同的服务和合作对象而有不同的费用结构：账户管理年费 + 入账手续费 + 提现当地手续费。

（1）入账。派安盈美元入账收取最高 1% 的手续费，累计入账 20 万美元则入账免费；其他币种收款账户收款无须手续费，免费入账。

（2）提现。人民币结汇和外币电汇收取 1%～2% 的手续费，1～2 天到账。新用户提现费率为 2%，随着累计入账金额的增加而减少，最低可降到 1%（累计入账 300 万美元）。有卡用户也可以选择使用派安盈卡在 ATM 取现或消费，但万事达卡国际组织会收取汇损。

7.2.2 万里汇

1. 万里汇介绍

万里汇（WorldFirst）是一家注册于英国的国际汇款公司，在英国、美国、澳大利亚、新加坡等地有办公室，提供 24 小时中文电话服务。自 2004 年起，万里汇通过提供比传统银行更有针对性的专业服务，成功为 100 000 名个人和企业客户兑换超过 600 亿英镑。通过专业及个性化的服务及定制科技，万里汇的企业和电子商贸部门帮助中小企业及跨境电子商务卖家在国际市场上拓展业务。对面向美国、英国和欧元区（例如德国、法国、西班牙和意大利）市场销售货物的中国销售商，万里汇可分别提供美元、英镑和欧元账户。提现时万里汇会将钱自行打到卖家绑定的法定代表人私人账户或者对公银行卡里。

个人或企业均可申请万里汇账户，个人账户与企业账户享有同级别的功能。一个万里汇账户可支持多个亚马逊店铺。例如，卖家有 5 个美国亚马逊店铺，那么将这些店铺的链接提供给万里汇，就可以开通 5 个子账户分别接收不同店铺的款项。万里汇作为一家外汇公司，可以在货币转换的过程中提供高于市场价的汇率。

2. 万里汇的收费标准

万里汇无注册和入账手续费，无年费，没有提款额度限制，提现费率 0.3% 封顶，入账越多，费率越低。万里汇会根据首次入账以来过去 90 天的平均每月入账流水每天更新提现费率（若首次入账时间不足 90 天，则按照实际发生的月份计算月均入账金额并更新费率）。

7.2.3 连连支付

1. 连连支付介绍

连连支付于 2017 年正式推出，是安全、专业、高效的跨境收款产品，具有中国人民银行、国家外汇管理局认可的第三方支付及跨境支付服务资质。连连支付具有界面简单、使用方便的特点，能够为跨境电子商务卖家提供一键开店、7 国 VAT 付款、多币种多平台店铺统一管理等一站式跨境金融服务，是国内少有的在境内外持牌的支付企业。目前，连连支付支持 70 余个全球电子商务平台，业务辐射全球 100 多个国家和地区，累计服务的跨境店铺数超过 170 万个，历史交易额超 5.8 万亿元，尤其适用于小额结汇。

利用连连支付，用户在跨境电子商务平台购买商品时，不需要开通网银，系统能够根据输入的银行卡号码自动识别卡号所属的银行，之后经过用户的验证即可完成支付。连连支付为跨境电子商务卖家提供收款、付款、多店铺统一管理服务，卖家不用去银行网点办理手续，可以直接在连连支付网上平台操作。

2. 连连支付的收费标准

连连支付无注册费、开户费，其提现费率在不同平台有所差别，如表 7-1 所示，提现到账时间为 1~3 天，最快当天到账。

表 7-1　连连支付在不同平台的标准提现费率

平台	标准提现费率
亚马逊、Newegg、Lazada、Coupang、Shopee、速卖通等	0.7%
Wish	0.75%

平台	标准提现费率
eBay	0.5%
JD.ID、 Allegro、Darty、eMAG、FNAC 等	1%

7.2.4 PingPong

1. PingPong 介绍

2015 年 3 月国务院批准杭州成立中国（杭州）跨境电子商务综合试验区后，筹备两年的跨境支付平台 PingPong 应运而生，并同时在美国开设了分部。PingPong 的出现打破了境外支付巨头的垄断，推动了整个行业费用的降低，T+0 提现标准提升了整个行业资金的周转率，PingPong 的创新成为行业"标配"。目前，使用 PingPong 进行收款的亚马逊卖家在杭州、深圳、广州、上海、江苏都有分布。PingPong 在美国取得美国金融犯罪执法网络（美国财政部 FinCEN）签发的货币服务企业执照，按照美国金融机构标准接受监管，业务方案经过合作商业银行从中国总部到海外机构的多重合规检验。因此，PingPong 既能够保障亚马逊卖家境外收款账户的安全，同时也能保障从境外银行收款到资金回到境内的整个系统的安全、可靠。2019 年 3 月，PingPong 已经成为估值 10 亿美元以上的独角兽企业。

2. PingPong 的收费标准

（1）无入账费、年费及其他注册费用。提现费率 1% 封顶，提现手续费计算公式为：提现手续费=提现金额×提现费率。

PingPong 有提款额度限制，若提现到人民币账户，起提金额为 10 美元，若不足起提金额，暂时无法提现；若提现到外币账户，起提金额为 5 000 美元。企业用户单次最高提现金额为 2 000 万美元，个人用户单次最高提现金额为 1 000 万美元。正常 1～3 个工作日到账，最快 2 小时内到账。

（2）汇损：无汇损。

7.2.5 易联支付

1. 易联支付介绍

易联支付（PayEco）是易联有限公司推出的支付平台。易联支付有限公司成立于 2005 年，通过与银联、各大银行等金融机构合作，建立了创新技术的易联支付金融支付服务平台，致力于为不同行业的商户提供安全、高效和便捷的移动支付方式，主营业务包括企业收付、跨境支付结算、支付账户服务等。成立多年来，易联支付始终重视支付技术的创新，业务发展稳健，技术积累深厚，并拥有大批从业经验丰富的专业人员，已成为业内出色的金融科技型企业。其目前已与 Wish 平台、亚马逊平台建立合作关系。针对跨境 B2B 及 B2C 贸易，易联支付为商户提供基于人民币作为结算货币的跨境支付结算方式，帮助企业开拓国际市场，提高业绩。人民币支付结算能有效避免汇率波动损失，确保资金安全。

2. 易联支付的收费标准

（1）无注册费、账户月费、提现门槛。计费方式透明，无任何隐藏费用。提现费率默认 0.5%，根据回款稳定性和回款额度的情况，可以申请降低费率。提现金额越高，费率优惠越大。老用户即享阶梯式费率递减优惠。跨境结算最快可实现 T+0 结算。

（2）提现汇率低，支持离岸、在岸汇率对比，提供最优汇率。

7.2.6　贝宝

贝宝（PayPal）是国际贸易中常用的第三方支付工具，是小额支付的首选，于 1998 年建立。目前，其全球用户超 4 亿个，活跃用户遍及全球 200 多个国家和地区。PayPal 既适用于注册个人账户，也适用于注册企业账户。企业账户可实现一个账户全球收款，支持 25 种货币收款，享受 PayPal 卖家保障。PayPal 支持全球众多电商平台和独立站，如 eBay、速卖通、Shopify 等；支持多种收款方式，如自有网站收款、电商平台收款、电子邮件收款（无网站收款）或更多方式，可通过 API、SDK（Software Development Kit，软件开发工具包）、代码样本或预集成解决方案进行配置，数分钟内即可开始收款，帮助卖家从全球各地轻松接收业务付款。PayPal 拥有实时智能科技搭配自适应机器学习技术，助力企业免受虚假交易危害。

7.3　主要跨境电子商务平台的收款规则

7.3.1　速卖通平台收款规则

1. 收款基本规则

速卖通给卖家放款需要同时满足两个条件：①买家确认收货并同意放款，②平台查到货物妥投的信息。

对于卖家使用 TNT、UPS、FedEx、DHL、EMS 等 5 种物流方式发货的，系统会自动核实物流情况。买家收货期内，系统核实物流妥投且妥投信息与买家收货地址信息完全一致时，会自动提醒买家在 7 天内确认收货，如买家超时未确认收货则 7 天后系统自动确认收货并放款给卖家；买家收货期内，如果系统核实显示货物有投递到买家国家或地区的物流信息，只是未显示正常妥投，只要买家确认收货且卖家能够提供物流出具的妥投证明，系统也会放款给卖家。

对于卖家使用其他物流方式（如顺丰）发货的，系统设定的收货超时时间为 30 天（除买家延长收货期的订单外，此类订单发货期以实际延长后的期限为准）。若买家未在规定时间内确认收货，系统将自动确认买家收货，并核对物流状态。若物流妥投则给卖家放款；若未妥投（不包含货物退回的情况），系统会将该笔订单冻结 180 天，在此期间客服人员会不断与买家联系并询问收货情况。

为确保平台顺利查询货物妥投信息，卖家应注意保留发货过程中的所有单据，如发货单、收据等凭证，建议保留 6 个月以上；保持与快递公司或者货代公司的联系，若卖家长时间无法查询到货物妥投信息，请督促快递公司或者货代公司进一步了解货物的物流状态；保持与买家的联系，提醒对方及时确认收货并同意放款。

对于不法获利的行为，速卖通一律给予关闭账户的处理。不法获利是指卖家违反速卖通规则，涉嫌侵犯他人财产权或其他合法权益的行为。速卖通认为的不法获利类型有：①诱导买家违反正常交易流程以获得不正当利益；②刊登或者提供虚假的商品、服务或者物流信息以骗取交易款项；③账户关闭后仍然注册使用其他账户的。

2. 结算时间

速卖通根据卖家的综合经营情况（如纠纷、评价、退款等数据指标）评估订单放款时间。一般放款时间有以下 3 类：发货后 3～7 天进行放款，买家保护期结束后（买家确认收货或者买家确认收货期超时再加上 15 天）放款，发货后 180 天放款。速卖通的放款方式如表 7-2 所示。

表 7-2 速卖通的放款方式

账户状态	放款规则		
	类型	放款时间	备注
账户正常	提前放款	发货后（通常 3～7 天）	系统对卖家经营情况和信用进行综合评估，目前不支持卖家自主申请。提前放款是平台针对中国跨境卖家推出的资金扶持政策，通常卖家入驻平台 45 天后，如经营情况稳定且未触犯平台规则即可通过风控系统评估提前放款服务
	一般放款	买家保护期结束后	无
账户清退或关闭	—	发货后 180 天	无

3. 收款方式和账户设置

速卖通的收款方式有支付宝国际和万里汇。支付宝国际是支付宝为从事跨境交易的境内卖家建立的资金账户管理平台，具有收款、退款、提现等主要功能。使用支付宝国际的客户群体主要是速卖通卖家、阿里巴巴国际站会员。速卖通卖家无须额外开通支付宝国际账户，卖家开店后系统会为其自动开通支付宝国际账户。卖家可以先在速卖通平台登录账号，依次单击"资金"→"资金账户"→"支付宝国际账户"选项跳转进入支付宝国际账户页面进行资金查看，如图 7-1 所示。后续的平台放款、菜鸟运费扣款、佣金扣除等都可以在支付宝国际账户页面进行查询。

图 7-1 支付宝国际账户页面资金查看指南

7.3.2 亚马逊平台收款规则

1. 收款基本规则

在亚马逊平台，要接收付款，卖家必须满足以下条件。①有效账户余额。这是指在结算周期内，销售金额应大于产生的费用和退款金额。卖家账户中至少要有 1 美元才可接收付款。②卖家账户中有有效的银行账户信息。在获得付款前，卖家应有一个与账户相关的业务地址，而且必须提供美国支票账户或受亚马逊货币转换器服务支持的国家/地区的银行账户。亚马逊不能向信用卡或支付宝账户付款。③在卖家账户中提供有效的信用卡信息。保证卖家注册时的信用卡是有效的，其有效账单地址必须位于卖家注册的国家/地区之一。如果在结算时的账户余额为负，亚马逊可能会向信用卡扣款。亚马逊接受的有效信用卡是美国运通（American Express）、大来卡（Diners Club）、发现卡（Discover Card）、JCB 信用卡（Japan Credit Bureau Card，日本信用卡株式会社卡）、万事达卡（MasterCard）、维萨（VISA）。

2. 结算时间

亚马逊通过自动清算中心（Automatic Clearing House，ACH）或电子转账系统直接向卖家指定的银行账户转账。一般来说，卖家销售产品后不会立即收到货款。亚马逊每隔 14 天进行一次结算，所以，亚马逊会在卖家注册 14 天后，向卖家的银行账户存入第一次销售收入。如果买家在交易中同意在收到商品或服务完成之时或之前付款，则亚马逊将通过亚马逊支付公司（Amazon Payments，Inc.）付款；如果买家在交易中同意在收到商品或服务完成之后付款，则亚马逊将通过亚马逊服务公司（Amazon.com Services LLC）付款。

3. 收款方式和账户设置

亚马逊平台官方推荐的收款方式为 Payoneer。账户设置步骤如下。

（1）首次登录卖家账户后，在卖家平台的页面里，亚马逊会自动提醒卖家设置结算银行信息。卖家可以单击页面右上角的"设置"→"存款方式"→"添加银行账户"选项来管理存款银行账户。

（2）以在亚马逊北美站点开店为例。选择为亚马逊添加存款账户。如果选择银行所在国为中国，亚马逊会自动弹出合作 Payoneer 的申请链接，如图 7-2 所示。单击"注册 Payoneer"按钮，填写好相关信息后，等待 Payoneer 的审核。

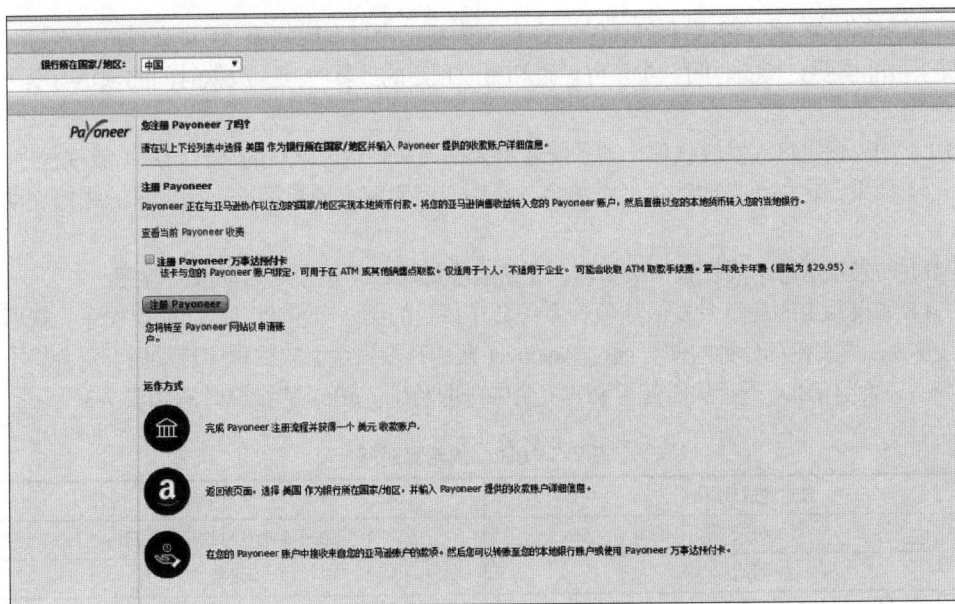

图 7-2　亚马逊平台绑定 Payoneer 收款

（3）Payoneer 审核通过后，会向注册邮箱发来一封确认邮件，并提供卡号等信息。

（4）重新选择银行账户所在地为"美国"，将 Payoneer 邮件提供的银行信息填写在亚马逊页面中，完成收款账户的绑定。

如果卖家不想在开店平台所在国家（地区）开设账户，可以选择使用亚马逊卖家货币转换器服务。当卖家创建了账户后，可按照以下步骤使用亚马逊卖家货币转换器服务。

（1）在"设置"页面单击"账户信息"选项。

（2）单击"存款方式"旁的"编辑"按钮。

（3）从"开户国家"旁的下拉菜单里选择卖家银行账户的所在国（地区）。

（4）如果卖家开户的银行在除美国外的其他任意亚马逊卖家货币转换器服务支持的国家（地区），请务必阅读并接受"银行账户"中"协议"的条款和条件，以便使用当地货币进行收款。

（5）卖家输入银行账户信息。

（6）单击"提交"按钮。

7.3.3 eBay 平台收款规则

1. 收款基本规则

卖家的销售收入通常在买家确认付款后 2 日内获得。

（1）卖家的账户正常且合规。如果平台发现卖家在注册时提供的信息不一致或者账户不合规等问题，平台会通过电子邮件通知并暂停放款。

（2）卖家按时按规履行发货义务。卖家最好在买家付款的当天邮寄物品，并遵循邮寄惯例，例如在订单中添加物流跟踪信息。

（3）交易已顺利完成。如果买家提出其购买的商品还未送达或者收到的商品与清单描述存在很大差异，此时平台会暂时冻结资金，直到争议解决。这就要求卖家确保所售商品的品质和到货时效。

2. 结算时间

卖家销售收益一般会在买家确认付款后 1 日内显示为可发放款项，但在交易资金被暂时冻结的情况下可能需要更长的时间。卖家可设置和更改预定的放款时间。放款时间的预定有以下 4 种情况。

（1）如果预定每天发放款项，则系统通常会在买家确认付款后的 2 日内启动放款程序。

（2）如果预定每周发放款项，系统会在星期二就卖家上周星期一至星期日的销售启动放款程序。

（3）如果预定每两周发放一次款项，系统会在每第二个星期二启动放款程序。

（4）如果预定的是每月发放款项，系统会在每月的第一个星期二启动放款程序。款项将显示为已发放，卖家在几分钟内便可通过 Payoneer 账户存取资金。放款程序启动后，资金将不再由 eBay 持有，而且 eBay 不会从任何卖家的资金中赚取利息。eBay 的结算时间如表 7-3 所示。

表 7-3　eBay 的结算时间

预定的放款周期	放款时间
每天	在买家确认付款后的 2 日内
每周	星期二
每两周	每第二个星期二
每月	每月的第一个星期二

3. 收款方式和账户设置

要在 eBay 上出售商品，卖家必须注册 eBay 管理支付服务。eBay 平台的卖家必须注册指定的 Payoneer 账户才能收取款项，在卖家完成 Payoneer 注册和绑定之前，eBay 可能会限制其刊登物品的权利，包括但不限于限制刊登新物品、限制更改现有物品刊登或结束物品刊登。只有完成 Payoneer 注册和绑定后，卖家才可以正常销售商品。

7.3.4 Wish 平台收款规则

1. 收款基本规则

所有在发货前被要求退款的订单不符合付款条件，即如果卖家明知道该订单被取消还强行发货，Wish 不会对该订单进行付款。对 Wish 平台来说，满足以下条件的订单可以被正常付款。

①按时将货物发出且必须为有效订单。所有订单必须在 5 个自然日之内履行。如果订单在被释放给卖家后的 5 个自然日内未被履行，卖家将收到违规警告，订单将自动退款，相关产品可能会被下架。多次违规可能会导致 Wish 冻结或终止卖家的账户。②在系统中将有效订单标记为已发出，也就是在系统里发货。③提供对应订单的有效运单号。

2. 结算时间

卖家取得付款资格的时间主要分 3 种情况：①凡是已经配送成功的订单在确认妥投后将立即转为可支付状态；②如果订单不受确认妥投政策（确认妥投政策适用于订单金额超过相应国家/地区阈值的订单）约束，且在订单释放之日起的 30 个自然日内被物流服务商确认履行，则在用户确认妥投的 5 个自然日后卖家可取得付款资格；③若订单使用的物流服务商不在物流选择向导列表中，且未确认妥投，则卖家将在物流服务商确认订单履行之后的 90 个自然日后取得付款资格。

取得付款资格后，Wish 通常每月向卖家支付两次其符合条件交易的款项，支付日期通常为每月 1 日和 15 日。但 Wish 可能会在某些情况下在通知卖家后自行决定改变支付频率。

3. 收款方式和账户设置

Wish 平台支持 Payoneer、PingPong、PayPal、PayEco、GoAllPay 和联动支付 6 种收款方式。建议卖家使用 Payoneer 收款，因为其处理时间快、安全系数高。

卖家需要登录 Wish 商户后台，在"付款设置（Payment Setting）"下的提供商选项中选择 Payoneer，并单击"注册"按钮，在线注册完成之后 Payoneer 账户就和 Wish 平台完成了绑定，平台将会根据注册者的选择将货款定期转到 Payoneer 账户中并立即入账，注册者也会收到入账通知邮件。

当卖家在 Wish 平台上完成 Payoneer 账户绑定后，系统将会以邮件通知卖家并告知其专属的 Payoneer 账号，万事达卡将会通过 DHL 从美国寄出。DHL 发出后，注册者将会收到包含 DHL 跟踪号码的通知邮件，寄卡时间为 4~7 个工作日。收到卡后，注册者激活万事达卡即可完成身份验证。

━━━━━━━━━━━━ 课后复习 ━━━━━━━━━━━━

📘 思考题

1. 单选题

（1）要在（　　）上出售商品，卖家必须注册管理支付服务。

　　A. Wish　　　　　　B. 亚马逊　　　　　C. 速卖通　　　　　　D. eBay

（2）支付机构通过合作银行为跨境交易主体办理结售汇业务，并在收到资金之日（T）后的第（　　）工作日内完成办理。

　　A. 1　　　　　　　　B. 2　　　　　　　　C. 3　　　　　　　　D. 4

（3）速卖通官方收款工具为（　　）。

　　A. PingPong　　　　B. 连连支付　　　　　C. 国际支付宝　　　　D. PayPal

2. 多选题

（1）下列选项中属于第三方支付工具的有（　　）。

A. PayPal   B. VISA   C. Payoneer   D. WorldFirst

（2）关于 PayPal 的说法正确的有（　　）。

A. PayPal 仅支持个人账户

B. PayPal 支持多种收款方式：自有网站收款、电商平台收款、电子邮件收款

C. PayPal 是大额支付的首选

D. 无开户费、月费，提现到账户需要提现费 35 美元（每笔提现）

（3）下列说法中正确的有（　　）。

A. eBay 卖家可设置和更改预定的放款时间

B. 国家外汇管理局根据企业在分类监管期内遵守外汇管理规定的情况，对企业外汇进行动态调整

C. 国家外汇管理局对个人结汇实行年度总额管理，每人每年等值 3 万美元

D. 亚马逊卖家要接收付款，账户中不需要有余额

案例分析

新型离岸国际贸易客户跨境结算服务

珠海某公司是一家开展网络芯片业务、提供技术咨询服务等业务的企业。其第一个产品为自主设计研发的 5 nm 光通信芯片，具有能耗低、功率高的特点。该芯片的出现具有划时代意义，能够助力我国解决在芯片领域的难题。该款产品已于 2022 年 3 月正式向台积电排期流片，完成测试后便可批量生产，正式上市。为了节省成本及缩短芯片的生产周期，该公司需联合一家境外公司共同开展芯片半成品的制造、封装、测试。其交易过程涉及新型离岸国际贸易在内的跨境收付汇业务。

但在开展跨境收付汇业务过程中，由于银行外汇从业人员不熟悉芯片制作和交易流程，加之办理新型离岸国际贸易业务的资料审核较为严谨，相关的业务指引也不成系统，银行很难有针对性地为芯片研发等高新技术企业提供高效、专业的跨境结算服务。解决办法有以下 3 个。第一，充分学习和利用政策探索新服务模式。2021 年国务院办公厅发布了《关于加快发展外贸新业态新模式的意见》，要求稳步推进离岸贸易发展，提升贸易结算便利化水平。在政策的大力支持下，中国建设银行广东省分行鼓励外汇从业人员认真学习相关政策文件，遵循"实质大于形式"的原则，积极探索为芯片研发等高新技术企业提供高效、专业的跨境结算服务。第二，熟悉流程，明确指引。中国建设银行广东省分行通过深入了解集成电路芯片的生命历程，摸清芯片制作交易流程，梳理流程中资金流和货物流的匹配情况，厘清流程中各环节的贸易类型，有效识别跨境收付汇业务的性质，为芯片研发等高新技术企业提供创新服务模式。第三，完善内控，提升服务水平。中国建设银行广东省分行按照客户的真实需求、相关规定政策、有效的监管沟通及行内逐渐完善的内控要求，为外汇从业人员服务芯片研发等高新技术企业提供支持和帮助，在全行推广复制，由点到面，推动基层营销人员和外汇从业人员专业化综合服务能力的提升，不断增强国际竞争力。

通过以上措施，中国建设银行广东省分行成功为该公司对外支付了 31 万美元的服务贸易项下委托境外加工费，意味着芯片制作交易模式下新型离岸国际贸易结算业务顺利完成。通过此次改革，该行累计办理了 373 万美元的跨境收付汇业务，极大地提升了跨境业务的服务能力。本次芯片任务的顺利完成，是中国建设银行广东省分行落实金融机构促进外贸新业态、新模式健康持

续发展的一次具体实践。以上措施不仅能满足企业真实、合规的新型离岸国际贸易下跨境资金结算需求，促进产品"走出去"，为广大芯片设计制造企业跨境资金结算及申报提供经验借鉴，也为广东地区大力发展集成电路产业，加快构建特色芯片设计、测试和检测的微电子产业链提供了金融赋能，助推我国芯片行业提质升级。

【案例分析思考题】

1. 什么是离岸人民币结算？请查找相关资料，了解离岸跨境资金结算是否有助于国际贸易。

2. 近年来，除了芯片在跨境支付中的应用，区块链技术也在金融业界引起高度关注。区块链将给跨境支付带来哪些新的契机？请对比一下传统支付和区块链跨境支付的异同。

实训

【实践目的与要求】

1. 思考人民币国际化对跨境电子商务业务的影响，了解金融监管的重要性。

2. 通过社会实践调研，熟悉不同平台的收款和结算方式，掌握在不同市场选择不同收款方式的依据，掌握线上线下的支付方式，增强利用平台信息分析问题、解决问题的能力。

【实践内容描述】

1. 分析产品定价的成本组成，核算具体的店铺费、物流费、采购费、管理费、结算费，并分析成本占比。

2. 对亚马逊、速卖通和 Wish 这 3 个平台收款的差异进行对比。

第8章 客服与售后

【学习目标】

- 熟悉跨境电子商务客服的岗位职责
- 全面掌握跨境电子商务客服应具备的素质和能力
- 了解跨境电子商务平台客服所需的英语沟通技巧
- 掌握速卖通、亚马逊、eBay 和 Wish 的客服规则

微课导学

【关键词】

客服能力　沟通技巧　客服规则

【自测题】

1. "We checked the tracking information found there is no update information. We just wonder would you still want the item. if yes, inform us and we will resend you as soon as possible. if not, we will make you the refund." 这段话是处理（　　）问题的客服回复。

    A. 退货问题　　　　　B. 包裹丢失　　　　　C. 产品咨询　　　　　D. 价格协商

2. 你认为，跨境电商客服人员应该具备什么样的素质？（　　）

    A. 熟悉主营产品

    B. 熟悉平台费用体系

    C. 了解相应平台买家购买的流程、支付方式

    D. 熟悉境外消费者的消费习惯

3. 为提高客服服务质量，以下评价客服指标越高越好的是（　　）。

    A. 成交不卖率　　　　B. 订单缺陷率　　　　C. 延迟运送率　　　　D. 订单履行率

4. 以下不属于跨境电商售后客服主要工作内容的是（　　）。

    A. 查询跟踪包裹信息　　　　　　　　　　B. 介绍产品功能和兼容性

    C. 提供产品安装手册　　　　　　　　　　D. 提醒客户留下评论

5. 在 eBay 平台上，如果卖家的表现低于最低标准，则（　　）。

    A. 卖家的物品在搜索结果中的排名位置可能会下降

    B. 如果卖家连续不合格超过 60 天，平台可能会将其店铺降低至基本店铺级别

    C. 平台会对卖家收取更高比例的成交费等

    D. 平台会关闭卖家的销售账号

8.1 跨境电子商务客服概述

客服是指以客户为导向，为其提供服务并力求使之满意的客户服务人员。广义而言，任何能够提高客户满意度的内容都在客户服务的范围之内。一般国内客服的沟通方式是通过电话或者聊天软件等工具沟通。更具体来说，电子商务客服是处理客户咨询、订单业务、投诉，并通过各种沟通方式了解客户需求，与客户直接联系来解决问题的客户服务人员。一般跨境电子商务客服的沟通方式是通过电子邮件、平台沟通程序软件或者电话沟通。

8.1.1 跨境电子商务客服的岗位职责

客服的岗位职责可分为两个部分：一个是维护老客户，另一个是开发新客户。以速卖通为例，老客户的维护主要通过速卖通的电子邮件营销、Whats App、Skype 等聊天工具进行。在对老客户进行维护时，注意营销的频率应与客户的等级呈正相关，即客户的等级越高，发送的邮件数应更多或者聊天频率应更高。在发送邮件时，邮件内容应包括邮件主题、促销原因、对客户支持店铺的感谢及个性化的客服信息。新客户的开发可利用 Twitter、Instagram 等社交媒体进行，推广方式可以选择添加兴趣标签、图片和短视频等，以迅速吸引社交媒体使用者的关注。

8.1.2 跨境电子商务客服应具备的素质和能力

跨境电子商务客服主要包括售前客服和售后客服两类。售前客服主要负责在订单成交之前，为买家购物提供相关的指导，包括购物流程、产品及支付方式介绍等。售前客服应该熟悉产品功能和兼容性、交易流程、物流问题、费用问题等内容。售后客服的工作内容主要包括在产品销售之后，为客户提供订单查询跟踪、包裹预期到货时间咨询解答及产品售后服务等。跨境电子商务客服应具备以下素质和能力。

（1）熟悉主营产品的内涵和外延，能够提供专业而又全面的产品信息咨询服务，对于产品从相关系数到使用说明再到常见问题的解决，都要熟练掌握。

（2）了解相应平台买家购买的流程、支付方式，常见问题及解决方法，以便指导买家进行购物。

（3）熟悉平台费用体系及产品定价公式。

（4）熟悉常用物流渠道的到货时间和查询方法。

（5）熟悉常规问题的解决，能够流程化解决一般性问题。

（6）熟悉境外消费者的消费习惯和消费偏好，如购物时间、忌讳事项等。

8.1.3 跨境电子商务客服维护客户的技巧

客服工作中影响最大的 3 个要素是态度、回复速度和结果。态度越热情，回复速度越快，客户的问题越早得到解决，则客户的满意度越高。

1. 轻松互动

75%的客户表示愿意花更多的钱从给他们带来良好体验的公司购买产品，像塔吉特（Target）和亚马逊这样的公司尽管面临着竞争者的挑战，业绩却依然蒸蒸日上，就是因为他们了解客户需求并且能够提供良好的客户体验。

2. 主动服务

主动的客户服务就是主动接触客户并为其服务。大约68%的客户更喜欢提供主动客户服务的公司。主动服务包括与客户联系、征求反馈及让客户了解公司产品的任何变化或更新，确保客户有参与感并成为公司业务改进过程中的一部分。主动服务的频率需要掌握好，应避免打扰客户的正常购物或引起客户反感。

3. 同理心

聊天机器人可以有效地为87%的客户解决问题，而人工客服则专注于聊天机器人无法解决的复杂问题。因此除了技术技能之外，人工客服需要具备同理心。人工客服也应该对客户的需求保持敏感，注重客户的情绪。

8.2 跨境电子商务客服英语

8.2.1 日常对话

1. 开场白

Hi, dear friend! Thank you for your visiting to my store, you can find the products you need from my store. If there are not what you need, please feel free to contact us! Thanks again.

2. 繁忙中的回复

Hello, my dear friend. Sorry, I'm busy packing and shipping now. Please leave a message if you have something to ask, and I'll reply later. Thank you!

3. 进一步询问

I have some problem understanding what you meant.

Could you please explain it in detail?

4. 货物发出通知

The goods you need had been sent to you. It's on the way now. Please pay attention to the delivery and sign as soon as possible. If you have any questions, please feel free to contact me.

5. 提供最新物流状况

Your order ×××（订单号）has arrived your country / area and is now under customs inspection! We hope you can receive your parcel as soon as possible! Please feel free to contact us at any time if you have any questions!

6. 回应客人感谢

You are welcome. It is my pleasure to provide the best service for you. If you have any further questions, please feel free to contact us. Have a nice day!

8.2.2 英文邮件的基本格式

客服是跨境电子商务公司里的一个主要枢纽。客服回复客户提出的问题时，有一些固定的邮件模板，但客服需要根据具体情境对模板进行调整，以满足客户的真实需求。以下将从售前服务、售中服务及售后服务3个方面来列举相关英文邮件模板。

1. 售前服务

售前服务工作贯穿从客户咨询开始至客户下单购买全过程。这部分工作需要客服在售前服务准备过程中掌握所售商品专业信息、平台交易规则、支付方式和物流配送等客户咨询可能涉及的各个方面内容。客服应结合相关沟通技巧，使客户获得满意的售前咨询答复。

（1）对价格咨询的回复。

Dear friend,

Thanks for your inquiry. We cherish this chance to do business with you very much. If you order a quantity of 100, we can offer you the bulk price of USD×××/piece with free shipping. I look forward to your reply.

Regards

(Your name/Shop name)

（2）对产品尺寸咨询的回复。

Dear friend,

Asian sizes are smaller than US/EU sizes. Please allow 1~2 cm errors due to manual measurement. According to your description, size S of this product will suit you pretty well.

Regards

(Your name/Shop name)

（3）对议价的回复。

沟通技巧：可以在说明利润较低后，提出为客户提供一定优惠折扣或赠送小礼品等，促使其尽快下单购买。

Dear friend,

Thank you for your interests in my item. I'm so sorry we can't offer you that low price you asked for. We feel that the price listed is reasonable and has been carefully calculated and leaves me limited profit already. However, we'd like to offer you some discounts on bulk purchases. If your order is more than 1000 pieces, we will give you a discount of 5% off. Please let me know for any further questions. Thanks.

Best regards,

(Your name/Shop name)

（4）关于邮寄时间问题的回复。

Dear friend,

Thank you so much for your great support on us. Usually, it takes about××days for the item to reach you. If you have any other questions, feel free to contact us and we will reach you at the soonest.

Best regards,

(Your name/Shop name)

（5）关于缺货问题的回复。

沟通技巧：回复备货的时间并提醒客户稍后购买，或提供相应的可替代品以供参考。

Dear friend,

Thank you so much for your great support and sorry for keeping you waiting.

We checked the tracking information found there is no update information. We will contact the post office to find out the problem. We wonder would you still want the item. if yes, inform us and we will resend you asap. if not, we will make you the refund. Any inconvenience hope your kind understanding.

Best regard,

(Your name/Shop name)

2. 售中服务

售中服务主要包括处理销售过程中的订单、物流信息等问题，一旦出现售中问题，客服需主动、及时与客户沟通、交流，并努力解决问题。客服提供高水平客户服务，并结合客户自身实际需求特点提供更好的选购方案，有利于客户尽快做出购买决策，并促使买卖双方形成相互信任的关系，塑造优质的店铺形象。

（1）未付款订单催款。

Hello friend,

We have got your order of ×××, but it seems that the order is still unpaid. If there's anything I can help with the price, size, etc., please feel free to contact me. After the payment is confirmed, I will process the order and ship it out as soon as possible.

Best regards,

(Your name/Shop name)

（2）合并支付或修改价格提醒。

Hello friend,

Sincerely thanks for choosing us!

We have combined the shipping already and only charge you the shipping fee once/We have revised the price to ×××. You can check the invoice I've just sent to you and please make the payment through the invoice directly. Please feel free to contact us if you have any other questions. Thanks!

Best regards,

(Your name/Shop name)

（3）已付款/已发货通知。

沟通技巧：这一阶段需要主动联系客户，确认订单信息和收货地址等细节，发货后告知客户运输方式和运输时间，提醒客户注意收货，等等。

Hi friend,

Thank you for your payment for order ××× and it is a great honor to serve you. We are arranging the shipping for you now. Normally, it will take 10～18 days for delivery. Please be patient and wait for a few days.

If you have any questions or problems, please feel free to contact me.

Best regards,

(Your name/Shop name)

3. 售后服务

针对售后服务中各类问题的解决策略是积极主动、换位思考、有效沟通、保留证据。售后客服应与客户及时沟通，主动联系客户以了解其诉求，灵活处理各类售后问题，不断提高客户的忠诚度。

（1）退换货问题的回复。

沟通技巧：若无产品质量问题，建议客户保留产品，同时给予客户一定补偿。

Dear friend,

Thank you so much for your great support on us. So sorry for the inconvenience that the product did not fit you. Will it be possible to give others as a gift? Or how about we make you a partial refund as a way to make up for this? Just suggestion, if you insist on returning it back, we will go to the further step. Waiting for your reply.

Best regards

(Your name/Shop name)

（2）清关问题的回复。

Dear×××（客户名称），

Thank you for taking order with us. We did ship your item on time, but it returned to us cause it cannot customs clearance. We can refund you or resend to you asap. So sorry for the inconvenience and looking forward to hearing from you.

Regards,

(Your name/Shop name)

（3）提醒买家评论。

Dear friend,

Thank you for your recent purchase! Order ID×××. I am writing to concern whether you have received your item. You are our valued customer and we are contacting you in regards to the satisfaction level of products you ordered from us.

Any questions about our products or service, please do not hesitate to contact us and we will do our best to solve and improve it. And it will be highly appreciated if you could take a moment to share your shopping experience with other customers.

Thank you again for your time and continuous support.

Sincerely yours,

(Your name/Shop name)

（4）新品推广。

沟通技巧：客服可根据客户咨询情况推荐同类产品和互补产品，或通过了解客户所在国（地区）的文化风俗、购买习惯等推荐热销产品。

Dear friend,

Greetings from×××（店铺名）. Thanks for your previous support. We would like to recommend our new products to you as below: ×××（产品链接）.

Based on superior quality and reasonable price, they have met with warm reception in the market. And we think you don't want to miss it, either. Any other questions, just let us know.

Best regards,

(Your name/Shop name)

8.2.3 英文邮件书写注意事项

英文邮件书写注意事项如下。

（1）避免存在拼写错误或语法错误。

（2）尽量不使用或少使用英文缩写，例如不用"u"代替"you"。

（3）针对首次沟通的客户尽量使用"Dear/Sincerely"开头，针对经常沟通的客户可以使用"Hi"开头。

（4）邮件内容要精简，要突出重点问题。

8.3　主要跨境电子商务平台的客服规则

8.3.1　速卖通

1. 客户服务指标

速卖通客户服务指标考核结果直接决定店铺能否正常运营、能否被速卖通推荐、是否有资格参加速卖通平台活动和相关的计划。速卖通中国卖家客户服务水平考核围绕物流履约、商品品质及客户服务3个核心，主要包括以下6项指标。

（1）成交不卖率。成交不卖是指买家下单付款后，卖家逾期未按订单发货的行为。上述逾期是指卖家未在发货时限之前上传运单号（含部分发货后未在卖家发货超时时限之前确认全部发货），导致被系统关单情况。

（2）5天上网率。5天上网是指买家下单付款后，5天内卖家及时发货并提供有效的物流追踪信息。5天上网可提升买家的购物体验并增强其信任感，大幅降低未收到货纠纷提起率。

（3）未收到货纠纷提起率。未收到货纠纷是指买家因未收到货物而提起退款，场景包括货物仍然在运输途中、发错地址、海关扣关、物流退回包裹、无法查询到物流信息等，其中买家主动撤销退款的订单不计入考核。

（4）货不对版纠纷提起率。货不对版是指买家收到的商品与达成交易时卖家对商品的描述或承诺在类别、参数、材质、规格等方面不相符。

（5）好评率。好评率是指在买家对下单商品与商品描述的一致性评分中好评的占比。买家评分中，1分和2分为差评，3分为中评，4分和5分为好评。好评率计算公式如下。

好评率=（4分评价量+5分评价量）÷（1分评价量+2分评价量+3分评价量+4分评价量+5分评价量）。

（6）DSR商品描述分。DSR（Detail Seller Rating）即卖家服务评级系统，评分项包括买家在订单交易结束后，以匿名的方式对卖家在交易中提供的商品描述的准确性、客服沟通质量及回应速度、货物运送时间合理性3方面服务做出的评价，是买家对卖家的单向评分。要想提升DSR商品描述分，卖家应如实填写商品详情页，增加商品信息量。例如，商品图片除了要设置1张静态图片，还要设置6张动态图片。图8-1所示为速卖通平台某卖家指标表现情况。

2. 售后服务：无忧退货

无忧退货（Free Return）是阿里巴巴联合保险机构为速卖通平台卖家推出的全线上保险服务，旨在解决跨境商家因物流问题无法提供本地退货的问题，通过提供买家所在国（地区）本地仓为退货地址，实现商品本地免费退，提升买家的购物体验，降低卖家的售后成本。参加无忧退货保障计划的卖家和商品均有"Free Return"服务标志，若买家购买带有该服务标志的商品，平台将为买家提供收货后15天的无理由本地退货服务。

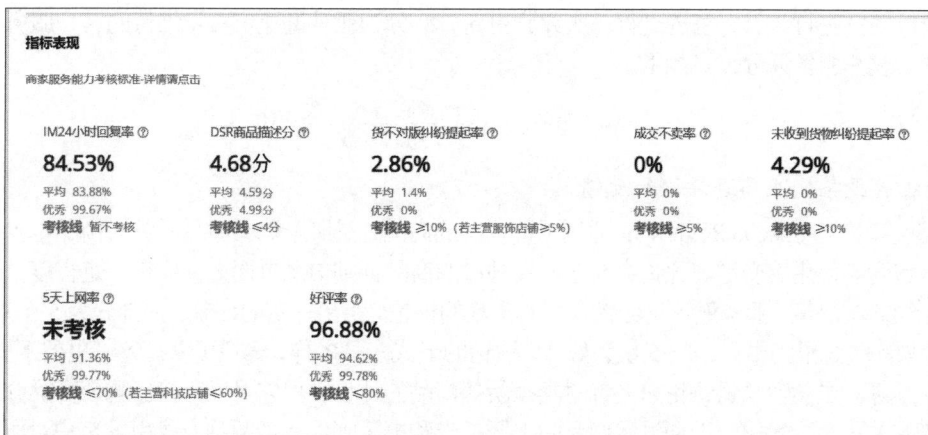

图 8-1 速卖通平台某卖家指标表现情况

8.3.2 亚马逊

1. 客户服务指标

亚马逊使用多项指标去评估卖家针对客户问题的回答效果，这些影响卖家绩效的主要客户服务指标包括以下 3 项。

（1）订单缺陷率。订单缺陷率（Order Defect Rate，ODR）是衡量卖家提供良好买家体验能力的主要指标。它是指在给定的 60 天时间里，有一项或多项客户服务指标不达标的订单所占的百分比。其由以下 3 个部分组成。

①负面反馈率。负面反馈率表示一定时间段内收到客户负面反馈占订单总数的比例。负面反馈出现的原因可能包括商品质量差、客服水平低、物流速度慢等，买家可基于购物体验给出最低一星、最高五星的评价，其中一星和两星评价会被认为是负面反馈。负面反馈率公式如下。

$$负面反馈率 = \frac{负面反馈的订单数}{订单总数}$$

②未拒绝的亚马逊商城交易保障索赔（A-Z Claim）。如果买家对订单商品不满意，卖家可直接与买家协商解决，但如果无法达成一致，亚马逊允许买家根据商城保障的政策提出索赔。以下 4 类索赔会影响订单缺陷率：买家已获批准且亚马逊认为卖家有过错的索赔；索赔提交后，卖家提供了退款的索赔；因卖家或亚马逊原因取消的订单而导致的索赔；等待亚马逊处理决定的索赔。

③信用卡拒付率。信用卡拒付率等于已收到的信用卡拒付的订单数与相关时间段内的订单总数之比。信用卡拒付与亚马逊商城交易保障索赔相似，只是索赔处理和决策由信用卡发放机构完成，而不是亚马逊。信用卡拒付大致分为欺诈信用卡拒付和服务信用卡拒付两类。欺诈信用卡拒付是指买家称根本未购买商品，这类索赔通常与欺诈性买家使用盗窃的信用卡相关，不记入 ODR 中；服务信用卡拒付是指买家确认购买了商品，但向信用卡发放机构表明自己遇到了问题。

（2）退货绩效控制面板。亚马逊创建了退货绩效控制面板，旨在帮助卖家主动采取措施解决退货相关问题。退货绩效控制面板针对以下 3 个退货绩效指标：超过 24 小时同意的退货请求率、已拒绝的退货请求率和与退货相关的联系率。

（3）客户服务评分。客户服务评分是衡量卖家回复买家问题表现的指标。亚马逊通过发放问卷询问"这是否解决了您的问题？"来调查收集买家的反馈，买家需要在"是"与"否"中做出选择，选择"是"记一次满意评分，选择"否"则记一次不满意评分。亚马逊会收集过去 4 周内的买家反馈并进行统计，每周进行一次评分更新，8 分为亚马逊建议卖家维持的客户服务评分最低分数。客户服务评分公式如下。

$$客户服务评分 = \frac{满意回答的个数}{总回复数} \times 10$$

2. 售后服务：亚马逊评论和反馈

亚马逊评论（Amazon Review）：适用于已售出的商品，是买家购买商品后针对商品本身提出的评价，包含其使用感受等。评论会显示在亚马逊的商品详细信息页面上，会在一定程度上影响其他买家的购买决策。亚马逊评论会综合所有买家的评论，给出一定的评分，评分分为 5 个星级，1～2 星为差评，3 星为中评，4～5 星为好评。评论的形式多种多样，客户可以在评论里留下文字、图片、视频等。虽然亚马逊评论只是针对卖家所售商品的评价，但它可以直接影响该商品介绍页面的曝光率及排名，卖家可以通过随商品附上服务卡和电子邮件邀请两种方式引导客户对所购买商品进行评论。

亚马逊反馈（Amazon Feedback）：针对卖家或店铺本身的反馈称为亚马逊反馈，可能包括商品质量、客服质量、物流速度等一系列因素，是卖家账号表现的一个考核指标。买家只有在进入卖家店铺页面时，才能看到该店铺的反馈情况。

亚马逊评论与反馈如表 8-1 所示。

表 8-1　亚马逊评论与反馈

名称	权重高低	示例
是否为"已购买商品"的评论	高	该评论属于"已购买商品"评论 评论是客户购买商品后产生的，具备相应的权重，并且确实影响到卖家的绩效
	低	该评论不属于"已购买商品"评论 客户不买单也可以对商品做评价，即直评。直评将不会影响卖家绩效，仅作为商品参考
评论的买家质量与真实性	高	该评论足够真实 如果一位买家时常评论，并且其留下的评论与反馈实用性都很强，即可以判定这是一位真实且有质量的买家。因此当其对另一个商品评价时，这个评价应具有较高的权重
	低	该评论为虚假评论 有些卖家可能会尝试非法刷评，由于这些评论通常来自软件批量操作，账号本身不具备质量且缺乏真实性，这些可疑评论应当被侦测到并被给予最低的权重
评论或反馈存在的时间长短	高	该评论留存时间已久 评论的留存时间不可操纵，那些已经存在数年且常在首页的评论，其内容和质量已经过时间的验证，因此也会被给予较高的权重
	低	该评论留存时间短 评论或反馈留存时间过短，意味着商品采购或使用时间不长，评论或反馈的准确性、真实性都有待考证，其权重暂时会处于较低水平
评论或反馈的丰富程度	高	该评论内容丰富翔实 参考热销榜单的评论，高质量的评论往往伴随尽可能详尽的阐述，包含使用体验、感想、商品图片和使用视频等，这些内容能够给其他买家提供极大的参考价值和帮助
	低	该评论内容简略 简略的评论或反馈不能很好地反映商品品质、性能，无法为其他人带来足够参考，常见的类型是仅进行星级点评的评论或反馈

8.3.3　eBay

1. 客户服务指标

eBay 平台衡量卖家表现的指标包括不良交易率、卖家未解决问题即关闭的个案数、延迟运送率。

（1）不良交易率。不良交易率是指具有一个或多个不良交易记录的交易占总交易的百分比，包括卖家未解决问题即关闭的个案数或纠纷、卖家发起取消交易的请求等。平台最低标准为在最近的评估期内，具有一个或多个不良交易记录的交易所占比例不得超过 2%，金牌卖家不得超过 0.5%。除非在评估期内，卖家与至少 4 个会影响"优秀评级"状态的不同买家的交易存在不良交易记录，否则不良交易率不会影响卖家表现。

注意以下两点。

①对于过去 3 个月内交易数量达到或超过 400 笔的卖家，平台将根据其在过去 3 个日历月与美国买家进行的交易进行评估；对于所有其他卖家，平台将对其在过去 12 个日历月与美国买家进行的交易来计算不良交易率。

②对于交由 eBay 审查的任何投诉或退货问题，如果认定责任不在于卖家或者认定买家和卖家都没有过错，则不影响卖家表现评分。

（2）卖家未解决问题即关闭的个案数。卖家未解决问题即关闭的个案是指，卖家无法在买家要求 eBay 介入并协助解决请求之前与买家一起解决平台认定卖家负有责任的个案。未解决问题即关闭的个案数是衡量 eBay 卖家是否达到买家期望的一个重要指标，也是衡量卖家总体表现的指标之一。根据 eBay 退款保障政策，当买家最初因物品与刊登描述不符或举报未收到物品而发起退货时，交易问题被称为"请求"。如果买家和卖家无法解决问题，且买家或卖家要求 eBay 介入协助处理交易，则请求将成为"个案"。

（3）延迟运送率。延迟运送是指在处理时间内未发送物品或物品在预计送达日期之后送达的交易。如果追踪信息显示物品在规定的处理时间内送达或在预计送达日期前送达，则视为及时运送；如果没有追踪信息，但买家确认物品已及时送达，也视为及时运送。以下情况将被视为延迟送达。

①追踪信息显示物品在预计送达日期之后送达，除非处理时间包含揽件扫描时间或买家确认物品按时送达。

②买家确认物品在预计送达日期之后送达，除非处理时间包含揽件扫描时间或在预计送达日期之前确认送达。

eBay 平台卖家客户服务最低表现标准如表 8-2 所示。

表 8-2　eBay 平台卖家客户服务最低表现标准

客户服务指标	所有卖家要求	金牌卖家要求
不良交易率	2%	0.5%
卖家未解决问题即关闭的个案数	0.3%	0.3%
延迟运送率	/	3%

如果卖家未达到最低表现标准，不合格的后果可能如下。

①卖家的物品在搜索结果页中的排名可能会下降，如果卖家连续不合格超过 60 天，其 eBay 店铺级别可能会降低至基本店铺级别。

②卖家可能会被限制在自己的账户和相关账户上出售物品，或者卖家被限制注册新账户，且无法访问部分退款工具。

③平台对卖家收取更高比例的成交费等。

通常，只有当卖家的账户至少连续 2 个月被评估为不合格时，平台才会应用永久销售限制。但是，如果平台对卖家账户存在迫切的担忧，也可能会随时采取行动。例如，当平台发现卖家欺诈或其销售行为有可能影响买家体验时，其将根据所发现问题的性质，出于保护所有 eBay 用户和 eBay 作为服务提供商的利益，而采取适当且合理的行动。

2. 售后服务：卖家的退货退款政策

eBay 平台为卖家提供了以下可选择的退货退款政策。

（1）拒绝退货。如果买家因为改变主意而退货，且卖家的退货政策声明不接受退货，则卖家可拒绝退货。

操作步骤：进入卖家退货管理平台→查看退货详情→拒绝退货。

（2）接受退货。买家将物品寄回并获得全额退款（包括原运费），同时卖家承担退货运费。该选项适合低价值物品。如果退回的物品已使用过或已被损坏，则卖家可能有资格发放部分退款。如果可使用 eBay 运送标签，eBay 可能会代卖家自动接受买家退货。收到物品后，卖家有 2 个工作日的时间审查和发放退款，或者要求 eBay 介入协助。

操作步骤：进入卖家退货管理平台→查看退货详情→接受退货→确认。

（3）发放全额退款。向买家发放全额退款，并且买家保留物品。平台将根据卖家的退货政策决定原运费是否包含在全额退款中。该选项适合低价值物品。

操作步骤：进入退货管理平台→查看退货详情→提供全额退款→退款给买家。

（4）发放部分退款。向买家发放部分退款，且买家保留物品。该选项适合买家对购买的物品不完全满意的情况。例如，送达的物品有轻微划痕，但买家愿意保留该物品。需要注意的是，买家只能提出一次部分退款，卖家可以选择接受或拒绝。

操作步骤：进入退货管理平台→查看退货详情→提出部分退款→发送提议。

（5）向买家发送消息沟通。卖家可以提出不退货，提议替换物品（换成另一件相同的物品）或更换物品（不同但相似的物品）。

操作步骤：进入退货管理平台→查看退货详情→向买家发送消息→发送。

此外，当买卖双方在 3 个工作日内无法解决问题时，eBay 平台可随时介入协助。在符合以下一项或多项条件的情况下，平台可能会要求买家将物品寄回：平台无法确定买家收到的物品是否与刊登描述相符，卖家提出退货并且规定的退货期限适用，卖家已提出接受退货。

8.3.4　Wish

1. 客户服务指标

Wish 平台在评估卖家级别时有多个考核指标，包括但不限于以下指标。

（1）平均用户评分。平均用户评分即成交订单中产品的平均评分。注意，Wish 可能会排除违反其准则和政策的评论和评分。

（2）订单履行率。订单履行率即卖家成功履行的订单占比。以下情况下订单将被视为未成功履行：卖家取消订单，卖家未在 5 个自然日内履行，卖家在订单确认履行后退款（非买家的原因），最后的物流跟踪状态为"已取消"。

（3）产品质量原因退款率。该指标即因产品质量原因被退款的订单占比，仅限退款责任在卖家的订单。

（4）确认履行用时。该指标即订单确认履行的平均用时。当包裹有物流服务商提供的第一枪扫描信息时，订单即确认履行。

（5）有效物流跟踪率。该指标即具有有效物流信息的确认履行的订单占标记发货的订单的比例。

2. 售后服务：商户退货管理项目

商户可以通过退货管理项目，根据自己的店铺运营情况、客户服务能力和当地法律、法规按目的国（地区）设置自己的退货规则并选择退货授权类型。有权限使用商户退货管理项目的商户需要为其在"设置—配送"页面中启用的所有目的国（地区）设置退货规则和退货授权类型。可供商户选择的退货规则选项有以下几种。

（1）Wish 自动审核（默认）。这是默认为商户选择的选项，表示商户将根据 Wish 用户端的《退货和退款政策》接受退货，且 Wish 会从实现买家和商户最大利益的角度对买家的退货申请进行授权和处理。如果商户不具备客户服务能力或能力有限，无法自行处理买家的退货申请，商户为所有或部分目的国（地区）选择此选项，Wish 会向买家提供专业的客户服务并遵守当地针对客户服务的合规要求。

（2）接受 30 天免费退货。此选项表示商户接受确认妥投日期起 30 个自然日内的退货申请，并为买家提供免费退货服务。此外，商户须承担退货运费，并在收到退货产品后将订单全额退款给买家。

（3）接受 30 天预付费退货。此选项表示商户接受确认妥投日期起 30 个自然日内的退货申请，并为买家提供预付费物流标签。但根据不同的情况，预付费物流标签的费用可能由商户或买家承担。例如，对于以下情况下的退款，商户需承担退货运费并向买家全额退款。

① 任何除买家后悔之外的原因导致的对已妥投订单的退款。

② 任何因与描述严重不符的问题导致的退款。

③ 任何由于商户履行问题而导致的退款。

（4）不接受退货。此选项表示商户的产品不接受任何退货申请。

课后复习

思考题

1. 单选题

（1）关于售后引导，下列描述正确的是（　　　）。

    A. 做好货物的运输跟踪

    B. 定时向客户汇报，并为二次销售做准备

    C. 客户收到货物后如满意，应立即对其进行二次销售或者寻求转介绍客户

    D. 客户收到货物后如不满意，应根据实际情况尽力配合其解决

（2）跨境电子商务业务客服岗位职责有：报价、推荐产品、（　　　）等。

    A. 开发客户　　　B. 解答咨询　　　C. 处理差评　　　D. 处理纠纷

2. 多选题

（1）电子商务售前客服在工作过程中可能需要回答客户的问题有（　　　）。

    A. 关于产品价格的询问　　　　　　B. 关于产品尺寸的询问

    C. 关于发货时间的询问　　　　　　D. 关于缺货问题的询问

（2）跨境电子商务从业人员需要具备（　　　）等意识。

    A. 品牌　　　　B. 商标　　　　C. 知识产权　　　　D. 技术更新

3. 填空题

（1）电子商务客服工作的主要岗位职责是_____和_____。

（2）电子商务客服工作中影响最大的 3 个要素是_____、_____和_____。

（3）亚马逊平台评估卖家针对客户问题的回答效果的3项服务指标是_____、_____和_____。

案例分析 ==

亚马逊平台配件缺失问题的处理

事件背景：某天，客户在卖家处购买了一台路由器，客户收到商品之后，发现缺少连接用的网线，同时因为没有当地语言的使用说明书而无法明确知道使用方式及注意事项。

事件经过：客户联系了卖家，卖家确认问题后，首先表示愿意为客户补发商品，希望客户提供所收到商品的图片以便确认缺少的配件；关于使用说明书则表示需要与工厂联系，最晚会在第二天给出答复。

随后客户提供了照片，并表示会等待回复；卖家查看照片之后发现客户所说的配件实际上是商品展示图片上的赠品，该赠品目前已经停产，卖家忘记对商品展示图片进行更新了。确认实际情况后，卖家答复了客户，大概内容为：

"我们收到了您提供的照片，确认了缺失的是在图片上展示的赠品，目前该赠品已经停产，我们无法为您补发这个配件。但是如果您愿意，我们可以为您补发类似配件，或者为您退部分款项表达歉意。我们已经从工厂处获得您所在地语言的使用说明书，现在发给您，请您确认，有任何使用问题请随时联系我们。对您感到歉意的同时，感谢您及时提醒了我们，我们已经对商品页面做出修改，期待您的回复。"

事件结果：最后客户理解了卖家的情况，同意退部分款项代替补发商品，客户对整体处理感到满意。

对指标的影响：因为得到妥善处理，客户显然不会选择索赔，订单缺陷率下降，客户服务评价获得高分。

案例提示：

（1）在让客户发送照片配合确认时能够说明原因，不会给客户造成卖家不相信自己的错觉；

（2）对于不能马上解决的问题，与客户约定回复时间，而非让客户盲目等待；

（3）在出现异常情况（如赠品停产）时能够及时和客户联系说明情况，保持良好沟通，并且能够提供替代解决方案；

（4）能够提供客户所在地语言的使用说明书；

（5）拥有专业的客户服务技能及语言技能，能够表述清楚并解释不能满足客户需求的原因。

【案例分析思考题】

1. 请说明：在上述案例中，客服的处理是否得当，为什么？

2. 你是否清楚客户投诉或是订单取消、退货对店铺业绩的影响？请通过亚马逊和速卖通的官网，了解订单缺陷率和客户服务评分对店铺排名的影响。

【实践目的与要求】

1. 掌握跨境电子商务客服应具备的素质与能力。
2. 能够使用英语进行沟通和回复邮件。

【实践内容描述】

对于图 8-2 所示的咖啡机，一名购买者留下了一段评论，如果你是客服，你要如何回复他？

Mr. Coffee 2129512, 5-Cup Mini Brew Switch Coffee Maker, Black
Visit the Mr. Coffee Store
★★★★☆ 21,912 ratings
Amazon's [ ] for "coffee maker"

-20% $19.98
List Price $24.99
$45.33 Shipping & Import Fees Deposit to China Details ∨
Available at a lower price from other sellers that may not offer free Prime shipping.

Color: Black

$19.98	$25.45

Brand	Mr. Coffee
Capacity	1.6 Pounds
Color	Black
Product Dimensions	7.3"D x 9.9"W x 10.7"H
Special Feature	Easy-to-view water window, Compact, Auto Pause

About this item
- Note: 1)Too coarse a grind, too little coffee, or insufficiently

$19.98
$45.33 Shipping & Import Fees Deposit to China Details ∨
Delivery March 28 – April 11
Deliver to China

[Add to Cart]
[Buy Now]

Payment	Secure transaction
Ships from	Amazon
Sold by	Mixed Bag Media
Returns	Eligible for Return, Refund …
Support	Free Amazon tech support …
Packaging	Shows what's inside
Gift options	Add at checkout

Details

[Add to List]

New (4) from $19.98

Amazon Customer
★★★☆☆ **Works well but don't leave it on for longer than a couple hours or your coffee will burn.**
Reviewed in the United States us on November 4, 2022
Color: Black | Verified Purchase

Easy to use just by adding water, a filter, and grounds then hitting the power switch. Cleans easily too. I only have two issues.
1 - put in 5 cups of water but get back 4 cups of coffee -okay and understandable. The carafe is for 5 cups asa five cup coffee maker though and you cannot add more water to the reservoir due to the oveeflow cut out in the back thatw would just spill the water all over the counter.
2 - the heating element under the pot is too hot. It is so hot, when I originally pour it into my travel tumbler, I have to add a couple ice cubes to keep from burning my lips. If I don't use all the coffee right away, I have to turn off the machine otherwise it will scorch the coffee. If I leave 2 cups in the carafe and come back and hour later to refill my cup, it will have reduced down to a little less than a cup and a half and smell slightly burnt. Leave it for 2 hours and you'll have a scorched dry coffee crust in your pot and a fire hazard. I now fill my cup and turn it off. When I want a refill, I put the remaining coffee I. The microwave to heat it back up instead of leaving the pot on.

If you want a Large cup of coffee i. The morning and then are done. This is great. Want to refill through the morning, get a pot with better temp control instead.

图 8-2　咖啡机及购买者评论

第9章 跨境电子商务运营策略

课前自学

【学习目标】

- 掌握新品发布策略及注意事项
- 掌握页面优化的具体策略
- 掌握品牌建设的含义与作用，以及电子商务企业品牌的基本要素

微课导学

【关键词】

运营策略 新品发布 页面优化 品牌建设

【自测题】

1. 新品发布前的准备工作，不包括（　　）。
   - A. 前期数据调研
   - B. 工厂订货安排
   - C. 新品页面信息准备
   - D. 准备发货

2. 新品销售后，仍要持续进行页面优化，关注（　　）和（　　）的实时情况。
   - A. 产品曝光量
   - B. 页面点击率
   - C. 迟发率
   - D. 订单缺陷率

3. 在亚马逊平台及时进行品牌备案的优势包括（　　）。
   - A. 增加商品详情页的可信度
   - B. 保护品牌，防止跟卖
   - C. 防止产品页面资料被篡改
   - D. 可以使用 GCID 取代 UPC 及 EAN

4. 跨境电商直播包括站内直播和站外直播，以下属于站外直播的是（　　）。
   - A. 亚马逊直播
   - B. 速卖通直播
   - C. Facebook 直播
   - D. Temu 直播

5. 电商直播的模式有（　　）。
   - A. "网红"主播模式
   - B. 场景内容化模式
   - C. 垂直类直播
   - D. 水平类直播

9.1　新品发布策略

经过前期的一系列准备后，商品终于进入发布阶段。本节将详细介绍新品发布的整个流程，包括发布前的准备及发布后首月的运营策略。通过本节的学习，读者将了解新品发布的基本流程，掌握商品上架前需要准备的相关信息及上架后店铺运营的注意事项。

9.1.1　上架前准备

商品的上架需要一系列的准备，新品在上架之前，卖家需要对其进行前期数据调研、工厂订货安排和上架信息准备。

1. 前期数据调研

商品上架前的竞品分析主要是针对同板块上架的商品。卖家首先要了解同板块（一般精确到 3 级目录）内上架的商品主要有哪些。较小的板块一般选取历史销量排名前 50 的商品即可。找到相应竞品后便可以进行商品页面评论、自然搜索排名、按点击付费广告排名、站外推广等各方面的比较。通过同期竞品的比较，卖家便可以确定自己商品上架时的宣传重点及销售策略。

商品的自然搜索排名对商品的销售也有极大的影响，卖家应该逐一搜索上架商品准备设定的关键词，对比搜索结果页中排名靠前的商品，比较其自然位和广告位的排名差异。通过调查竞品按点击付费广告的排名情况，卖家可以了解相应竞品的补货情况、价格趋势和参加活动情况，并以此为依据调整自己商品上架后的销售策略。

2. 工厂订货安排

卖家从厂家订货时首先要参考市场上同类商品的销量以确定自身的需求数量，同时根据商品特质判断其在运输过程中的损耗，最后还应考虑如果滞销，商品的存储或退货成本。卖家应综合上述因素确定最终订货数量。

物流方式主要有海运、空运等，不同的物流方式有着不同的特点。卖家进行物流方式的选择时首先应考虑商品自身的特性，如易碎性、保鲜时长、规格、是否易受潮等。在保证商品安全运达的基础上，商品的物流选择还应考虑成本问题，卖家应综合考虑后选择高效且优惠的运输方式。

卖家在订货之前还可以要求厂家寄送样品。接收样品后再订货，一方面可以对样品有一个深入的了解；另一方面可以将样品作为厂家发送货物的标准，以确保厂家发送货物的品质。

3. 上架信息准备

商品定价是卖家销售商品决策中最重要的一环，卖家在进行商品定价时既要及时了解市场中类似商品的价格波动范围，也要充分考虑自身商品的特点，同时还要明确商品在市场中的竞争优势，以确定是否使用低价策略。当然，在考虑这些因素之前，卖家要详细了解整个销售流程中将产生的成本和费用，以确保能够获取符合预期的利润。

商品展示文案是消费者获取商品详细信息的唯一渠道，因此卖家要尽可能将与商品相关的重要信息简洁明了地在文案中体现出来。卖家应参考至少 10 个同类商品的文案,但在文案中应该突出表现自己商品的特色,以与其他商品区分开来。

消费者往往会根据看到的图片对商品形成第一印象,因此商品图片的质量是影响商品销量的重要因素。卖家可以参考销量最高的同类商品的图片,了解消费者的兴趣点,再根据自己的商品确定商品图片的展现内容。平台展示图片通常会有数量限制,因此卖家要充分利用图片,阐述商品细节,体现商品亮点。商品图片通常需要包括商品细节图(展现重点细节,1~2 张)、功能图(突出商品卖点,2~3 张)、场景图(展现商品使用场景,1~2 张)、尺寸图(通常带参照物,1~2 张)、"全家福"(包括所有型号商品,1 张)。当然,除了这些常规图片,最重要的是首图的选择,通常首图展示的是卖家最想要展示给消费者的商品卖点。

商品关键词也是跨境电商卖家吸引消费者的重要信息。很多消费者会根据自己的需要进行关键词检索,提高购买效率,因此卖家的关键词需要广泛而又准确。要做到这两点,卖家首先应建立自己的关键词词库,词库中要包含同类商品的热门关键词以广泛获取消费者的点击,还要包含介绍商品特色的关键词以准确吸引目标消费者的注意。

9.1.2 收到首笔订单

卖家收到首笔订单后面临的主要问题是如何处理新订单、如何更好地和买家沟通及如何处理退货。当买家购买商品后,卖家可以在订单管理页面上看到订单详情并进行相应处理,包括配送、打印标签和装箱单及取消订单等。

对于自发货的订单,卖家在订单生成后可以在后台看到订单详细信息;获得订单号后,在订单管理页面单击"确认发货"按钮,填上订单跟踪号及相关物流信息,保存后该订单就被视为已被处理;对于亚马逊物流的订单,卖家则不需要做任何操作,亚马逊会负责产品的打包、配送。

系统默认发货时间是 2 天,这个发货时间可以在后台设置,如果超过设定的发货时间发货,将会影响及时发货率。同时,卖家必须在订单日期 30 天内向亚马逊确认订单发货,否则,亚马逊将自动取消订单,而且即使卖家已配送订单,也不会获得付款。在第 30 天截止日期前一周,卖家可以在订单管理页面看到一条警告("请在限定日期前确认发货,以避免订单被取消")。如果在发货之前(没有单击"确认发货"按钮),买家以邮件方式提出取消订单的请求,卖家可以先联系买家,咨询取消订单的具体原因,如果买家执意要取消或没有回复,并且提交了取消订单的申请,卖家可在订单管理页面中单击"取消订单"按钮,取消原因选择"买家取消"就可以了,这样不会影响卖家绩效。

9.1.3 关注账户绩效

卖家指标状况一览旨在为卖家提供在客户满意度方面的表现的摘要信息。它会显示卖家在订单缺陷率、配送前取消率和迟发率等方面是否达到了平台的绩效期望值。卖家在各个领域的绩效将被总结为"好""一般"或"差"。具体指标说明如下。

1. 订单缺陷率

此项指标是指收到负面反馈、平台商城交易保障索赔或服务信用卡拒付的订单数占订单总数的百分比。负面反馈的后台更新时间为 30 天、90 天、365 天。平台商城交易保障索赔是指买家未收到购买的商品,或收到的商品与卖家描述存在重大差异,或卖家未能根据平台的商品退换货政策处理退货申请，或者买家按照买卖双方之间的协议退还了商品，但卖家收到商品后未按照协议规定办理退款。服务信用卡拒付是指当买家对某笔从其银行信用卡扣款的订单拒绝支付。服务信用卡拒付率等于相关时间段内收到服务信用卡拒付的订单数除以该时间段内的订单总数。此指标与订单相关，并且以百分比的形式表示。

2. 配送前取消率

此项指标显示在相关时间段内，用卖家在确认发货前取消的卖家自行配送订单数除以该时间段内的卖家自行配送订单总数得出的数值（配送前取消率=已取消订单数/订单总数）。计算此指标时，平台会考虑卖家因任何原因而取消的所有订单。

3. 迟发率

此项指标显示在相关时间段内，未在预计发货日期之前确认发货的卖家自行配送订单数除以该时间段内的卖家自行配送订单总数得出的数值。订单延迟确认发货可能会导致买家联系次数增加，并对买家体验产生负面影响。

4. 有效追踪率

计算有效追踪率时，平台首先会计算发货时提供了有效追踪编码的包裹数量，然后除以发货并确认的包裹总数。追踪编码仅当具有至少一次承运人扫描记录时，才被视为有效。平台要求卖家对95%的自行配送包裹提供有效追踪编码。

5. 准时送达率

准时送达率显示买家在预计送达时间之前收到卖家配送包裹占包裹总数的百分比。此数值基于已确认的追踪信息计算。由于平台使用货件追踪来计算准时送达率，因此还会显示所有包裹的有效追踪率。

6. 退货不满意率

退货不满意率用于衡量买家对退货处理方式的满意度，指未在48小时内获得答复、被错误拒绝或收到买家负面反馈的有效退货请求次数占订单总数的百分比。

7. 客户服务不满意率

该指标用于衡量客户对卖家消息回复的满意度。在卖家回复买家时，平台会在回复的下方提供面向买家的调查："这是否解决了您的问题？"买家可以选择"是"或"否"。客户服务不满意率即回复为"否"的数量除以回复总数所得的百分比值。

9.1.4　持续页面优化

电商平台不能给消费者提供对产品的触觉体验，产品页面是消费者了解产品的主要页面。卖家吸引消费者眼球、提升浏览量的关键是将视觉效果放到最大。产品详情页优化对卖家的客户流量尤为重要。一般来说，卖家基于后台对店铺浏览量及销售产品曝光量的分析，从标题搜索、图片、描述、价格4个方面进行产品页面优化，获取更多流量，提升产品曝光量。

在确定优化策略之前，卖家首先需要对产品页面做一些浏览量方面的初步分析，以更加准确地了解哪些产品容易被消费者看到，哪些产品需要提升曝光量。进一步可以通过转换率公式提出有针对性的提升方案：转换率= 曝光率×点击率。

1. 曝光量高，点击率低

曝光量高意味着广告设置的关键词基本上都是热搜词，点击率低意味着客户对产品本身不是特别感兴趣，不愿意查看产品详情信息。在这种情况下，卖家就需要对产品的标题、主图、价格等进行优化提升，详见本书 4.3.1 节、4.3.2 节、4.3.5 节内容。

2. 曝光量和点击率都很高，但是转化率低

很多商品广告展示的位置好，曝光量很高，但是销量基本没有增加，问题出在哪里？曝光量和点击率高说明设置的关键词是精准的，广告发挥了最基本的作用，接下来的转化率来源于商品详情页本身，最终要靠商品本身来吸引买家消费。商品详情页优化内容繁多，卖家只有关注商品详情页的每个细节，才能让商品详情页表现得更出色，为爆款商品的打造助力，详见本书 4.3.3 节、4.3.4 节内容。

3. 曝光量低，点击率低

曝光量低，点击率低，可能是因为广告投放没做好：可能是关键词太火爆导致广告位被挤到非常靠后的位置；也可能是关键词太冷门，没有多少买家搜索点击。卖家需要考虑调整关键词或者提高竞价，监控不同关键词的数据，从而做出调整。

这一系列分析和改进的最终目的都是提高转化率，卖家只有不断地筛选数据较好的关键词，不断地优化商品详情页，才能获得更高的转化率；并且转化率越高，平台推荐商品的概率就越高，会把更好的展示位置留给商品，买家看到的机会也会增加。这样就能形成一个良性循环，促进销量的不断增长。

4. 主动提高页面浏览量

每个平台的卖家账户都具有一个看板功能，让卖家可以浏览过去一段时间店铺的情况。这里以亚马逊为例，如图 9-1 所示，在卖家后台登录后，通过"报告（Reports）"下拉菜单的"商务报告（Business Reports）"选项可以查看商品的曝光情况。

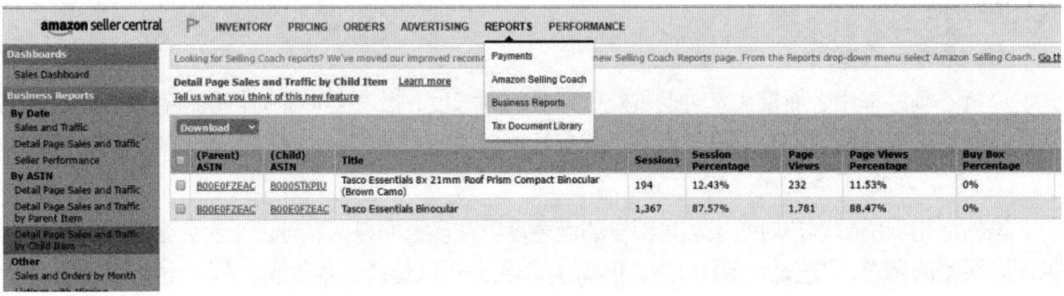

图 9-1　查看商品的曝光情况

其中，页面"浏览次数（Page Views）"是指一段时间内这个页面的点击次数，在右上角可以自行设置监督时间，这里我们选取的是 2023 年 3 月 16 日到 4 月 16 日的时间段，两个商品页面的浏览次数分别为 232 次和 1 781 次。下面介绍几种提高产品页面浏览次数的方法。

（1）站外引流。比如在 Tiktok 等站外平台利用短视频引流，请名人代言并通过博客宣传。

（2）站内引流。

①站内促销活动。通过参加站内促销活动，活动期间的站内流量可以提高销量。

②获得正面商品评论。

商品评论等会直接显示在搜索页面，几乎没有买家愿意购买没有商品评论或是商品评论分数很低的商品。如图 9-2 所示，我们搜索"枕套（Pillow Case）"，在搜索结果页面可以看到商品评价分数，第一个商品的评论数为 3，评分为 5 颗星。

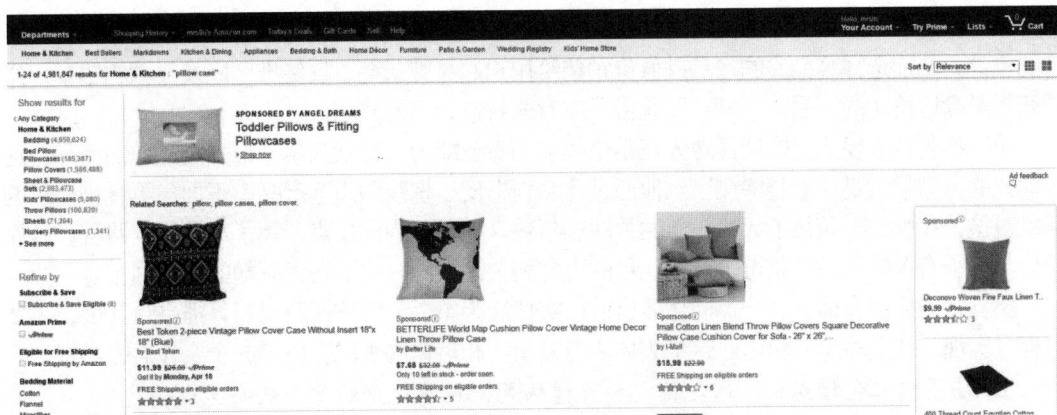

图 9-2　商品评论分数页面

如果卖家的商品评论数很少，可以主动联系买家获得商品评论。

第一，在卖家后台单击"订单（Order）"→"订单管理（Manage Order）"→"联系买家（Contact Buyer）"→"意见反馈请求（Feedback Request）"选项，可以向买家发送邮件，征求买家的用户体验评价。

第二，可以在寄送产品的包裹里注明欢迎买家对商品进行评论，但不可以提供任何形式的金钱激励来要求顾客评论。

第三，寄出与所售商品完全一样的免费商品给用户，以获得客观评价。

（3）借助商品推广。

商品推广为基于关键词搜索的广告服务。亚马逊的这项服务为点击收费项目。如果消费者没有点击卖家的商品页面，卖家不需要付费。被推广的商品可以出现在关键词搜索页面的右侧、产品详情页中。

9.2　跨境电商直播策略

随着跨境电商市场竞争的日趋激烈，直播营销成为广大卖家重点关注的领域。通过直播平台进行商品展示和销售，消费者可以在直播过程中实时了解商品信息、互动交流并进行购买。亚马逊和速卖通等世界主流电商平台相继推出短视频和直播业务，并在市场范围内引发新的零售热潮。随着越来越多的卖家加入直播行列，跨境电商直播结合了直播的互动性和购物的便捷性，成为一种新型的电商模式，受到了消费者的青睐。

跨境电商直播是指通过站内平台或站外社交媒体就产品信息进行实时介绍、展播的过程。其中，站内直播也被称为电子商务平台直播，主要是指通过跨境电商平台，借助平台内的技术资源进行的产品直播，如 AliExpress Live 等。站外直播也被称为社交媒体直播，是指通过 Instagram 等国际社交平台进行的产品或服务直播。

9.2.1　电商直播的模式

1. "网红"主播模式——依托"网红"的 IP 优势，吸引用户集中观看、集中购买

这又分为 3 种具体的模式。

第一种为秒杀模式，即依托"网红"极强的流量吸引能力，实现对上游供应链的整合和对品牌的议价，从而选择高品质的产品以低价销售给用户。品牌获得了宣传推广以及巨额的销量，用户获得了高性价比的产品，"网红"获得了应有的收益，三方共赢。

第二种为达人模式，即依托达人在某个领域的专业能力，持续为用户推介高品质的产品。这一模式的典型代表是"老爸评测"。他通过评测包书皮、橡胶跑道等产品，正面与不合格产品的厂家对抗，在网络上获得了大量粉丝的关注和信赖。他以此为出发点开始了商业化的路程，开始销售与孩子有关的产品，获得了众多父母的支持和关注，同时也取得了高额的市场回报。

第三种为店铺直播，这一类的直播目前以实体店为主，主要依托腾讯等直播平台开展，主要目标是实现对线上流量的转化。这是实体店有效引流和转化的手段，值得各个实体店去尝试。

2. 场景内容化模式——依托特定的直播场景，获取用户的信任从而达成销售

这一模式主要细分为3种模式。

第一种为基地走播模式，即以供应链为依托，通过展示原产地、工厂、销售渠道等场景，将产品生产流通的各个环节展示给用户，旨在提升用户对产品的信任度，从而打消疑虑，促成购买。目前许多的工厂直播就属于这一类型，真实与高性价比是这一模式的核心竞争力。作为生产厂商，建议通过这一直播模式实现变现。

第二种为产地直播模式，主要以农产品企业或个体户为主，他们在养殖或种植基地原生态地展示农产品的生产生长过程，带给网友全新的视觉体验和新鲜感，最终达成产品销售变现的目标。这一模式适用于各类个体创业者和农产品养殖种植企业。

第三种为海外代购模式，这一类直播主要以跨境电商平台为主。主要的模式为将海外采购的过程或海外的工厂展示给国内的用户，最终获取用户的信赖并促成购买。

3. 垂直类直播——针对特定的行业中特定的人群，以独特的方式实现转化

主要分为两种模式。

第一种为砍价模式，目前在一些高附加值的产品领域应用较多，直播用户通过参与砍价的模式，将高价值的商品价格砍下来，最终实现用户成交。真实和高性价比，是用户关注这一类直播的核心原因。

第二种为竞价模式，通过悬念式的内容吸引流量，采用竞价抢购的方式，同时针对精准流量启动转化流程。

9.2.2　跨境电商直播平台

1. TikTok 直播

作为字节跳动旗下的短视频社交平台，TikTok 因其内容简短丰富、精准推送、国际化运营、知名品牌入驻等深受欢迎，曾多次登上美国、印度、德国、法国、日本等地的应用商场（App Store）或谷歌应用商店（Google Play）总榜的首位。除了大众熟知的移动端，TikTok 的计算机（PC）版本也在海外推出，主打直播功能。TikTok 内容多样，覆盖的用户群体广，无论是内容营销还是"网红"营销，都能以低成本获得曝光。2021 年 3 月，全球最大的零售商沃尔玛和 TikTok 联手在美国进行直播，主题为"春季购物：美丽秘诀（Spring Shop-Along：Beauty Edition）"，偏向女性的时尚、美妆与护肤品推荐。这场直播邀请了海外知名"网红"博主，通过在现场讲解并试用产品的方式使观众更加直观地感受妆效，以此激发消费者潜在的购物欲望。TikTok 的直播间购物操作方便，只需要点击图标将其加入购物车，在直播活动期间或结束之后付款即可。这种动态式的直播体验不仅能够调动观众在直播中的参与积极性，还成功传达了品牌形象，扩大了品牌在海外的影响力。

　　TikTok 主要有 3 种直播模式。一是店铺直播，这种模式比较常见，主要由店铺主播逐一介绍产品，观众可在评论区留言与主播实时互动，了解商品细节。此模式适合品类丰富的出海品牌。二是单品直播，主要是由主播提前挑选一些产品，品类不受限制，主播通过亲身试用或试吃来带给消费者切身体验。三是工厂基地走播，通过邀约和工厂产品属性契合的主播在工厂进行实地直播，以此协助工厂清除库存。这种直播模式将真实、详细的工厂生产、加工过程展示给消费者，有助于提高消费者对出口商的信任度。

　　TikTok 还支持 90 天内直播回放，商家可以利用这个功能将之前的直播下载并剪辑成短视频，分发至各大短视频社交平台，在宣传推广的同时增加曝光量，获得更多收益。在 TikTok 短视频平台上，无论是个人账号还是企业账号，只要粉丝数达到 1 000 个以上，均可开通直播功能。TikTok 直播界面如图 9-3 所示。

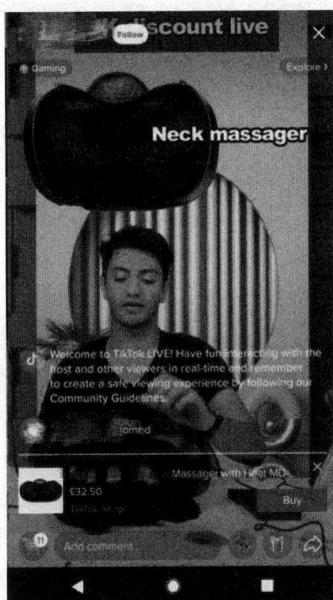

图 9-3　TikTok 直播界面

2. 亚马逊直播

　　随着中国电商直播的快速发展，跨境电商巨头亚马逊也开始进行电商直播。Amazon Live 是亚马逊旗下的跨境电商直播平台，为全球用户提供各种商品的直播购物服务。用户可以在直播节目中观看商品展示、了解商品信息，并直接购买商品。

　　亚马逊主要有 3 种直播方式。一是亚马逊直播，由主播通过真实的产品推荐与展示向顾客介绍亚马逊品牌旗舰店中的在售产品。对于没有直播经验的品牌来说，这种方式能够帮助卖家更好地完成直播。二是网络达人直播，卖家可以借助有知名度、可信赖的主播，如专业主持人、经验丰富的带货主播或社交媒体红人等进行直播。当卖家与顶级创作者合作推广商品时，直播将出现在亚马逊最显眼的广告位上，推广商品的商品详情页也就有机会出现在亚马逊首页上，从而可以进一步宣传商品。三是卖家自助直播，有直播能力的卖家可以通过应用软件自主开通并运营、管理直播，以此推广品牌专属商品。在此过程中，卖家可以完全掌控直播内容且拥有 100%的广告占有率（Share Of Voice，SOV），推荐商品轮播组件中的所有商品都来自自家品牌。

　　亚马逊直播模式帮助卖家提升了广告效果，提高了营销效率。同时，亚马逊直播竞争相对不太激烈，给予了卖家更多的成长空间，亚马逊直播界面如图 9-4 所示。

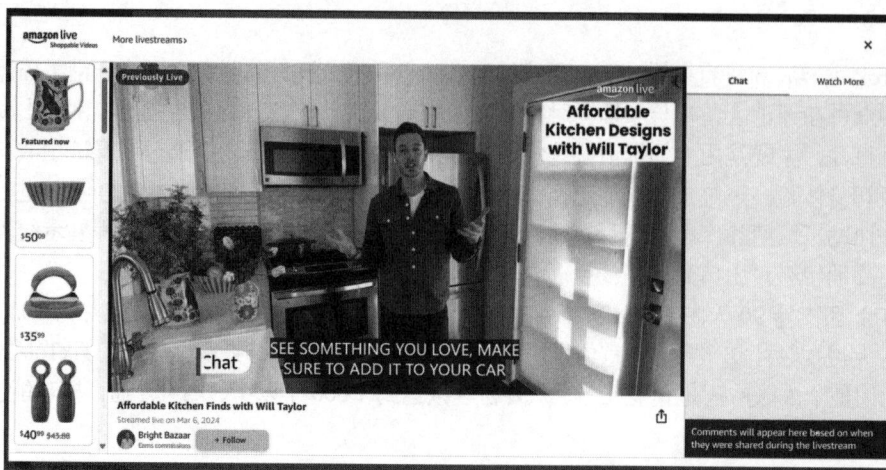

图 9-4　亚马逊直播界面

3．阿里巴巴国际站直播

作为跨境电商 B2B 电子商务模式的代表平台之一的阿里巴巴国际站，于 2020 年首创 B2B 直播，让商家可以直接在工厂、公司实地走播。该平台还推出了 3D 展厅、虚拟导购、数据机器人等数字化场景或工具。通过 3D 展厅，卖家可以设置虚拟导购带买家 24 小时看展看品，数据机器人则可以帮助卖家实时追踪商品数据。

通过阿里巴巴国际站直播，卖家可以实时展示产品的特点、优势和使用方法，让买家更直观地了解产品的质量和功能。同时，卖家还可以介绍公司的发展历程、生产工艺和品牌文化，增强买家对品牌的信任和认可。在直播过程中，卖家可以根据买家的需求和反馈，调整直播内容和方式，提供更加个性化的服务和推荐。阿里巴巴国际站直播还提供了一系列的营销工具和功能，如商品展示、促销活动、抽奖互动等，帮助卖家吸引更多的买家关注和参与。

买家可以通过直播节目了解更多关于产品的细节、功能和优势，还可以直接与卖家进行互动，提出问题并获得回答。这种直播形式不仅提供了更直观的购物体验，还可以帮助买家更好地了解产品，做出更明智的购买决策。阿里巴巴国际站直播界面如图 9-5 所示。

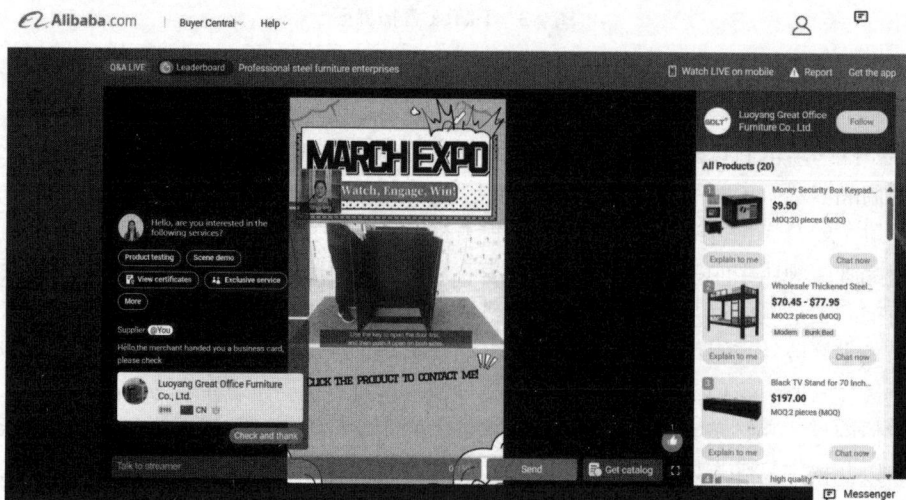

图 9-5　阿里巴巴国际站直播界面

9.2.3 跨境电商直播的风险管理

与传统电商相比，跨境电商直播存在着更多的风险，需要进行有效的管理和控制。下面将从法律风险和品牌风险两个方面展开讲解，帮助企业更好地管理跨境电商直播的风险。

1. 跨境电商直播的法律风险

（1）知识产权侵权风险：知识产权侵权风险是跨境电商直播面临的最主要的法律风险。在跨境电商直播中，经营者可能会侵犯他人的知识产权，如未经授权销售侵权商品或使用他人的商标、专利等。这将导致知识产权纠纷，给企业带来法律风险和经济损失。

（2）消费者权益保护风险：跨境电商直播涉及跨境交易，消费者的权益保护成为一个重要问题。如果经营者未能提供真实的商品信息或履行售后服务，可能会引发消费者投诉和维权，甚至面临消费者维权诉讼。

（3）合规风险：跨境电商直播需要遵守不同国家和地区的法律法规，如海关规定、消费者权益保护法等。如果经营者未能合规经营，可能会受到行政处罚或法律诉讼，影响企业的经营和声誉。由于直播场景非常多元和广泛，特别是在公共场所直播时，不可避免地会将他人的形象一同录入，极易对他人的肖像权、隐私权及其他人格权造成侵害。

2. 跨境电商直播的品牌风险

（1）品牌声誉风险：在跨境电商直播中，经营者代表着品牌形象，任何不当言行都可能损害品牌声誉。如果经营者言行不慎或违反道德规范，可能会导致消费者对品牌产生负面印象，影响品牌形象和销售业绩。同时，每个国家、每个地区在语言、文化、传统风俗等方面都千差万别，电商企业如果对目标市场的宗教文化和风俗习惯了解不深，对目标市场的文化内核理解不够，在做内容输出的时候就可能无法真正触动消费者的心理，最终影响直播的效果。

（2）假冒伪劣商品风险：跨境电商直播存在着假冒伪劣商品的风险，如销售假冒品牌商品或低质量商品。这不仅会损害品牌声誉，还会影响消费者的购买体验和信任度，降低品牌忠诚度和市场份额。

（3）产品信息不准确风险：第一，在直播过程中，主播可能夸大产品的功效和效果，导致消费者对产品的期望值过高，一旦实际产品与描述不符，消费者会感到失望；第二，由于跨境电商直播涉及跨国（地区）销售，产品的质量可能受到国际质量标准的影响，消费者购买到的产品可能存在质量问题，影响消费者的购买体验；第三，由于跨境电商直播涉及跨国（地区）销售，退换货的流程可能较为烦琐，消费者在退换货时可能需要支付额外的费用，这会影响消费者的购买体验。

9.3 品牌策略

9.3.1 品牌建设的基本概念

1. 品牌及品牌建设的含义

任何商品都有名称，商品的品名是商品的通用名称，此外，商品还应该具有商业名称，即品牌。美国市场营销协会对品牌的定义是：一个名称、名词、标志符号，或者是它们的组合，其目的是识别某个销售者或某个群体销售者的产品或服务，并使之同竞争对手的产品或服务相区别开来。从本质上来讲，电子商务企业品牌的根本就是电子商务企业对其所提供的产品或服务的一种承诺，那么品牌建设的核心，就是保证产品和服务的质量。

品牌建设（Brand Construction）是指品牌拥有者为使企业品牌的良好形象深入消费者心里，提升企业产品知名度，对品牌进行设计、宣传、维护的思想和行为。品牌拥有者是指品牌建设的主要组织者，品牌参与者则是指品牌的所有接触者，包括消费者、渠道、媒介、竞争品牌等所有的利益相关者。品牌建设具有狭义和广义之分。狭义的品牌建设仅指创建和运用产品品牌和服务品牌，而广义的品牌建设则包括品牌资产建设、口碑管理、信息化建设、营销渠道建设、客户拓展、媒介管理、品牌影响力管理、市场活动管理等。

2. 电子商务企业品牌的基本要素

电子商务企业品牌的基本要素包括差异性、关联性和认知性。

（1）差异性是电子商务企业品牌必须满足的第一个条件，是指必须将企业所提供的产品或服务与其他同类企业提供的产品或服务区别开来。电子商务企业品牌的差异性最终表现为市场定位与其在用户心中关键词的关联度，如"全品类、优质高价、个性化网络产品"等。

（2）关联性是指电子商务企业所提供的产品或服务与用户的生活息息相关，用户能够将日常生活与电子商务企业的品牌关联起来。

（3）认知性是指被潜在用户认知的程度，当电子商务企业所提供的产品或服务被用户认为有价值时，用户就可能会产生购买行为。品牌的认知性在传统营销领域通常用知名度和指名度衡量，品牌不仅要有知名度，还要让用户指名消费。

3. 品牌建设的作用

（1）增强企业凝聚力。凝聚力的增强，不仅能使团队成员产生自豪感，增强员工对企业的认同感和归属感，使员工更加关注企业的发展，以主人翁的态度工作，产生同舟共济、荣辱与共的思想，还有利于提高员工素质，使员工为提升企业竞争力而奋斗。

（2）增强企业的吸引力与辐射力。企业的吸引力是一种向心力，企业的辐射力是一种扩散力。好的品牌建设不仅可以优化投资环境，还能吸引人才，使资源得到有效地集聚和合理的配置。

（3）提高企业知名度并强化竞争力。企业的知名度和竞争力是企业发展的推动力量。企业的实力、活力、潜力以及可持续发展的能力，集中体现在竞争力上，而提高企业竞争力又同提高企业知名度密不可分。好的品牌将大大有利于企业知名度和竞争力的提高，这种提高不是来自人力、物力、财力的投入，而是靠"品牌"这种无形的文化力。

（4）推动企业发展和社会进步。品牌不仅停留在美化企业形象的层面上，它还是吸引投资、促进企业发展的巨大动力，品牌建设成功后，企业可以将自己像商品一样包装后拿到国内甚至国际市场上"推销"，推动企业发展，进而促进社会的进步。

9.3.2 亚马逊品牌备案与注册

1. 什么是亚马逊品牌备案

亚马逊品牌备案（Amazon Brand Registry）适用于制造或销售自有品牌商品的卖家，目的是使这类卖家能够在亚马逊平台上管理自己的品牌和上传商品，制造商可在"亚马逊品牌备案"中备案品牌，同时注册为品牌所有者。

对于以下卖家，品牌备案是正确的选择。

（1）卖家生产自有品牌的商品；

（2）卖家拥有私人品牌；

（3）卖家定制或制造手工商品；

（4）卖家作为品牌经销商，拥有品牌持有者的书面授权。

卖家可以用亚马逊品牌备案为一个或多个品牌备案。需要注意的是，对于以下品类，目前在亚马逊平台无法申请品牌备案：书籍、影像制品、视频、DVD、娱乐收藏品、体育收藏品及二手商品。

2. 品牌注册的流程

要完成品牌注册，卖家应在亚马逊品牌注册申请页面提供相关资料，如图9-6所示。

如果卖家是在亚马逊平台上申请品牌所有权的经销商或代理商，还需要上传来自制造商或品牌所有者的授权书。

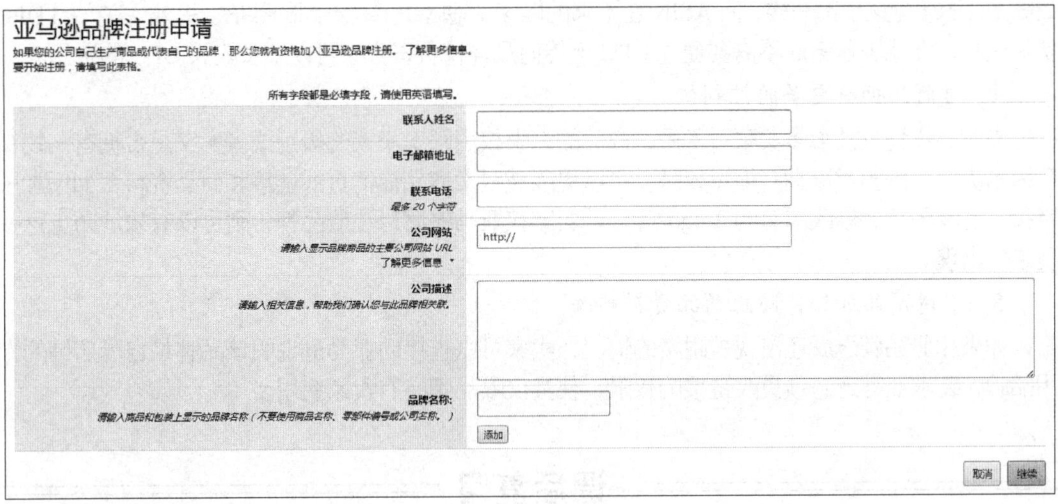

图9-6 亚马逊品牌注册申请页面

具体步骤如下。

（1）登录卖家平台，在搜索栏中输入"Brand Registry（品牌注册）"后按回车键，会出现一系列的搜索结果，在下拉页面中找到"在亚马逊品牌备案列出你的产品（List Your Products in the Amazon Brand Registry）"链接并单击进入。

（2）进入"在亚马逊品牌备案列出你的产品（List Your Products in the Amazon Brand Registry）"页面后，下拉至页面底部，找到"亚马逊品牌备案（Amazon Brand Registry）"链接并单击进入。

（3）进入"亚马逊品牌备案（Amazon Brand Registry）"页面后，找到"申请品牌备案（Apply to Register Your Brand）"链接并单击进入申请信息填写页面。

（4）按照相关要求填写完整信息，上传好图片后，单击"提交（Submit）"按钮提交申请。提交成功后，亚马逊会提示成功提交，并且一般会在1~3个工作日内在后台以"案例（Case）"的形式回复，卖家只需要在后台注意并及时跟进即可。

9.3.3 品牌注册和品牌备案的优势

1. 提高商品详情页的可信度

注册品牌的商品详情页能够让卖家完全掌握自己商品详情页的商品名称、描述、图片及其他细节，同时也可以减少商品详情页关键词的配对错误，让卖家注册品牌的商品详情页可以更精准地被买家搜寻。

2. 保护品牌，防止跟卖

在亚马逊平台上，如果一款商品热销，那么这款热销商品的详情页往往会被其他卖家进行跟卖。跟卖卖家通过借助这些热销商品的详情页添加自链接，从而增加自己商品的曝光量及商品详情页的流量。但是如果卖家先进行了品牌注册和备案，就可以很好地防止商品详情页被篡改及跟卖现象的出现。

3. 使用 GCID 取代 UPC 及 EAN

注册品牌让卖家可以使用 GCID 来取代 UPC 及 EAN。GCID 与 ASIN 相比的不同之处在于，GCID 与商品直接相关，而 ASIN 则与商品详情页相关，会发生变化。因此，GCID 是独一无二的，到哪个国家（地区）都一样，而 ASIN 在不同的国家（地区）会有不同的数值。另外，官方的 UPC 费用较高，而品牌备案后不需要通过 UPC 上传商品详情页，卖家可以节省购买 UPC 的费用。

4. 对商品拥有更多的控制权

当商品详情页被很多卖家跟卖后，商品的编辑权由跟卖卖家的级别或者卖家是否拥有购物车等因素决定。跟卖卖家拥有编辑权时，可以更改被跟卖商品详情页的链接和商品资料，如增加子链接、更改图片、修改原有的 Logo 等。若卖家在亚马逊后台注册品牌，则可以有效地防止这一现象的出现。

5. 申请商品加锁，防止商品资料被改

如果注册品牌之后还出现被跟卖的情况，卖家可以直接向亚马逊说明该品牌是自己店铺的专用品牌，要求亚马逊封锁更改链接的权限，使其仅限品牌持有卖家使用。

课后复习

思考题

1. 单选题

（1）在新品上架之前，卖家所进行的前期数据调研包括（　　）。

    A. 上架时间　　　B. 竞品分析　　　C. 环境分析　　　　　D. 以上都是

（2）卖家销售商品决策中最重要的环节是（　　）。

    A. 商品图片　　　B. 商品定价　　　C. 商品文案　　　　　D. 商品关键词

（3）下面不属于增加商品页面浏览次数的站内引流方法的是（　　）。

    A. 视频引流

    B. 优化关键词

    C. 获得正面商品评论

    D. 寄出与所售商品完全一样的免费商品给用户，获得客观评价

（4）从产品、企业、人、符号等层面定义出的能打动消费者并区别于竞争者的品牌联想是指（　　）。

    A. 品牌识别　　　B. 优选品牌　　　C. 品牌延伸　　　　　D. 品牌资产

2. 多选题

（1）电子商务品牌的基本要素包括（　　）。

    A. 差异性　　　　B. 关联性　　　　C. 认知性　　　　D. 趋同性

（2）当曝光量高、点击率低时应该关注的是（　　）。

    A. 标题搜索优化　　B. 图片优化　　　　C. 价格优化　　　　D. 关键词的设定

📖 **案例分析**

ANKER 的网络品牌建设之路

如今，品牌已经成为产品或服务区别于其他同类产品或服务的主要标志。对于提供网络零售服务的 B2C 企业来说，在产品同质化日益严重的市场竞争中，要想取得长足发展，进行品牌建设是必由之路。在跨境电子商务平台上，有这样一个品牌在短短几年内迅速成长，该品牌的移动电源、充电器、蓝牙外设、数据线等智能数码产品遍及美国、日本及欧洲等国家和地区。最重要的是，这个品牌给"中国制造"烙上了新的印记，让世界对"中国制造"有了新的认识。这就是安克（ANKER），一个经由跨境电子商务平台发展起来的代表"中国制造"的全球品牌。

1. ANKER 的火箭式成长

ANKER 目前在全球拥有超过 8 000 万个用户，产品已销往 100 多个国家和地区。ANKER 2014 年度营业收入为 6.46 亿元，到了 2022 年，前三季度的营业收入已达到 95.37 亿元；2014 年及 2022 年前三季度净利润分别为 1 196.10 万元和 7.3 亿元。自 2011 年创立至今，ANKER 的利润为什么能实现连续多年的翻倍增长，是什么原因成就了 ANKER 的火箭式增长？

首先，一个品牌长久存在的关键就在于产品的持续创新，ANKER 就是如此。在跨境电子商务平台上，靠低价抢占市场的策略可能赢得了一时，却很难持久地占有市场，而不断地研发创新、提升产品品质正是 ANKER 成功的基础。ANKER 公司有 50%以上的员工从事研发相关工作，公司每年投入数亿元进行新技术、新产品、新项目的研发，2018 年研发投入 2.87 亿元，2019 年研发投入 3.94 亿元，2020 年研发投入 5.67 亿元。ANKER 共有 10 个研发专利、478 项授权专利，拥有超过 1 000 个知识产权，从而能在产品技术、设计和质量上保持领先的地位。

其次，ANKER 专注于自己的品牌。同样的产品，消费者之所以愿意支付更多的钱购买知名品牌的产品，主要源于其对品牌的信任。而 ANKER 所做的就是引起消费者的兴趣，建立消费者对品牌的信任。在亚马逊平台获得了一定数量的用户后，ANKER 还在 eBay、速卖通、新蛋网等平台开设店铺，并经营着自己的网站（见图 9-7），为客户提供多方购买渠道，在这个过程中，逐步建立品牌知名度和声誉。到 2019 年，ANKER 成为亚马逊全球排名第一的单品品牌卖家。

最后，ANKER 还构建了合理的配送网络。以美国市场为例，ANKER 总部在中国，除了使用 FBA 来快速交付国际订单外，还在美国西海岸设立了一个仓库。因为 ANKER 从中国出口产品到洛杉矶国际机场只需约 12 天，而到美国东海岸则需要 20 天以上。在美国西海岸设立仓库，就能使 ANKER 获得极大地价格优势，将产品以更低的价格快速地送到美国消费者手中。

图9-7 ANKER官网

2. ANKER的网络品牌建设

第一,站内广告。

作为一个创立一年就获得亚马逊"2012年度假日销量冠军"的企业来说,ANKER深知站内广告可以带来的流量和效益。当ANKER有新品推出或者想要巩固、拉升热销款的排名及销量时,ANKER就会有针对性地推出站内广告。站内广告指向精准,搜索群体的购买意愿高,转化率高,是在自然流量之外打造爆款的最重要利器之一。

第二,挖掘用户点评。

ANKER每款新品上线之初,往往是评论先行。ANKER会通过自己的客户管理系统,向老客户发出大量的新品,引导客户积极对新产品进行评论;同时,在亚马逊站内,前1000条评论也是ANKER非常重视的宣传渠道。通过有针对性地投放大量的试用品,ANKER的新品总能在上市之初就产生大量的评论,形成良好的口碑。

与此同时,ANKER还开发软件来搜集跨境电商平台上的消费者评价、同类产品价格变化等,让产品经理能够及时掌握产品的问题,并且帮助他们预测哪些产品在未来会有更大的顾客需求。通过电商平台进行的对消费者的精深研究让ANKER能够精准地调整旧产品并迅速推出新产品。每星期ANKER都有大概2~3个新品发布,而新品库存通常在2个月内就能销售一空,消费者的具体评价也都维持在4.5星以上,如图9-8所示。

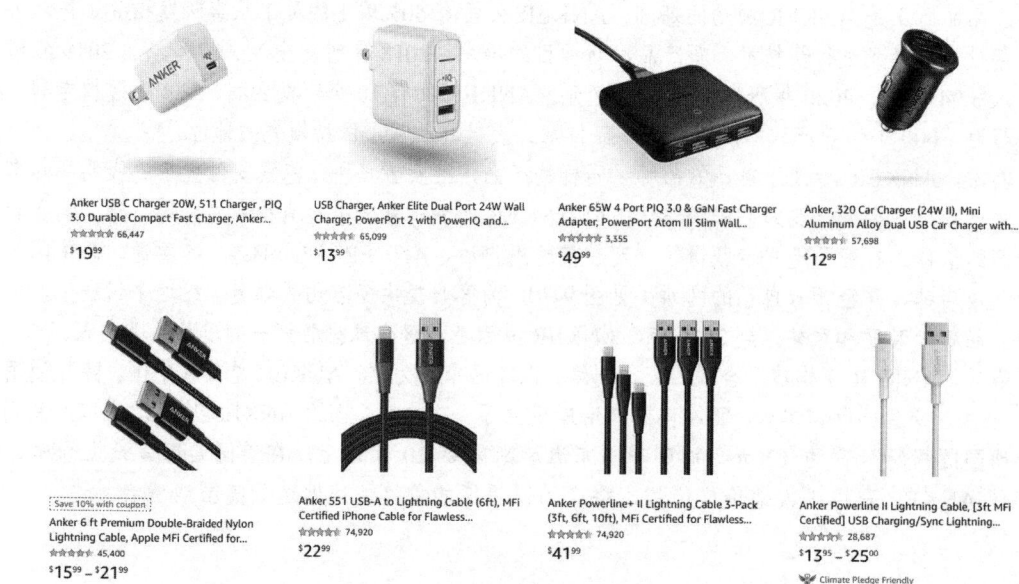

图9-8 ANKER产品评论星级情况

第三，站外营销。

（1）搜索引擎广告：通过搜索可以知道，ANKER 也会因时因势地在搜索引擎上投入一定比例的广告，虽然投入不大，但对品牌宣传和流量转化还是起到了一定的作用。

（2）官网展示：ANKER 非常重视对自己官网和论坛的维护，让顾客可以直接通过 ANKER 官网的产品展示页面的销售链接进入 ANKER 店铺；ANKER 的中国官网下方还有各个平台的官方旗舰店的链接，这样既化解了顾客购买时对第三方平台的疑虑和不信任，又把销售转化累积到电商平台中，提升了销售排名。

（3）红人推广及论坛：ANKER 能够取得成功，其中一个原因就是很早就开始布局红人推广及论坛渠道。早在 2012 年，ANKER 就开始逐步发展社交媒体红人推广了，当时主要是与电子类和科技类等垂直类目的"网红"合作。ANKER 充分利用网络红人的影响力，通过免费送样和网赚联盟等方式，以红人博客或其他社交媒体为入口，为店铺导入大量流量，吸引了大量粉丝。另外，ANKER 还会通过论坛进行宣传推广，因为大量积极的评论会加强品牌的正面宣传效果。

（4）海外社交网站：海外社交网站是品牌产品触达、"种草"消费者的一个重要渠道，在众多海外社交网站，如 Facebook、YouTube、TikTok 上，都可以找到 ANKER 的品牌产品。

【案例分析思考题】

1. 结合市场营销理论，谈谈低价策略和品牌策略的优劣势。
2. 谈谈 ANKER 为什么选择在互联网平台进行品牌建设，ANKER 是如何进行品牌建设的。

实训

【实践目的与要求】

1. 掌握跨境电子商务实际运营策略。
2. 能够针对运营问题给出解决方案。

【实践内容描述】

1. 请对商品"女士 T 恤"进行如下新品发布的准备。
（1）前期数据调研：上架时间、竞品对比分析。
（2）工厂订货安排：预测订货数量，选择合适的物流方式。
（3）上架信息准备：商品定价、商品文案、商品图片和商品关键词。
2. 针对以下商品发布首月内可能出现的问题，提出解决方案。
（1）商品页面浏览量极低。
（2）商品留评率不足 5%。
（3）商品页面浏览量一周内迅速下滑。
（4）商品页面浏览量转化为销量的比率不足 20%。
3. 请以小组为单位，设计各组的品牌标志，完成小组选品的品牌策略设计并填至表 9-1。

表 9-1　品牌策略设计表

活动内容	活动记录
产品类型	
品牌名称	
品牌标志	

活动内容	活动记录
创意解析	
品牌传播方式	
品牌附加值提升策略	

4. 以小组为单位，熟悉你们的产品，并根据组员特长分工，分为主播、主播助理、录制设计师等角色，共同完成录制一段 5 分钟的跨境电子商务直播视频的任务。